Kiliansbock

Ulrich Hefner

Kiliansbock

Krimi

Weltbild

Besuchen Sie uns im Internet:
www.weltbild.de

Genehmigte Lizenzausgabe für Weltbild GmbH & Co. KG,
Ohmstraße 8a, 86199 Augsburg
Copyright © 2023 by Ulrich Hefner
Dieses Werk wurde vermittelt durch die litmedia.agency, Offenburg
Projektleitung und Redaktion: usb bücherbüro, Friedberg/Bay.
Umschlaggestaltung: Johannes Frick, Neusäß
Umschlagmotiv: © Johannes Frick unter Verwendung von Motiven von iStock
(© sack, © 4kodiak, © DWalker44, © sbayram)
Satz: Datagroup int. SRL, Timisoara
Druck und Bindung: CPI Moravia Books s.r.o., Pohorelice
Printed in the EU
ISBN 978-3-98507-330-6

Gerste, Hopfen und Wasser,
mehr an Zutat ist dem Brauer nicht erlaubt,
so fordert es das Reinheitsgebot,
denn nur dann gibt es ein wahrhaftiges Gebräu,
doch das ist so nicht immer richtig,
denn in diesem Fall liegt die
Leiche des Geschäftsführers der Brauerei in einem
Maischebottich
… und von der Wahrheit gibt es keine Spur …

Aktenzeichen: WÜ-KP/20220801/01/2023

Für Volker und die Poeten

Prolog

ein paar Jahre zuvor ...
Bierkontor am Klosterhof, Würzburg

Es war kein gutes Jahr gewesen. Der Winter zu lang, im Frühjahr hatte es Frost gegeben, der Sommer war zu nass und zu regnerisch, und die Herbstkälte setzte viel zu früh ein. Ein Viertel der Gerste erfror, die Hälfte der übrigen Ähren verfaulte, und der viel zu kühle Spätsommer beeinträchtigte die Reife und die Keimfähigkeit des Korns, die weit unterhalb der vorgeschriebenen Norm lag.

Kein gutes Jahr für die Brauer in Süddeutschland und im unterfränkischen Anbauland, und vor allem kein gutes Jahr für das Bierkontor und die Braugenossenschaft, die schon seit einigen Jahren rote Zahlen schrieb.

Er hätte auf Kästner hören sollen, neue Sorten lagen im Trend. Das Pils hatte seinen Reiz verloren, und das Weizenbier des letzten Jahres ging zu Schleuderpreisen an die Discountermärkte oder wurde fassweise an die Kneipen geliefert, um überhaupt noch einen Erlös zu erzielen. Neue, moderne Sorten, Mischgetränke und Alcopops, die vor Jahren noch verpönt gewesen waren, eroberten den Markt. Die klassischen Sorten wie Pils, Export oder Weizen waren einfach nicht mehr gefragt. Dabei waren dies immer ehrliche Sorten gewesen, solide im Geschmack, rein in der Farbe und reich im Gehalt.

Es musste etwas passieren, so konnte es nicht weitergehen. Der Trend ging eindeutig in die andere Richtung, und die Umstellung auf neue Sorten wie Alt, Dunkel oder Lager in kleinen grünen Flaschen würde eine immense Zeit in Anspruch nehmen, denn die Abfüllanlage war in die Jahre gekommen, und die Umstellung auf die neuen Mengen und Sorten würden einen Umbau der gesamten Einrichtung erfordern.

Als er die schmale Stiege hinunter in den alten Lagerkeller stieg, hatte er das Gefühl, dass er nicht alleine hier war. Es war spät geworden, die Mitarbeiter waren längst nach Hause gegangen. Nur noch Stanislaw, die treue Seele, hielt sich irgendwo auf dem Gelände auf. Stanislaw war Hausmeister, Nachtwächter, Aufseher und erste Hilfskraft zugleich und schon seit Ewigkeiten hier im Kontor tätig. Länger, als er selbst geschäftsführend das Bierkontor leitete. Stanislaw wohnte sogar hier, über dem Ladengeschäft in einer kleinen Zweizimmerwohnung, und war stets zu Diensten, egal, ob es nach Feierabend, an einem Feiertag oder an einem Sonntag war.

»Stanis?«, rief er und blickte sich um, doch eine Antwort blieb aus. Er ging weiter die Stiege hinunter und berührte den kalten und feuchten Stein. Vermutlich hatte er sich getäuscht. Er war wohl doch allein in der Halle.

Unzählige Alufässer lagerten aufgetürmt auf einem Metallgerüst und warteten darauf, endlich wieder mit edlen Tropfen aus Hopfen und Malz gefüllt zu werden. Doch diese interessierten ihn nicht, er hatte die alten Holzfässer aus guter und fester Eiche im Sinn.

Noch zweihundert Stück lagerten auf Fassschließen am Ende des Kellers, und bald würden sie wieder mit dem schäumenden Gebräu gefüllt werden. Doch zuvor mussten sie gereinigt und auf ihre Dichtigkeit überprüft werden, denn in ihnen sollte das Prunkstück des Kontors reifen: der Eisbock Kilian, im Eichenfass gelagert und mit dem Biersiegel in Gold, ein Premiumbier der gehobenen Klasse. Nicht in den üblichen Stahlfässern wie die Sorten des gängigen Standards, die vorwiegend für den Verkauf in den Gaststätten und auf Volksfesten vorgesehen waren, sondern nach alter Brautradition ruhte das Starkbier bis zur Verkostung. Siebzig Eichenfässer im alten Münchner Maß des Hirschen, das genau 200 Litern entsprach, wurden geschätzt für den diesjährigen Ertrag benötigt, und er war hierhergekommen, um aus dieser Ansammlung von drei Mal so vielen Behältern die geeigneten herauszusuchen.

Als er die Stiege hinter sich gelassen hatte und über die feuchten Steinplatten an den Fässern vorbeilief, zog er das Stück Kreide aus der Hosentasche, das er zum Markieren der ausgewählten Fässer eingesteckt hatte.

Beinahe 80 Prozent Luftfeuchtigkeit herrschten hier in dem fast 200 Meter langen und knapp 5 Meter hohen Schlauch. Die Temperatur lag bei 15 Grad und schwankte nur wenig. Ideale Bedingungen, um ein gutes Gebräu zu lagern. Siebzig Fässer, vierzehntausend Liter, viel zu wenig, dachte er bei sich. In guten Jahren lagerte hier die dreifache Menge, und die wäre auch notwendig, um zumindest die Kosten für das laufende Jahr einigermaßen zu decken. Die Mitglieder der Genossenschaft wussten, wie es um das Kontor stand, und er, Helmut Winkler, gelernter Braumeister und Geschäftsführer, war einer von ihnen. Doch er wusste auch, dass nicht mehr viele Kollegen hinter ihm standen. Einige hatten ihm schon nahegelegt, das Amt des Geschäftsführers in jüngere Hände zu geben. Kästner, der junge Assistent, den man ihm im letzten Jahr gegen seinen Willen an die Seite gestellt hatte, hatte ihn gewarnt: Der Ertrag würde niemals ausreichen. Doch seinen Vorschlag, den Kiliansbock einfach mit Sorten aus anderen Regionen zu strecken, in denen es in diesem Jahr genügend Gerstensaft gab, hatte Winkler abgelehnt. So etwas war mit ihm nicht zu machen. Panscherei lehnte er kategorisch ab. Er war Bierbrauer aus

Leidenschaft und kein Betrüger. So etwas würde es unter seiner Leitung nicht geben.

Beinahe fünfzig Fässer hatte er mit einem weißen X aus Kreide markiert, als er das Ende des Ganges erreichte. Er wandte sich der gegenüberliegenden Seite zu. Bei einigen der Fässer war eine Revitalisierung dringend notwendig, sie mussten gepicht werden, bei anderen mussten Fassdauben und auch Deckel ausgewechselt werden. Doch angesichts der knappen Kasse und des diesjährigen geringen Ertrags würde er wohl ein weiteres Jahr warten müssen. Gute Fassbauer waren rar, und ihre Arbeit war teuer. Ganz oben, auf dem Regal mit vier übereinander gestapelten Gebinden, entdeckte er ein weiteres Fass, das für die Abfüllung geeignet war. Er stieg auf den unteren Balken des Regals, um das Fass in etwa 3 Metern Höhe zu markieren, und erschrak, als er ein lautes Knacken hörte. Plötzlich gab der Holzbalken unter ihm nach. Er ließ die Kreide fallen, um sich mit beiden Händen an einer Fassstütze festzuhalten, doch dann stürzte das gesamte Gerüst zusammen. Krachend fiel der vordere Bereich um, und die Fässer gerieten ins Rollen. Er fiel in die Tiefe. Ein lauter Schrei kam über seine Lippen, und noch bevor er auf den kalten Steinplatten aufschlug, stürzte das Gerüst samt den Fässern über ihm zusammen und begrub ihn unter sich. Doch er spürte nicht mehr, wie eins der schweren Fässer direkt auf seiner Brust landete.

Helmut Winkler war tot, als ihn Stanislaw Olschowski am nächsten Morgen unter dem zusammengebrochenen Gerüst und den herabgefallenen Fässern leblos liegend fand. Ein Unfall, ein bedauerlicher und tragischer Betriebsunfall, so ergab die Untersuchung, wenngleich nie vollständig aufgeklärt werden konnte, weshalb dieses massive Gerüst aus festen Kanthölzern und Balken in sich zusammengebrochen war.

Sieben Jahre später ...

1

Klosterbräu, Bierkontor am Klosterhof,
Würzburg-Dürrbachau

Es war ein nasskalter und ungemütlicher Oktobertag. Nebelschwaden waberten durch die Weinberge. Die Dämmerung an diesem frühen Morgen dauerte ungewöhnlich lange, und die Sonne versteckte sich hinter tief hängenden dunklen Wolken. Regen war vorhergesagt, das Thermometer würde heute nicht einmal die Zehn-Grad-Marke streifen. Das schrille Martinshorn riss die Bewohner der Dürrbachau aus dem geruhsamen Schlaf, und das blaue Stroboskoplicht des Streifenwagens zauberte sonderbare Muster in den Nebel. Die Anwohner waren diesen speziellen Lärm gewohnt, lag doch die Universitätsklinik am Ende der Nordtangente, wo ständig Rettungswagen mit Einsatzsignal unterwegs waren, Doch diesmal bewegte sich das schrille Auf und Ab des Martinshorns direkt an ihrer Haustür vorbei und verhallte in den nahen Weinbergen. Über die Unterdürrbacher Straße fuhr der Streifenwagen in Richtung Norden, um dann auf die Alfred-Nobel-Straße einzubiegen und gleich im Anschluss auf dem Betriebshof des Bierkontors zu verschwinden. Plötzlich herrschte Ruhe, nur das das blaue Licht zuckte noch in den Himmel.

Hans Peter Kästner war tot. Er lag im Sudhaus mitten in einer offenen Maischepfanne, und sein Blut, dass aus einer klaffenden Wunde an seinem Hinterkopf geflossen war, hatte sich mit dem Reinigungswasser vermischt. Braumeister Dieter Horrheimer hatte ihn in dieser Lage vorgefunden, nachdem er das Betriebsgelände gegen sieben Uhr betreten hatte und zuerst in die große Halle gegangen war. Ein Spaten, der den eingebrannten Aufdruck des Kontors auf dem hölzernen Handgriff trug, lag unmittelbar neben der Maischepfanne, der untere Teil vom Blatt des schweren Gartengeräts war rötlich verfärbt.

Horrheimer war in das Büro gestürmt und hatte Lydia Arzt, die Chefsekretärin, über den Tod des Geschäftsführers informiert. Zuerst hatte sie geglaubt, Horrheimer wolle sie zum Narren halten, doch als sie in seine schreckensstarr aufgerissenen Augen blickte, wusste sie, dass dies kein Spaß war. Sie griff zum Telefon und rief die Polizei.

Die Polizisten trafen kaum zehn Minuten nach dem Notruf auf dem Betriebsgelände ein. Sofort sperrten sie den Bereich des Sudhauses ab, in dem der Tote lag, und drängten die inzwischen zahlreichen Mitarbeiterinnen und Mitarbeiter aus der Halle hinaus in den Hof. Kaum eine Viertelstunde später wimmelte es auf dem Gelände vor Einsatzwagen, und auch der eilig verständigte Notarzt war inzwischen eingetroffen, doch Hans Peter Kästner, dem Geschäftsführer des Brauhauses war nicht mehr zu helfen.

*

»Das hätte ich mir ja denken können«, seufzte Hauptkommissar Berthold Stemmer, der Spurensicherungsexperte der Würzburger Kriminalinspektion. »Die Pepperkorn und ihr neuer Adlatus Danner, das kann ja heiter werden.«

Stemmer trug den weißen Papieranzug der Spurensicherung mit der Aufschrift »Polizei« auf dem Rücken. Kollegen von ihm waren mit Fotoaufnahmen des Areals beschäftigt.

Klara Pepperkorn, Hauptkommissarin und Chefermittlerin des ersten Fachdezernats, überging die Bemerkung des Kollegen und steuerte direkt auf den Bottich zu, vor dem

Kästners Leiche lag, abgedeckt mit einer schwarzen Plane. Danner hielt sich dezent im Hintergrund.

»Das heißt wieder Sonderschichten«, schob Stemmer nach. »Weil die Frau Kollegin ja immer am liebsten schon gestern wissen will, was hier passiert ist. Hätten es nicht Meier oder Sommerfeld sein können?«

Klara Pepperkorn warf einen kurzen Blick auf die Leiche, ehe sie sich Stemmer zuwandte. »Meier hat Urlaub und Sommerfeld ist krank, die Grippe. Kein Wunder bei diesem Sauwetter«, entgegnete sie, während sie den Mantelkragen höher zog.

»Das ist eben Schicksal«, stöhnte Stemmer.

Hauptkommissarin Pepperkorn wies auf den alufarbenen Bottich. Drei weitere standen verteilt in der Halle; dicke Rohre verliefen an der Decke entlang und verschwanden in der Zwischenwand.

»Wie kam der da rein?«

Stemmer zeigte auf das Gittergerüst, das die Maischepfanne umgab und knapp 2 Meter nach oben führte. Oben vor der großen Öffnung gab es dazu noch ein metallenes Podest. »Er stand vermutlich dort oben auf dem Podest, als er den Spaten abbekam, und dann ist er durch die Öffnung in den Bottich gefallen. Die Feuerwehrleute hatten alle Hände voll zu tun, bis sie ihn geborgen hatten. Und da liegt er nun.«

Pepperkorn blickte sich um. »Spaten? Welcher Spaten?«

»Den haben wir schon eingesackt«, erklärte Stemmer. »Lag direkt vor der Treppe zum Bottich. Gehört zum Werkzeug des Kontors. Geht sofort in die KTU, vielleicht haben wir ja Fingerabdrücke oder DNA des Täters drauf.«

Die Hauptkommissarin schaute sich um. »Was ist das hier?«, fragte sie.

»Was das ist?«, wiederholte Stemmer erstaunt. »Das ist das Sudhaus, die Seele der Brauerei. Hier wird aus Getreide der

Grundstoff für die Gaumenfreuden eines gesunden Franken. Allerdings ist der Kessel erst einmal unbrauchbar und muss gründlich desinfiziert werden.«

»Das ist hier ist die Maisch-Anlage«, erklärte Danner und trat an ihre Seite. »Das geschrotete Malz wird hier zu Zucker umgewandelt, indem man es mit heißem Wasser vermischt. Das funktioniert alles vollautomatisch.«

Stemmer nickte anerkennend. »Sieh an, da kennt sich einer aus.«

»Was hat der Mann dort oben gemacht?«, fragte Pepperkorn.

»Gestern ist es wohl recht spät geworden«, entgegnete Stemmer. »Die Bottiche mussten gereinigt werden. Vermutlich wollte er nachschauen, ob das Reinigungswasser auch wirklich abgelassen worden war, meint Braumeister Horrheimer, der den Toten fand.«

»Und das war es wohl nicht?«

»Nein, das war es nicht, deshalb trieb er ja auch in der trüben Brühe.«

»Und was ist nebenan?«, fragte die Hauptkommissarin und folgte mit ihrem Blick dem schmalen Gittergerüst, das mittig zwischen den vier Bottichen zu einer Tür führte.

»Nebenan sind die Läuterbottiche«, erklärte Danner. »Dort wird die Flüssigkeit von den Feststoffen getrennt.«

»Sie scheinen sich gut auszukennen, Danner«, entgegnete Pepperkorn. »Was kommt danach?«

»Im Anschluss kommt man rüber in die Abfüllerei«, erklärte Stemmer. »Die Lagertanks und Fässer befinden sich unten im Keller.«

Klara Pepperkorn schaute sich interessiert um. »Weshalb heißt der Betrieb Bierkontor am Klosterhof? Wir sind hier doch kilometerweit von der Stadt entfernt!«

»Das Bierkontor befand sich wirklich mal in einem Klosterhof, dem alten Andreaskloster in der Saalgasse«, erklärte ihr Danner. »Heute liegen dort die Burkarder Kirche und eine Jugendherberge. Aber dort befindet sich noch immer ein Laden mit Bierspezialitäten. Der Platz wurde zu klein, deswegen ist man hierher in die Dürrbachau ausgewichen. Hier hat man viel mehr Möglichkeiten, und das Gelände liegt auch verkehrsgünstiger.«

Pepperkorn nickte. »Wo ist eigentlich der Braumeister abgeblieben, der den Toten gefunden hat?«

»In der Betriebskantine«, antwortete Stemmer. »Die vom Roten Kreuz sind bei ihm. Der Fund hat ihn ganz schön mitgenommen.«

»Alles klar, dann gehe ich mal zu ihm. Und es ist wirklich sicher, dass der Tote dieser Kästner ist?«

»Todsicher«, entgegnete Stemmer und widmete sich wieder seiner Arbeit.

Die Hauptkommissarin wandte sich ihrem Kollegen zu. »Okay, ich spreche mit Horrheimer, und du nimmst dir die Sekretärin vor, die den Notruf abgesetzt hat.«

Danner nickte.

Stemmer stöhnte laut. »Und ich hoffe, dass der Rechtsmediziner bald auftaucht. Der wollte schon vor zwanzig Minuten hier sein, damit wir endlich hier vorankommen. Wahrscheinlich hat er sich verfahren.«

*

Dieter Horrheimer, der Braumeister des Bierkontors, hatte die Beine auf einen Stuhl gelegt. Sein Gesicht war noch immer weiß wie eine gekalkte Wand. Eine Rettungssanitäterin saß neben ihm und maß seinen Blutdruck. Horrheimer blickte auf, als Hauptkommissarin Pepperkorn den Aufenthaltsraum betrat.

»Guten Morgen, Pepperkorn, Kripo Würzburg«, stellte sie sich vor. »Wäre es möglich, kurz mit Ihnen zu sprechen?«

Sie blickte auf die Rettungssanitäterin, die gerade die Armmanschette entfernte und ihr mit einem Nicken zu verstehen gab, dass sie keine Einwände gegen eine Befragung des Patienten hatte.

»Hundertzwanzig zu achtzig, ganz normal«, sagte die Sanitäterin und packte ihre Utensilien zusammen. »Ich bleib noch hier, rufen Sie mich, falls es Ihnen wieder schlechter geht.«

Klara Pepperkorn wartete, bis die junge Frau den Raum verlassen hatte, ehe sie sich einen Stuhl heranzog und sich gegenüber dem Braumeister platzierte.

»Wie geht es Ihnen?«, fragte sie mehr der Form halber.

Der untersetzte Mann mit der hohen Stirn atmete tief ein und seufzte. »Das war ein richtiger Schock, das können Sie mir glauben.«

»Ja, das glaube ich Ihnen sofort. Aber jetzt erzählen Sie mal von Anfang an.«

Horrheimer zuckte mit den Schultern. »Da gibt es gar nicht viel zu sagen«, erklärte er. »Ich bin heute so gegen halb sieben auf den Hof gefahren. Wir wurden gestern nicht fertig, deshalb wollten wir früher mit der Reinigung der Bottiche anfangen. Hans Peters Wagen stand schon auf dem Parkplatz, und ich dachte noch, vermutlich ist er gestern gar nicht mehr nach Hause gefahren.«

»Er wohnte hier?«

Horrheimer schüttelte den Kopf. »Nein, er wohnt in Arnstein, aber hier gibt es eine kleine Wohnung im Haus. Stanislaw, der frühere Hausmeister, hat dort gewohnt, bis er vor zwei Jahren starb. Da übernachtet Hans Peter hin und wieder, wenn es zu spät wird, um nach Hause zu fahren, und er früh wieder hier sein will.«

»Ich verstehe«, entgegnete die Hauptkommissarin.

»Ich ging gar nicht ins Büro, sondern gleich ins Sudhaus,

um zu sehen, ob das Reinigungswasser abgelaufen war«, fuhr Horrheimer fort. »Zuerst sah ich den Spaten vor dem Bottich liegen und dachte mir nichts dabei. Aber irgendwie war es doch komisch, deshalb schaute ich in den Bottich, und da trieb er in der Brühe. Ich wusste sofort, der ist tot.«

»Und dann?«

»Der Schreck saß mir ordentlich im Nacken. Ich bin ins Büro zu Lydia gelaufen. Die war kurz nach mir auf den Hof gefahren. Ich habe es ihr gesagt, und sie rief dann die Polizei an. Ich hab am ganzen Leib gezittert.«

Hauptkommissarin Pepperkorn zückte einen Schreibblock und machte sich ein paar Notizen, ehe sie wieder aufsah. »Andere Personen haben Sie hier nicht gesehen?«

Horrheimer schüttelte den Kopf.

»Und gestern Abend, wann haben Sie das Areal verlassen?«

Horrheimer zuckte mit den Schultern. »Das dürfte so kurz nach acht Uhr am Abend gewesen sein. Es ist spät geworden gestern. Es gab Probleme mit der Schrotmühle, das warf uns um einen halben Tag zurück. Wir mussten uns ordentlich ranhalten.«

»Ich verstehe«, entgegnete die Hauptkommissarin erneut. »Das heißt, Sie haben gegen zwanzig Uhr das Areal verlassen?«

»Kann auch schon halb neun gewesen sein.«

»Und wann haben Sie Herrn Kästner zuletzt gesehen?«

»Das war, als ich ging.«

»Um acht beziehungsweise halb neun?«

Horrheimer nickte.

»Wo war das?«

»Auf dem Parkplatz war das, ich ging gerade zu meinem Wagen, und er wollte noch ins Sudhaus und nachsehen, ob die Reinigungsflüssigkeit abgelaufen ist, damit wir heute früh nur noch klarspülen müssen.«

»War sonst noch jemand hier, ich meine, außer Ihnen?«

Horrheimer schüttelte den Kopf. »Wir waren zum Schluss allein. Er stand vor dem Tor am Sudhaus und winkte mir noch nach, als ich wegfuhr.«

»War das Tor heute Morgen geschlossen?«

»Es stand noch offen, wie gestern Abend«, erklärte er.

»Hatten Sie ein gutes Verhältnis?«

»Er war ein guter Chef«, antwortete Horrheimer diplomatisch.

Klara Pepperkorn erkannte den zurückhaltenden Unterton in der Stimme des Braumeisters und hakte nach. »Chef ja, soweit gut, aber waren Sie auch befreundet? Mal was zusammen trinken, gemeinsame Interessen, Familienfeste, Feiern, Geburtstage?«

Horrheimer atmete tief ein. »Nein«, sagte er knapp.

Doch das war Klara Pepperkorn zu wenig. »Weshalb nicht, ich meine, Sie sind der Braumeister, er war der Geschäftsführer, da gibt es doch genügend Berührungspunkte. Lag das an Ihnen oder an ihm?«

Der Braumeister nahm die Füße vom Stuhl und richtete sich auf. »Ich … wie soll ich sagen … Wir passten nicht zusammen. Er war … Das war nicht meine Welt, in der er verkehrte.«

»Die Meeviertler Schickeria, oder was meinen Sie damit?«

»Wenn Sie so wollen«, antwortete Horrheimer. »Er war einfach nicht mein Fall.«

»Wo waren Sie dann noch gestern Abend, nachdem Sie das Areal verlassen haben?«

Dieter Horrheimer richtete sich auf. Mit großen Augen blickte er die Polizistin an. »Sie glauben doch nicht, dass ich …«

Klara Pepperkorn hob abwehrend die Hand. »Reine Routine, Herr Horrheimer, das müssen wir jeden fragen, der mit Kästner zu tun hatte.«

Horrheimer entspannte sich. »Ich bin nach Hause gefahren, dann habe ich noch eine Kleinigkeit gegessen und mich hingelegt, bis mich der Wecker heute früh weckte. Ich war hundemüde.«

»Gibt es dafür Zeugen?«

»Meine Nachbarin vielleicht, eine alte Frau, die schaut manchmal aus dem Fenster, ansonsten Fehlanzeige. Ich bin geschieden und lebe allein.«

»Und wo ist das?«

Er nannte seine Adresse am Heuchelhof, und Klara Pepperkorn notierte alles fein säuberlich. Das Wort »Nachbarin« unterstrich sie, denn offenbar war Horrheimer der Letzte gewesen, der Kästner lebend gesehen hatte.

»Wie lange arbeiten Sie schon hier?«, fuhr die Hauptkommissarin fort.

Horrheimer überlegte. »Sechs Jahre, zuvor war ich bei der Brauhaus AG. Kästner kam zu mir und machte mir ein Angebot, das ich nicht ablehnen konnte.«

»Weshalb, ich meine, sind Braumeister so rar, dass es keinen Nachwuchs mehr gibt?«

Horrheimer lächelte. »Als Braumeister ist man für den Geschmack und die Qualität verantwortlich, da sollte man schon ein gutes Händchen haben.«

»Und dieses Händchen haben Sie?«

Selbstsicher verschränkte Horrheimer die Arme vor der Brust. »Zumindest gab es damals beim Brauhaus etliche Goldmedaillen und Auszeichnungen für das Sortiment, und das schien Kästner sehr gut zu gefallen. Er wusste ja, wer in Wirklichkeit hinter diesen Preisen stand.«

»Da hat er Sie einfach abgeworben?«

Horrheimer nickte.

»Das kam bestimmt nicht gut an«, bemerkte die Hauptkommissarin. »Dann hat er sich wohl auch Feinde gemacht.«

Horrheimer lächelte. »Ach, wissen Sie, das Biergeschäft ist kein einfaches Geschäft. Läuft das Jahr gut, sind die Sommer warm und süffig und die Volksfeste gut besucht, dann geht es einigermaßen. Sind die Sommer schlecht, das Frühjahr zu kalt, der Sommer zu feucht und der Spätsommer zu trübe, dann merkt man das deutlich am Absatz. Noch dazu kommt dieser ewige Preiskampf. Kleinbrauer überschwemmen den Markt mit ihrer zusammengepanschten Brühe, die sie hochtrabend Biobier oder Szenebier nennen, und große Brauereien produzieren Übermengen und verkaufen sie zu Schleuderpreisen an die Märkte; das drückt den Preis. Um da bestehen zu können, müssen Sie ein Wolf sein, und damit macht man sich keine Freunde.«

»Und Kästner war ein Wolf?«

Horrheimer nickte. »Ein sehr guter sogar, ein gefräßiger, wenn ich mal so sagen darf. Unsere Umsätze steigen stetig, und der Gewinn am Ende freut die Genossenschafter und natürlich auch uns als Mitarbeiter, wenn es an Weihnachten einen schönen Bonus gab.«

»Wer waren in diesem Kampf die Schafe?«

Horrheimer zuckte mit den Schultern. »Da gibt es einige.«

»Zum Beispiel?«

»Na, Bauern, die an uns ihre Braugerste verkaufen wollten, Konkurrenten, denen er die Lieferaufträge wegschnappte, der Gastronom, der einfach ausgebootet wurde. Die Liste ist lang.«

»Dann macht es Ihnen doch sicher nichts aus, uns eine Liste mit diesen Schafen zu überlassen.«

Horrheimer runzelte die Stirn. »Na ja, so konkret könnte ich Ihnen jetzt niemanden nennen, ich habe es nur am Rande mitbekommen. Und Mord, das steht ja auf einem ganz anderen Papier. Aber fragen Sie Lydia, die macht die Buchhaltung und ist … ähm, war Kästners Sekretärin, die hat sicher viel mehr mitbekommen als ich.«

Pepperkorn schrieb erneut auf ihren Notizblock.

»Kann ich jetzt nach Hause?«, fragte Horrheimer.

»Geht es Ihnen wieder schlechter?«

Horrheimer atmete tief ein. »Ich brauche erst mal Ruhe und Abstand, ich würde mich gerne zu Hause hinlegen, verstehen Sie. Nicht jeden Tag findet man einen Toten, und schließlich war er mein Chef.«

Klara Pepperkorn nickte. Sie griff in ihre Tasche und reichte Horrheimer eine Visitenkarte. »Rufen Sie mich an, wenn Ihnen noch etwas einfällt. Natürlich kann es sein, dass wir noch einmal mit Ihnen sprechen müssen.«

2

Klosterbräu, Bierkontor am Klosterhof,
Würzburg – Dürrbachau

Der Rechtsmediziner war inzwischen am Tatort eingetroffen, nachdem er sich zweimal verfahren hatte. Er hatte den Leichnam grob untersucht, bevor der Bestatter zum Abtransport gerufen wurde.

Stemmer und seine Crew hatten inzwischen die gesamte Umgebung abgesucht. Als Hauptkommissarin Pepperkorn an seine Seite trat, stand er vor dem weißen VW-Bus und zog sich gerade seinen weißen Overall aus. »Noch was gefunden?«, fragte die Hauptkommissarin.

Stemmer nickte, beugte sich in den Bus und zog eine Plastiktüte hervor. Darin befand sich ein kleiner silberfarbener Ring, kaum größer als ein Fingernagel.

»Was ist das?«, fragte Klara Pepperkorn.

Stemmer wiegte seinen Kopf hin und her. »Wenn du so fragst, würde ich sagen, das ist ein Nietenring, wie man ihn an Jackentaschen, Handschuhen oder auch Handtaschen findet. Knapp einen Zentimeter groß und noch relativ gut erhalten. Der liegt da noch nicht lange.«

»Und wo lag er?«

Stemmer wies auf den Boden unterhalb des Gerüsts direkt in Höhe des Bottichs, in dem Kästner gelegen hatte.

»Könnte dazugehören«, murmelte die Hauptkommissarin.

»Könnte«, bestätigte Stemmer.

»Sonst noch was?«

»Sein Handy steckte in der Hosentasche, aber das ist jetzt nur noch Schrott, nachdem es in der Brühe lag.«

»Nichts mehr zu machen?«

Stemmer schüttelte den Kopf. »Mehr als die Log-Dateien über den Provider wird es wohl nicht geben, aber das dauert ein paar Tage.«

Der Rechtsmediziner, der einige Schritte entfernt neben dem Leichnam kniete, legte sein Thermometer in die schwarze Medizinertasche zurück und klappte sie zu, ehe er sich aufrichtete. Pepperkorn nickte ihm freundlich zu, als sie sich an seine Seite gesellte.

»Hauptkommissarin Pepperkorn«, stellte sie sich vor. »Ich leite die Ermittlungen.«

»Dr. Bach, Rechtsmedizin«, entgegnete der junge Mann mit den vollen dunklen Haaren in klarem Hochdeutsch.

»Können Sie schon etwas sagen?«

»So richtig erst, wenn ich ihn auf dem Tisch hatte. Aber klar dürfte sein, dass massive Gewalt auf den Hinterkopf zu seinem Tod beigetragen hat. Er könnte aber auch in der Brühe ertrunken sein.«

»Können Sie schon ungefähr sagen, wann das passiert ist?«

»Genau erst nach eingehender Untersuchung, aber vorab würde ich den Todeszeitpunkt zwischen zwanzig und etwa ein Uhr in der Nacht festlegen. Allerdings ist diese Einschätzung vorläufig. Die Umgebung und seine Lage in der Flüssigkeit sind erhebliche Faktoren, die eine nähere Bestimmung ohne Leichenöffnung natürlich erschweren.«

»Natürlich«, bestätigte Klara Pepperkorn. »Dann kann er abgeholt werden?«

Der junge Mediziner nickte. »Ich bin jetzt fertig.«

»Sie sind nicht von hier, richtig?«

»Das ist richtig«, bestätigte der junge Mann. »Ich komme aus Hannover. Bin erst zwei Monate hier. Deshalb führte mich mein Navi auch direkt in die Stadt an die Juliuspromenade, als ich das Bierkontor als Adresse eingab. Dort gibt es eine Verkaufsstelle; von dort aus schickte mich die Angestellte hierher, sonst hätte ich dieses Betriebsgelände wohl nicht gefunden.«

»Das ist der eigentliche Firmensitz, dort wurde das Kontor gegründet«, erklärte Stemmer, der unbemerkt an ihre Seite getreten war. »Den Betriebshof hier gibt es aber schon fünf Jahre. In der Stadt platzte alles aus den Nähten, deswegen verzog man sich an den Stadtrand. Eine ganz moderne Anlage ist das hier. Ich weiß noch, als die großen Transporter hier durchfuhren und die Kessel lieferten. Ich wohne in Zell, da bekam man das alles hautnah mit. Sogar in der Nacht sind die Transporter gefahren.«

»Stemmer ist Bierkenner, müssen Sie wissen«, ergänzte Klara Pepperkorn.

»Ja, das stimmt, und wenn du mal ein ganz besonderes Gebräu genießen willst, dann empfehle ich dir den Kiliansbock. Den gibt es aber nur im Herbst, jetzt sind wir schon zu spät, der ist bestimmt schon ausverkauft. Ein Bockbier mit stolzen achtundzwanzig Prozent, und es gibt ihn auch in der Magnumflasche zu vierzig Euro, falls man nicht genug kriegen kann.«

»Vierzig Euro ist ein stolzer Preis für ein Bier. Ist es denn wirklich so gut?«, fragte der junge Mediziner.

»Es liegt an der Mischung«, erklärte Stemmer. »Nach der Abfüllung kommt es erst in Eichenfässer, wo es über ein Jahr auf die Verkostung wartet.«

»Im Eichenfass?«

»Das gibt ihm die besondere Note.«

Pepperkorn schüttelte den Kopf. »Sind die Leute denn verrückt, wer kauft denn so was?«

»Im Ratskeller, im Backöfele oder auch im Maritim kriegst du es, gehobenes Ambiente eben, nichts für Hungerleider.«

»Danke«, entgegnete Klara Pepperkorn trocken. »Ich bleib lieber beim Bachus, da weiß ich, was ich habe.«

»So, dann fahre ich jetzt wieder in die Stadt«, sagte der junge Rechtsmediziner und wies auf die Leiche. »Wenn er noch vor vierzehn Uhr auf meinem Tisch liegt, dann könnte ich heute noch anfangen.«

Stemmer schaute auf die Uhr. Das war zu schaffen, der Bestatter war bereits auf der Anfahrt.

Der junge Arzt verabschiedete sich und stieg in seinen Wagen. Als er vom Hof fuhr, kam ein schwarzer Mercedes der S-Klasse mit Münchner Kennzeichen angerauscht und bremste direkt vor der Absperrung, wo eine uniformierte Kollegin stand.

Pepperkorn schaute interessiert auf den Wagen, aus dem ein Mann mit grauen Haaren, im dunklen Anzug mit weißem Hemd und silberfarbener Krawatte, ausstieg und mit der Kollegin lautstark zu diskutieren begann.

»Was will denn der?«, murmelte die Hauptkommissarin und ging auf die Absperrung zu.

»… hier verantwortlich … Lassen Sie mich durch … Sie wissen wohl nicht, wer ich bin …«, wehten die erbosten Worte des Mannes zu Klara Pepperkorn herüber. Die junge Kollegin hatte alle Hände voll zu tun, denn aufbrausenden Mann zurückzuhalten.

»Moment!«, unterbrach Klara Pepperkorn das Streitgespräch. Die Stimmen verstummten, und der Mann wandte sich der Hauptkommissarin zu. »Sind Sie hier verantwortlich?«, fragte er erregt. Er atmete schwer.

»Wieso wollen Sie das wissen?«

Der Mann griff in seine Anzugjacke und zog seinen Personalausweis hervor. »Dr. Phillip Wagner«, stellte er sich vor. »Sicher haben Sie schon gehört, dass ich der Vertreter der Gesellschaft bin. Ich habe auch schon mit Ihrem Präsidenten telefoniert, und der verwies mich an die Kriminalpolizei.«

Der Mann, wohl an die fünfzig Jahre alt, kam ihr irgendwie bekannt vor. Nur wusste sie nicht recht, wohin sie ihn stecken sollte. »Pepperkorn, Kripo Würzburg«, stellte sie sich vor. »Ich bin die Verantwortliche hier.«

»Stimmt das wirklich, der Hans ist tot?«

»Wenn Sie Hans Peter Kästner meinen, dann stimmt das. Woher wissen Sie davon?«

»Lydia, ich meine, Frau Arzt hat mich heute früh angerufen. Ich bin ... Wie soll ich sagen, ich habe ihn damals angestellt.«

»Dann sind Sie quasi sein Chef?«

Wagner nickte. »Kann man so sagen. Wissen Sie schon, was passiert ist?«

Klara Pepperkorn hob das Absperrband an. »Es ist wohl besser, wir unterhalten uns drinnen.«

Klara Pepperkorn ging voraus, Dr. Wagner folgte ihr. Als er den abgedeckten Leichnam sah, blieb er kurz stehen. »Stimmt es, dass er erschlagen worden ist?«

Klara Pepperkorn fasste den Mann am Arm. »Kommen Sie, wir reden drinnen.«

Sie suchte den Aufenthaltsraum auf, in dem sie bereits den Braumeister befragt hatte, und bot Wagner dort Platz an. Sie ließ sich wiederum auf dem Stuhl gegenüber nieder. Eine alte Angewohnheit von ihr, denn so konnte sie neben der Unterhaltung auch die Gestik ihres Gegenübers beobachten, was oftmals von Vorteil war.

»Ich kann es nicht fassen«, legte Dr. Wagner los. »Gleich nachdem mich Lydia informierte, habe ich mich in den Wagen gesetzt und bin hierhergefahren. Aus München komme ich, zum Glück war die Autobahn frei.«

»Wann wurden Sie denn über den Tod von Herrn Kästner informiert?«

Dr. Wagner warf einen Blick auf seine teure Armbanduhr.

»So gegen sieben Uhr, würde ich sagen. Ich musste einige Termine verschieben und bin dann sofort losgefahren. Haben Sie schon eine Spur?«

Klara Pepperkorn zuckte mit den Schultern.

»Das waren bestimmt wieder Einbrecher, und der Hans hat sie erwischt. Aber diesmal hat es ihm das Leben gekostet. Ich sagte ihm schon das letzte Mal zu ihm, er soll aufpassen und die Polizei rufen, bevor er selbst nachschaut.«

»Das letzte Mal?«, fragte Klara Pepperkorn.

Der Mann kratzte sich am Kinn. »Ja, das letzte Mal, als hier eingebrochen wurde. Es gibt Idioten, die glauben, hier sind Reichtümer zu holen. Hans hat mal welche erwischt, da haben sie ihn niedergeschlagen und sind abgehauen.«

»Wann war das?«

Dr. Wagner überlegte. »Im letzten Jahr, meine ich. September, Oktober, aber das müssten Sie doch wissen, Sie sind ja bei der Polizei.«

»Die Ermittlungen wurden erst aufgenommen, und die Tatortarbeit steht natürlich erst einmal im Vordergrund«, wich die Hauptkommissarin aus. »Sie kommen aus München – was machen Sie dort, wenn ich fragen darf?«

Dr. Wagner warf ihr einen ungläubigen Blick zu. »Sie kennen mich nicht?«, fragte er. »Ich bin Abgeordneter des Bayerischen Landtags, hier im Wahlkreis Würzburg Land. Ich dachte, das sei bekannt.«

»Sie müssen entschuldigen, Politik ist nicht meine Stärke«, entschuldigte sich die Hauptkommissarin. »Sie sind der Verantwortliche hier, sagten Sie. Wie darf ich das verstehen?«

»Sehen Sie, das Bierkontor am Klosterhof gibt es schon seit dem späten Mittelalter«, erklärte er. »Damals betrieben es die Mönche. Heute ist es ein Zusammenschluss von honorigen Würzburger Brauerfamilien, die auf diesem Weg ihre Marktchancen verbessern wollten. Seinerzeit war das eine sehr gute Strategie und auch sehr erfolgreich. Bedingung war, man musste aus Würzburg und dem Umland stammen, und man musste über eine gewisse Reputation verfügen.«

»Quasi wie eine Winzergenossenschaft«, stellte Klara Pepperkorn fest.

»Mehr noch, es geht da auch um Tradition und Werte. Dieses Kontor hat sich sehr lange gehalten. Erst im Zweiten Weltkrieg ging alles verloren, verstehen Sie.«

Klara Pepperkorn nickte. »Aber nach dem Krieg lebte es wieder auf?«

»Richtig, ein paar Gründungsväter hoben das verlorene Kind wieder aus dem Brunnen. Mein Vater gehörte ebenfalls dazu.«

»Wie viele Brauerfamilien gehören heute dieser Vereinigung an?«

»Wir sind neun; dazu kommen noch ein paar angeschlossene Bauern aus dem Umland. Ich bin der gewählte Sprecher, also quasi der Vorsitzende, wenn Sie so wollen. Deswegen sagte ich, dass ich den Hans … ich meine, Herrn Kästner zum Geschäftsführer berufen habe. Das war vor sieben Jahren. Natürlich wurde damals abgestimmt, aber die Entscheidung war einstimmig.«

»War sie auch richtig?«, fragte die Hauptkommissarin.

»Was meinen Sie damit?«

»Ich meine, stand man auch heute noch einstimmig zu Herrn Kästner?«

Dr. Wagner atmete tief ein. »Ich würde sagen, er war das Beste, das uns passieren konnte. Wir hatten damals schwierige Zeiten. Konkurrenzdruck, Wetterkapriolen, falsche Strategien, es sah lange nicht gut aus. Leider verstarb unser damaliger Geschäftsführer bei einem Unfall, sodass wir zum Handeln gezwungen waren. Hans Peter arbeitete hier bereits als Assistent in der Geschäftsleitung. Er hatte tolle Ideen, und er lag mit seiner Einschätzung goldrichtig. So gut wie unter ihm ging es dem Kontor noch nie.«

»Das heißt also, hier im Betrieb gibt es keinen, der ihn loswerden wollte?«

Dr. Wagner lächelte. »Ach so, daher weht der Wind. Nein, keinesfalls. Niemand wäre so dumm, die Gans zu schlachten, die goldene Eier legt. Das können Sie mir glauben. Nein, von hier war das niemand. Ich sagte doch, Kriminelle haben öfter versucht, hier einzubrechen.«

»Da gibt es ja immer noch die Konkurrenz«, gab Klara Pepperkorn zu bedenken.

Dr. Wagner blies die Luft durch seine aufgeblähten Backen. »Sicherlich ist es schwierig, in der heutigen Zeit einen Betrieb wie unseren zu leiten. Und die Geschäftswelt ist kein Kindergeburtstag, wenn Sie da bestehen wollen …«

»… dann muss man schon ein Wolf sein«, vervollständigte Klara Pepperkorn den Satz mit den Worten, die Braumeister Horrheimer gebraucht hatte, nachdem er zu Kästners Geschäftsgebaren befragt worden war.

»Wer sagt das?«, fragte der Abgeordnete unwirsch.

Klara Pepperkorn zuckte mit den Schultern. »Man hört so Einiges.«

Dr. Wagner atmete tief ein. »Nein, vergessen Sie das. Sein Tod hat sicherlich nichts mit der Firma zu tun. Da sind Sie auf einem Holzweg. Und wenn ich Sie um etwas bitten dürfte: Es wäre gut, wenn Sie in dieser Sache diskret vorgehen könnten. Sie wissen ja, wie es ist, wenn es ums Geschäft geht. Da kommen allzu schnell üble Gerüchte auf.«

Klara Pepperkorn zuckte mit den Schultern. »Leider habe ich das nicht in der Hand. Wir gehen von einer Mordermittlung aus, und das lässt sich nur sehr schwer im Verborgenen halten. Aber das wissen Sie ja selbst. Ähm, eine Frage noch: Sie waren in München, das heißt, Sie wohnen auch dort?«

»Ich habe dort eine Wohnung, richtig. Ist das wichtig?«

»Sie wissen doch, solche Fragen sind reine Routine. Ich bin nun mal Polizistin.«

Dr. Wagner kratzte sich am Kinn. »Klar, das ist nun mal ihre Aufgabe. Natürlich bin ich an einer raschen Aufklärung des Falles interessiert.«

»Das heißt also, Sie leben in München«, wiederholte Klara.

Dr. Wagner nickte. »Gestern war ein stressreicher Tag. Eine Ausschusssitzung jagte die nächste. Und dann musste ich bis spät in die Nacht arbeiten. Ich gehöre dem Ausschuss an, der sich mit den Stromtrassen zu Südlink zwei befasst. Sie haben sicher schon davon gehört. Die Presse berichtet derzeit ja nichts anderes mehr. Morgen ist erneut eine Ausschusssitzung, deshalb sollte ich auch schnellstmöglich wieder nach München zurück, um mich vorzubereiten.«

»Ich verstehe.«

»Bevor Sie weiterfragen: Ich war allein, meine Familie wohnt hier in Würzburg, mein Sohn aus erster Ehe studiert in den USA, und meine Frau kann Ihnen bestätigen, dass ich etwa gegen sieben bei ihr angerufen habe. Ach ja, hier übrigens auch, so gegen halb acht, Lydia war am Apparat. Ich war ganz überrascht, dass sie so spät noch im Büro war, aber klar, sie war mit den Bilanzen für die Steuer beschäftigt.«

»Danke Ihnen, Herr Dr. Wagner«, entgegnete Klara Pepperkorn. »Dann will ich Sie nicht weiter aufhalten. Sie müssen hier sicherlich noch Einiges mit den Angestellten besprechen.«

»Das will ich meinen, es muss ja irgendwie weitergehen. Ich meine natürlich ...«

Sie reichte ihm ihre Visitenkarte. »Ich verstehe das schon«, fiel sie ihm ins Wort. »Ich hoffe, ich darf Sie noch einmal kontaktieren, falls Fragen zu der Firma auftauchen.«

Der Abgeordnete warf ihr einen fragenden Blick zu. Offenbar hatte er erwartet, mehr über den Ermittlungsstand zu erfahren, doch das ging ihn nichts an. Wenngleich es ohnehin nicht sehr viel war, was Klara Pepperkorn bis jetzt wusste. Sie wusste nur, dass es an der Zeit war, diese Firma und Kästners Leben genau unter die Lupe zu nehmen. Dazu gehörten natürlich auch die Einbrüche, von denen Wagner gesprochen hatte.

Dr. Wagner griff in seine Jackentasche und zog ebenfalls eine Visitenkarte hervor. »Rufen Sie an, wenn Sie noch Fragen haben. Natürlich würde ich gerne über den Fortgang der Ermittlungen informiert werden, soweit das möglich ist.«

Klara Pepperkorn nahm die Karte und bedankte sich, bevor sie den Raum verließ. Wo war nur Danner abgeblieben?

3

Klosterbräu, Bierkontor am Klosterhof,
Würzburg – Dürrbachau

Missmutig beobachtete Klara Pepperkorn, angelehnt an den Dienstwagen, ihren leicht übergewichtigen Kollegen Danner, der gemächlich über den Firmenhof schlenderte. Die Leiche war inzwischen abtransportiert, und sogar Stemmer und seine Kollegen waren bereits abgerückt und hatten nach einer Nachschau in der Wohnung Kästners Laptop und ein paar Papiere eingepackt, die erst noch genauer sondiert werden mussten. An der Hofeinfahrt stand lediglich noch ein einzelner Streifenwagen.

Mit einer energischen Handbewegung versuchte sie Danners Schritt zu beschleunigen, doch das schien ihn kaum zu kümmern.

»Mensch, Danner, wo bleiben Sie nur!«, herrschte sie ihn an. »Ich sagte, Sie sollen die Sekretärin befragen und kein Kaffeekränzchen veranstalten. Mittlerweile sind nur noch wir hier auf dem Hof, sogar die Spurensicherung ist schon gegangen.«

An Danner schien diese Standpauke einfach nur abzuperlen, wie Wasser auf einem Ölmantel. Vor der Fahrertür des blauen BMW blieb er stehen und kramte in seiner Hosentasche.

»Hoffentlich haben Sie auch etwas erfahren, was uns weiterhilft«. schob die Hauptkommissarin nach. »Was sagt Sie denn, die Sekretärin?«

Danner winkte ab. »Nicht viel«, entgegnete er wortkarg, zog den Autoschlüssel hervor und öffnete die Verriegelung des Wagens.

Klara Pepperkorn blickte ihren Kollegen ungläubig an. »Sie waren beinahe drei Stunden bei ihr!«

Danner zuckte mit den Schultern und stieg ein. »Sie kam heute kurz vor sieben auf den Hof und ging ins Büro. Kaum hatte sie den Computer gestartet, da kam auch schon Horrheimer vollkommen außer Atem angerannt und erzählte ihr, dass Kästner tot im Braukessel treibt. Sie solle die Polizei rufen; das hat sie dann ja auch getan.«

Er startete den Wagen und legte den ersten Gang ein.

»Das darf doch wohl nicht wahr sein«, entgegnete die Hauptkommissarin. »Dafür haben Sie drei Stunden gebraucht? Das ist nicht Ihr Ernst!«

Danner nickte. »Ach ja, Sie hat dann sofort den Vorstandsvorsitzenden informiert. Dr. Wagner aus München, der wird sicher noch mit uns reden wollen, der ist Abgeordneter …«

Wenn Blicke töten könnten, dann wäre Danner sicherlich augenblicklich hinter dem Steuer zusammengesunken. »Der war schon hier, ist von München hergefahren und war deutlich schneller als Sie mit der Befragung. Und jetzt fahren Sie auf die Dienststelle und schauen im Archiv nach, ob wir etwas über Einbrüche hier im Kontor haben. Und wenn es geht, ein klein wenig schneller als sonst.«

An der Einmündung zur Veitshöchheimer Straße bremste Danner den Wagen ab und wandte sich seiner Beifahrerin zu. »Wir sollten aber zuerst noch nach Arnstein.«

»Arnstein?«

»Dort wohnt seine Frau, und die weiß von alledem noch nichts. Er wollte wohl in der Firma übernachten. Das tat er öfter.«

»Ist da nicht schon die Streife …«

Danner wartete, bis die Straße frei war, ehe er wieder beschleunigte. »Die dachten, wir würden das übernehmen«, fiel er ihr ins Wort.

Todesnachrichten zu überbringen war überhaupt nicht Pepperkorns Fall, aber was blieb ihr anderes übrig. »Also dann, fahren wir in Gottes Namen eben nach Arnstein. Und jetzt geben Sie endlich mal Gas, Danner! Das ist ein BMW mit beinahe zweihundert PS und keine Postkutsche!«

Danner beschleunigte den Wagen und fuhr über Thüngersheim und Retzbach hinauf nach Arnstein. Kurz hinter Binsfeld brach er das Schweigen.

»Ich wusste gar nicht, dass die kleine Lydia im Kontor arbeitet und noch dazu als Chefsekretärin«, bemerkte er nachdenklich.

»Sie kennen die Frau?«

Danner nickte und bremste, weil ein Laster vor ihnen abbog. »Klar kenne ich sie. Sie war mal bei der Hofbräu, aber hier hatte sie ein besseres Angebot.«

»Tja, Danner, wen kennen Sie nicht.«

»Ich bin eben ein Wirtshausbub und in Würzburg groß geworden.«

»Hat sie sonst noch was gesagt?«, überging Pepperkorn Danners Bemerkung. »Etwas, was uns weiterbringt?«

Danner lächelte. »Klar hat sie das«, sagte er verschmitzt. »Ich bin mal gespannt, wie seine Frau reagiert. Offenbar nahm Kästner die Sache mit der Ehe nicht so richtig ernst.«

Pepperkorns Interesse war geweckt. »Das heißt?«

Danner zuckte mit den Schultern. »Mal abwarten, vielleicht ist da ja nichts dran, aber Lydia erzählte mir im Vertrauen, dass er sie mal kräftig angebaggert hat.«

»Und sie wollte nichts von ihm? Schließlich sah er zu Lebzeiten wohl gut aus, so ein richtiger Playboy-Typ, da werden manche Frauen schwach.«

»Nicht Lydia, die mag keine Männer.«

Klara Pepperkorn wartete auf weitere Einzelheiten, doch Thomas Danner schwieg.

Ein paar Kilometer weiter platzte Klara Pepperkorn der Kragen. »Jetzt reden Sie schon, Danner! Sie waren drei Stunden bei der Frau. Was hat sie alles erzählt?«

»Na ja, schauen wir mal, wie der Kaiser immer zu sagen pflegt«, entgegnete Danner gelassen.

Klara Pepperkorn atmete tief ein. Dieser Kerl hinter dem Steuer nervte, doch leider gab es niemand anderen im Dezernat, der abkömmlich gewesen war. Warum nur stärkte Kriminaldirektor Krug diesem Schwachmat Danner immer wieder den Rücken? Der Kerl war ein Versager, durch und durch. Scheinbar schien das niemand im Fachbereich zu interessieren.

Arnstein bei Werneck, Wohnviertel am Weinberg

Das moderne und geräumige Wohnhaus in einer Stichstraße im Wohnviertel am Weinberg ähnelte zwei quer übereinander gestapelten Kartons aus Stahl, mit reichlich Glas und begrüntem Flachdach. Unter dem auf Säulen ruhenden Dachüberstand, der als Carport genutzt wurde, stand ein roter Nissan Micra. Ein mit bunten Kieselsteinen gefüllter Streifen grenzte den Gehweg von dem Gebäude ab. Ein paar vertrocknete Schilfhalme reckten sich in die Höhe. Ansonsten herrschten überall die Grautöne vor. Danner schüttelte den Kopf, nachdem er den Wagen vor dem Anwesen geparkt hatte und ausgestiegen war.

»Trostlos«, murmelte er.

»Modern, würde ich sagen«, widersprach Pepperkorn.

»Für mich sehen solche Häuser aus wie Fabriken oder Lagerhallen. Ein Haus braucht ein Dach mit einem Giebel und Ziegel dazu.«

»Manche Menschen mögen eben das Innovative.«

»Innovativ? Ich sage trist und überdies viel zu groß. Da möchte ich nicht das Treppenhaus putzen.«

»Das könnte ihr Wagen sein«, mutmaßte Pepperkorn und zeigte auf den roten Kleinwagen.

Danner nickte. »C und K, Christine Kästner, zweifellos.«

»Vielleicht hätten wir einen Arzt oder einen Pfarrer mitnehmen sollen«, bemerkte Klara Pepperkorn nachdenklich.

Danner winkte ab. »Das brauchen wir nicht, ich denke, sie steckt das weg.«

Klara Pepperkorn wandte sich Danner zu. »Was macht Sie so sicher?«

Danner lächelte. »Ich sagte schon, schauen wir mal.«

Sie betraten das Grundstück und blieben vor der bronzefarbenen Haustür mit der gläsernen Raute stehen. Als Danner auf den Klingelknopf drückte, tönte ein melodischer Dreiklang durch das Haus. Neben dem Klingelknopf befand sich eine Sprechanlage nebst Kamera.

»Ja bitte«, meldete sich eine Frauenstimme.

»Frau Kästner?«

»Ja.«

»Mein Name ist Klara Pepperkorn von der Kripo Würzburg, wir müssten dringend mit Ihnen sprechen, würden Sie bitte öffnen?«

Der Türöffner schnarrte, Danner schob die Tür auf.

Christine Kästner trug einen schwarzen Rock und eine rosafarbene Bluse und hatte ihre blonden Haare zu einem Zopf gebunden. Ihre einstmalige Schönheit verblasste so langsam, war sie doch auch schon in der Mitte der Vierziger angelangt. Sie blickte ihre unerwarteten Besucher erwartungsvoll an.

»Das ist mein Kollege Danner, dürfen wir eintreten?«, fragte Klara Pepperkorn.

Die Frau nickte und führte Pepperkorn und Danner in

das karg, aber stilvoll möblierte Wohnzimmer, in dem sich zwei lederne Dreisitzer – Couchgarnituren in Weiß, getrennt von einem gläsernen Couchtisch gegenüberstanden. Der beigefarbene Teppich passte zu der grobkörnigen Maserung der anthrazitfarbenen Bodenfliesen.

»Ist … ist etwas passiert?«, fragte die Frau unsicher.

»Nehmen Sie bitte Platz!«, forderte Danner die Frau auf und wartete, bis sie sich gesetzt hatte.

Klara Pepperkorn nahm ebenfalls auf der Couch gegenüber Platz, während Danner neben der Tür stehen blieb.

»Leider haben wir eine traurige Nachricht«, eröffnete Klara Pepperkorn das Gespräch und verlieh ihrer ansonsten eher rauen Stimme einen fürsorglichen Unterton.

»Was ist passiert?«, fragte Christine Kästner, die ihre Hände im Schoß gefaltet hatte.

Danner räusperte sich. »Es tut uns leid, aber wir müssen Ihnen mitteilen, dass ihr Ehemann…«

»War es ein Unfall?«, schnitt Christine Kästner Danner das Wort ab.

Klara Pepperkorn runzelte die Stirn. »Wie kommen Sie darauf?«

Die Frau schaute zuerst Danner und dann Klara Pepperkorn an. »Er ist immer so gerast«, antwortete sie. »Ich habe ihm immer gesagt, er soll nicht so schnell fahren.«

Danner schüttelte den Kopf. »Nein, es war kein Unfall. Wir gehen davon aus, dass ihr Mann umgebracht wurde.«

Eine Weile herrschte Schweigen. Christine Kästner schaute aus dem Panoramafenster auf die nahen Felder, ehe sie den Blick wieder Danner zuwandte. Ihre Augen waren feucht.

»Brauchen Sie ein Glas Wasser oder sollen wir jemand anrufen?«, fragte Klara Pepperkorn mit einfühlsamer Stimme, doch noch bevor die Frau antworten konnte, ließ sich Danner neben der Frau auf der Couch nieder.

»Stimmt es, dass ihre Ehe ... sagen wir mal ... nicht mehr ganz so gut funktionierte?«, fiel er direkt mit der Tür ins Haus, wofür er einen bösen Blick seiner Chefin erntete.

Christine Kästner schaute ihn mit großen Augen an. »Wie kommen Sie darauf ... was fällt Ihnen überhaupt ein!«, protestierte sie.

»Man hört so Einiges«, entgegnete Danner.

»So, was hört man denn?«, entgegnete die Frau mit scharfer Stimme. »Haben Sie nicht bemerkt, dass Ihr Mann in der Nacht nicht nach Hause kam?«, mischte sich Klara Pepperkorn ein, um die Situation zu entschärfen.

Die Frau wandte ihr den Blick zu. »Ich habe fest geschlafen, außerdem übernachtet Hans Peter hin und wieder in der Firma, wenn er am nächsten Tag einen Termin hat.«

»Und getrennte Schlafzimmer haben Sie ja auch noch«, fuhr Danner fort.

Klara Pepperkorn war ob der dreisten Art, mit der Danner die Befragung führte, vollkommen konsterniert. Schließlich hatte die Frau gerade eben ihren Ehemann verloren. Sie warf ihm einen bösen Blick zu und wies mit dem Kopf nach draußen. »Entschuldigen Sie, Frau Kästner, könnte ich mich kurz mit meinem Kollegen unterhalten?«

Christine Kästner nickte.

Mit einem Fingerzeig forderte Klara Pepperkorn Danner auf, sie nach draußen zu begleiten. Danner folgte ihr nur widerwillig. Vor der Tür blieb sie stehen. »Sagen Sie mal, Danner, was ist denn bloß in Sie gefahren? Sind Sie verrückt geworden! Die Frau ist gerade Witwe geworden, und Sie benehmen sich wie die Axt im Wald.«

Danner wiegte den Kopf hin und her und blickte seine Chefin mit Unschuldsmiene an. »Ich spreche mit ihr, wie ich mit jedem oder jeder Verdächtigen spreche.«

»Sie sind sensibel wie ein Holzklotz.«

Danner schüttelte verständnislos den Kopf. »Diese Ehe bestand nur noch auf dem Papier«, erklärte er wie selbstverständlich. »Er hatte allerlei Frauengeschichten am Laufen und wollte sich längst schon von ihr scheiden lassen. Sie war damit allerdings nicht einverstanden.«

»Woher wissen Sie …«

»Ich habe nicht nur Kaffee getrunken, ich habe gearbeitet«, entgegnete er trocken, ehe er, ohne auf seine Chefin zu warten, erneut das Haus betrat und in der Stube auf dem Sofa Platz nahm, auf dem zuvor Klara Pepperkorn gesessen hatte.

Christine Kästner saß schweigend auf dem Sofa gegenüber und schaute aus dem Fenster. Klara Pepperkorn folgte Danner und nahm wortlos neben ihm Platz.

»Also, Frau Kästner«, fuhr Danner fort. »Wir sollten mit offenen Karten spielen, schließlich geht es hier um Mord, und ehrlich gesagt, sind zuerst einmal alle verdächtig, die sich im Umfeld des Opfers bewegten.«

Christine Danner atmete tief ein und faltete die Hände im Schoß. »Ja, Sie haben recht, unsere Ehe war nicht mehr die beste, aber ich habe ihn nicht umgebracht.«

»Das hat ja auch niemand behauptet«, gab Klara Pepperkorn von sich.

»Wussten Sie, dass ihr Mann in der Firma übernachten wollte?«, fragte Danner, ohne auf die Bemerkung seiner Chefin einzugehen.

Christine Danner nickte.

Klara Pepperkorn räusperte sich. Die Art der Befragung, die Danner hier von sich gab, passte ihr überhaupt nicht. »Hatte er denn einen wichtigen Termin?«, fragte sie, um die Initiative zu übernehmen.

Christine Danner schlug die Beine übereinander und wandte sich zur Seite ab. »Er schläft nur noch sporadisch hier. Ab und zu, wenn es ihm passt. In der Firma ist er ungestört, dort kann er es besser mit seinen Flittchen treiben.«

»Hatte er denn eine Geliebte?«, setzte Danner nach.

Christine Kästner zuckte mit den Schultern. »Immer mal wieder, aber das ist mir egal. Ich habe hier mein Leben, und er hatte seines. Mich interessiert schon lange nicht mehr, mit wem er seine Zeit verbringt.«

Klara Pepperkorn warf Danner einen kurzen Blick zu. »Wollten Sie sich von ihm trennen?«

Christine Kästner wandte sich wieder Klara Pepperkorn zu. In ihrem Gesicht lag wilde Entschlossenheit. »Ich habe ihm meine besten Jahre geopfert, habe zwei Kinder geboren und großgezogen und bin ihm zur Seite gestanden, als er noch ein kleiner Angestellter in der Brauerei war. Er wusste, dass ich mich nicht so einfach aufs Abstellgleis schieben lasse. Nicht mit mir und nicht auf diese Art.«

»Sie waren also gegen eine Scheidung«, stellte Danner nüchtern fest.

Christine Kästner nickte. »Das wusste er auch, und er war damit einverstanden. Wir haben uns darauf geeinigt, dass wir den Schein aufrechterhalten, bis unsere Kinder auf eigenen Beinen stehen. Und er wusste, dass ich mich nicht mit Almosen abspeisen lassen werde.«

Klara Pepperkorn warf einen Blick auf das Foto, das auf der Kommode stand. Darauf waren Hans Peter Kästner, seine Frau Christine sowie ein Mädchen im Teenageralter und ein Junge abgebildet. Sie wies auf das Foto. »Das sind Ihre Kinder?«

Die Frau folgte dem Fingerzeig und nickte. »Thea und Tom«, bestätigte sie mit einem leicht beseelten Blick. »Thea ist zwanzig und studiert in München Modedesign und Textilingenieurin, und Tom ist achtzehn und ein ausgezeichneter Handballspieler. Er ist in der Nähe von Gummersbach auf einem Sportinternat und macht im nächsten Jahr sein Abi. Er spielt schon in der zweiten Bundesliga.«

Danner blieb unbeeindruckt. »Wo waren Sie am Abend, sagen wir, zwischen zwanzig und etwa zwei Uhr?«

Die Empfindsamkeit im Gesicht der Frau verschwand, und ihre weichen Züge wurden gereizt und hart. »Halten Sie mich wirklich für eine Mörderin?«, zischte sie, ehe sie sich erhob. Sie ging zu einem kleinen Sekretär in der Ecke, schloss ihn auf und holte einen Packen Briefe hervor, den sie neben Danner auf das Sofa warf. »Ich war hier, die ganze Nacht, und ich war allein. Wollen Sie mich jetzt festnehmen?«

Die Empörung war nur kurz. Sie nahm wieder auf dem Sofa gegenüber Platz und musterte Danner, der zu den Briefen griff, die Schnur löste und ein Schreiben aus einem Kuvert nahm.

... das wirst du bereuen, du Schwein. Du bist nicht der Einzige, der über Leichen geht ...

Das Schreiben war zweifellos ein Drohbrief mit Beleidigungen und Drohungen der übelsten Sorte. Mit Computer geschrieben, ausgedruckt und ohne Absender verschickt. Zwölf weitere Kuverts lagen vor Danner auf dem Sofa.

»Drohbriefe«, stellte Klara Pepperkorn fest, nachdem ihr Danner das Schreiben überreicht hatte.

Christine Kästner nickte. »Und das sind nur die Schreiben, die ich aufgehoben habe. Mindestens das Doppelte hat er in den Müll geschmissen. Er war ein Scheusal, ob als Mensch oder als Chef oder im Geschäft. Fragen Sie dort ruhig mal nach.«

Klara Pepperkorn faltete den Brief zusammen. »Ich habe heute schon anderes gehört«, sagte sie. »Ihr Mann wurde sogar als ein wahrer Glücksfall für die Firma bezeichnet.«

Christine Kästner lächelte. »Das war aber niemand, der für ihn arbeitete, und auch keine, die er flachgelegt und anschießend entsorgt hat wie eine leere Pfandflasche, die man einfach so stehen oder liegen lässt.«

Klara Pepperkorn schüttelte den Kopf. »Nein, es war ein gewisser Doktor Wagner, offenbar sein Vorgesetzter. Er lobte Ihren Mann.«

Christine Kästner nickte. »Das glaube ich, dieser schmierige Wicht ist vom selben Kaliber.«

Danner schon vorsichtig die Briefe zusammen und steckte sie in seine Jackentasche. »Die Briefe nehmen wir mit«, sagte er. »Das sind Beweismittel. Wer hat die alles angefasst?«

Die Frau zuckte mit den Schultern. »Mein Mann, ich, Thea vielleicht, Tom glaube ich eher nicht. Die lagen allesamt über die letzten beiden Jahre verteilt im Briefkasten oder vor der Tür.«

»Dann haben Sie keine Vorstellung, wer Ihren Mann umgebracht haben könnte?«, fragte Klara Pepperkorn.

Christine Kästner lächelte. »Es gibt eine große Auswahl, fragen Sie Horrheimer oder die Sekretärin, diese Lesbe. An ihr hat er sich die Zähne ausgebissen, ansonsten kann ich Ihnen nur sagen, ich war es nicht. Den Rest müssen Sie schon selbst herausfinden.«

Danner erhob sich. »Gut, also dann. Aber halten Sie sich zur Verfügung. Es kann sein, dass wir noch weitere Fragen haben.«

4

Feldweg nahe Reuchelheim bei Arnstein

Als sie Kästners Haus und die frischgebackene, aber nur mäßig trauernde Witwe verlassen hatten, forderte Klara Pepperkorn recht barsch den Autoschlüssel für den Dienstwagen. Sie war sichtlich geladen, und Danner wagte nicht zu widersprechen. Eifrig drückte er ihr den Schlüssel in die Hand und musste sich anschließend beeilen, auf dem Beifahrersitz Platz zu nehmen, ehe seine Chefin den Motor startete und in Richtung Thüngen davonbrauste.

»Unterstehen Sie sich, mich noch einmal so vorzuführen!«, zischte sie in Danners Richtung. »Nicht mit mir!«

Danner runzelte die Stirn, er wusste nicht, was Klara von ihm wollte. Dennoch zog er es vor, einfach den Mund zu halten, lehnte sich im Sitz zurück und blickte schweigend aus dem Beifahrerfenster.

Klara Pepperkorn fuhr etwas zu schnell auf der Bundesstraße aus der Stadt hinaus. Danner spürte, dass es in der Frau, die neben ihm saß und verbissen vor sich hinstarrte, förmlich brodelte. Er warf einen Blick auf seine Armbanduhr. Es war kurz nach drei am Mittag, noch eineinhalb Stunden bis zum Feierabend, wenn es heute angesichts des Falles überhaupt einen Feierabend geben sollte.

Kurz vor Marbach musste Klara Pepperkorn scharf abbremsen, weil ein LKW vor ihr in eine Seitenstraße abbog. Ein lauter Fluch kam über ihre Lippen, ehe sie erneut beschleunigte. Hin und wieder warf Danner seiner Fahrerin einen verstohlenen Blick zu. Der Vulkan neben ihm kochte, dampfte und zischte. Kurz vor Reuchelheim brach er aus.

Klara Pepperkorn bog auf einen Feldweg ab, fuhr knapp 100 Meter bis zu einem Waldparkplatz und bremste dann so scharf ab, dass Danners Kopf heftig nach vorne geschleudert wurde.

Mit den flachen Händen schlug sie auf das Lenkrad. »So geht das nicht!«, fluchte sie. »So geht das ganz und gar nicht!«

Sie warf Danner einen bösen Blick zu, doch der schaute sie verdutzt und mit Unschuldsmiene an, ganz so, als ob nichts gewesen wäre.

»Danner, was haben Sie sich eigentlich dabei gedacht?«, fuhr sie mit schriller Stimme fort. »Zuerst verheimlichen Sie mir, was Sie von der Sekretärin erfahren haben, und dann gehen Sie diese Witwe so plump an, als hätte sie selbst ihren Mann umgebracht. Mensch, Danner, was ist bloß in Sie gefahren? So geht das nicht. Ich leite die Ermittlungen, ist Ihnen das eigentlich klar?«

Danner machte große Augen und neigte den Kopf zur Seite.

»Ich ... ich verstehe nicht ...«

»Ach hören Sie auf, Danner!«, herrschte sie ihn an. »Sie verstehen mich ganz gut. Und jetzt heraus mit der Sprache, was hat Ihnen die Sekretärin noch alles anvertraut?«

Danner zuckte mit den Schultern.

»Heraus mit der Sprache!«, fuhr sie ihn an.

Danner richtete sich in seinem Beifahrersitz auf und fuhr sich mit der Zunge über die Lippen. »Na ja, dass die Ehe eben nicht mehr funktionierte und Kästner eine ganze Mengen Affären in den letzten Jahren hatte. Sogar mit der ehemaligen Hallertauer Hopfenkönigin soll er über mehrere Wochen hinweg eine Liebschaft gehabt haben.«

Klara Pepperkorn runzelte die Stirn. »Was zum Teufel ist eine Hopfenkönigin?«

»Eine Hopfenkönigin ist die Repräsentantin der Hopfenanbauregion, sie ...«

Klara Pepperkorn winkte ab. »Schon gut, ich kann mir schon denken, was das ist. Was hat die Sekretärin noch gesagt? Und lassen Sie sich nicht alles einzeln aus der Nase ziehen, verdammt!«

»Lydia erzählte mir noch, dass es vor ein paar Wochen eine heftige Auseinandersetzung mit einem Gerstenbauern namens Stoll aus Leinach gab. Der Bauer soll ihn sogar mit einer Mistgabel angegriffen und verletzt haben.«

Klara Pepperkorn spitzte sie Ohren. »Und weshalb sagen Sie mir das nicht? Das ist doch äußerst wichtig für die Ermittlung. Hat diese Lydia auch gesagt, weshalb es zu diesem Streit kam und weswegen Kästner keine Anzeige erstattet hat?«

Danner zuckte mit den Schultern. »Offenbar lieferte der Bauer Braugerste ans Kontor, doch Kästner war der Preis zu hoch, und er setzte dem Mann die Pistole auf die Brust. Auch Lydia meinte damals, dass Kästner den Mann anzeigen sollte, doch der sagte nur, dass sich der Bauer schon früher oder später auf den Preis einlassen würde. Außerdem war es nicht so schlimm, nur eine kleine Fleischwunde am Finger, mehr war da nicht.«

Klara Pepperkorn blickte nachdenklich an den Dachhimmel des Wagens. »Das müssen wir auf alle Fälle genauer überprüfen, das ist ein ernster Ermittlungsansatz. Darum kümmern wir uns gleich morgen früh. Und was geschah am gestrigen Tag, gab es da einen besonderen Vorfall?«

Danner schüttelte den Kopf. »Gestern war alles ganz normal. Sie waren mit Abrechnungen und Bilanzen beschäftigt, deswegen ging es auch etwas länger. Kurz bevor Lydia ging, rief Dr. Wagner aus München an, er ist der Aufsichtsratsvorsitzende und quasi …«

»Den habe ich schon kennengelernt, tauchte plötzlich am Tatort auf, ein ganz unangenehmer Mensch«, fiel ihr Klara Pepperkorn ins Wort.

»Lydia ist so gegen halb acht gegangen und hat Kästner nicht mehr gesehen.«

Klara blickte nachdenklich aus der Seitenscheibe. »Ich befürchte, da liegt eine Menge Arbeit vor uns.«

Danner nickte beipflichtend. »Wir haben da offenbar in ein richtiges Wespennest gestochen«, sagte er.

»Scheint so, aber die Geschichte mit dem Bauern klingt sehr vielversprechend.«

Klara Pepperkorn wollte den Wagen starten, da räusperte sich Danner. »Da ist noch etwas«, sagte er kleinlaut.

Klara Pepperkorn sah ihn gereizt an. »Raus mit der Sprache!«

»Offenbar hatte Kästner vor etwa einem Jahr ein Verhältnis mit einer polnischen Angestellten«, fuhr er fort. »Eine gutaussehende Blondine namens Barbara. Das ging ein paar Wochen, dann schob Kästner sie ab. Er hat ihr sogar gekündigt. Aber sie wollte sich das nicht gefallen lassen und hat ihm wohl ganz schön zugesetzt. Sie hat ihn verfolgt und einfach nicht mehr in Ruhe gelassen, sogar seiner Frau wollte die Polin von der Affäre erzählen.«

Klara Pepperkorn schaute erwartungsvoll, doch Danner schwieg und richtete den Blick nach vorn. »Da hinten können wir wenden«, sagte er und wies mit dem Finger durch die Windschutzscheibe.

»Und weiter?«

»Was weiter?«, fragte Danner verdutzt.

»Was war dann mit der Polin?«

»Ach so«, sagte Danner und atmete tief ein. »Die ist dann einfach von der Bildfläche verschwunden. Keiner weiß, wo sie abgeblieben ist. Lydia meint, dass er ihr Geld angeboten hat, aber niemand weiß was Genaueres. Sie ist einfach nicht mehr aufgetaucht.«

Klara Pepperkorn schüttelte den Kopf. »Mensch, Danner,

Sie können einen wahnsinnig machen«, seufzte sie, um dann kurz darauf mit der Bestimmtheit einer Oberlehrerin fortzufahren. »Künftig sagen Sie mir alles, was Sie zu dem Fall erfahren, auch wenn es Ihnen nicht wichtig erscheint. Haben Sie mich verstanden!«

Danner deutete mit der Hand einen Salut an. »Zu Befehl, Frau Hauptkommissarin.«

»Das ist eine dienstliche Anordnung, Danner, haben Sie mich verstanden!«

»Ja, habe ich«, bekundete Danner. »Können wir jetzt zurück nach Würzburg fahren, ich muss heute pünktlich Feierabend machen. Mein Wagen steht in der Werkstatt, und ich soll ihn gegen fünf abholen.«

Klara Pepperkorn startete den Wagen und schüttelte den Kopf. Mit spöttischem Lächeln sagte sie: »Daraus, werter Kollege, wird wohl nichts werden. Schließlich bearbeiten wir einen Mordfall. Wenn wir zurück sind, dann will ich, dass Sie alles über diese Bierkönigin aus der Hallertau, den Landwirt mit der Mistgabel und diese Polin herausfinden. Alles, was es herauszufinden gibt. Ist das klar?«

Kriminalinspektion Würzburg, Weißenburger Straße

Nichts wurde es mit einem geregelten Feierabend, ganz im Gegenteil. Auf der Rückfahrt hatte Klara Pepperkorn geschwiegen, nur einmal hatte sie noch kurz geflucht, als kurz vor Erlabrunn ein Lastwagen direkt vor ihr einbog und sie zum Abbremsen nötigte. Ansonsten herrschte bleiernes Schweigen im zivilen Dienstwagen des 1. Fachdezernats.

Nachdem Klara Pepperkorn den Wagen auf dem Polizeihof der Dienststelle abgestellt hatte, warf sie dem verdutzten Danner die Schlüssel zu, nachdem beide ausgestiegen waren.

»Zuerst versorgen Sie den Wagen, der gehört getankt«, befahl sie mit einem Unterton in der Stimme, der keinen Widerspruch duldete, »und dann kümmern Sie sich um diesen Landwirt und um die Polin. Wir treffen uns morgen früh um acht im Besprechungsraum. Da erwarte ich ein Ergebnis.«

Danner schaute verdutzt auf die Armbanduhr. Es war Viertel vor Fünf.

»Überstunden sind hiermit angeordnet«, bemerkte sie schnippisch, ehe sie ihre Jacke über den Unterarm legte und ohne ein weiteres Wort davonging.

Sie betrat die Dienststelle durch den Hintereingang und nahm die Treppen in den dritten Stock, doch noch bevor sie ihr Büro am Ende des Flures erreicht hatte, kam ihr die aufgetakelte Chefsekretärin entgegen.

»Frau Pepperkorn, Frau Pepperkorn«, rief diese aufgeregt durch den Flur. »Gut, dass Sie kommen. Ich habe gesehen, wie Sie auf den Hof gefahren sind. Sie müssen sofort zum Chef kommen!«

Klara Pepperkorn runzelte die Stirn. »Was will der Alte denn von mir und warum ist der so spät noch da? Ich dachte, der hat heute Kegelabend.«

Hilde Senft, die Sekretärin hob beschwichtigend die Hände vor die Brust und bedeutete ihr auf diese Art, ihre Stimme zu zügeln.

»Nicht der Herr Direktor«, flüsterte Hilde Senft, »Der Polizeipräsident wartet im Besprechungsraum.«

Klara Pepperkorn war überrascht. Was zum Teufel wollte *El Gringo* von ihr, wie der Würzburger Polizeichef scherzhaft von den Kolleginnen und Kollegen genannt wurde, weil er gerne im Habaneros beim Mexikaner verkehrte und zu kleinen Festivitäten auch meist in das Lokal in der Theaterstraße einlud.

»Jetzt kommen Sie!«, forderte die Sekretärin ungeduldig. »Er wartet schon seit zehn Minuten.«

»Ich komm ja schon«, stöhnte Klara Pepperkorn und folgte der nervösen Sekretärin in den Besprechungsraum, wo Polizeipräsident Brunner vor der Pinnwand stand und sich die Bilder des Tatorts in der Dürrbachau betrachtete, die Stemmer von der Spusi dort aufgehängt hatte.

»Da ist Frau Pepperkorn, ich habe sie gerade noch erwischt«, stammelte die Sekretärin und präsentierte Klara Pepperkorn wie eine Trophäe, die sie gerade erlegt hatte.

Klara Pepperkorn nickte dem Polizeipräsidenten zu. »Wir hatten noch zu tun, wir mussten eine Todesnachricht überbringen«, erklärte sie.

Der Polizeipräsident nickte und wandte sich der Sekretärin zu. »Danke, Frau ... Frau ...«

»Senft, Hildegard Senft.«

»Danke, Frau Senft, das wäre dann alles«, sagte der großgewachsene Mann im dunkelblauen Anzug mit dem ergrauten Haarkranz und wies auf einen der Stühle. »Zuerst einmal ein herzliches Grüß Gott, Frau Pepperkorn«, fuhr der Polizeipräsident fort, ehe er Platz nahm.

Klara Pepperkorn erwiderte den Gruß und setzte sich ebenfalls.

»Ich hoffe, Sie haben sich in den zehn Monaten, die Sie jetzt bei uns sind, gut eingelebt«, sagte er. »Ich weiß, Würzburg ist nicht München, dennoch macht das Verbrechen auch vor unserer schönen Stadt nicht Halt.«

»Danke der Nachfrage«, entgegnete Klara Pepperkorn. »Manche Dinge laufen hier natürlich ein klein wenig anders ab als in München. Aber man gewöhnt sich an alles.«

Der Präsident wies auf die Bilder an der Pinnwand. »Gut, gut, Frau Pepperkorn. Wie ich hörte, bearbeiten Sie federführend den Mordfall Kästner.«

Klara Pepperkorn nickte.

»Gibt es da schon einen Tatverdacht?«

Sie zuckte mit den Schultern. »Wir haben da einen interessanten Ansatz, aber es wäre noch zu früh, von einem konkreten Tatverdacht zu sprechen. Fakt ist, dass Herr Kästner, das Mordopfer, wohl einen fragwürdigen Lebenswandel führte und nicht gerade sehr viele Freunde hatte. Ganz im Gegenteil, er hat sich wohl auch sehr viele Feinde gemacht.«

Polizeipräsident Brunner machte große Augen. »So ist das«, bemerkte er. »Sie arbeiten mit Danner an dem Fall?«

Klara Pepperkorn nickte.

»Das ist gut, der Thomas kennt sich aus. Er ist sozusagen vom Fach.«

Klara Pepperkorn verzog die Mundwinkel. »Vom Fach … wie soll ich das verstehen?«

»Na ja, als Wirtshausbub, der er nun einmal ist, hat er sicherlich gute Einblicke in die Szene. Vertrauen Sie ihm, er kennt sich aus und ist in der Stadt aufgewachsen und verwurzelt.«

Klara Pepperkorn verstand die Welt nicht mehr. Ausgerechnet Danner, diese Pfeife, dachte sie bei sich. Und jetzt kommt auch noch der Polizeipräsident daher und lobt ihn über den grünen Klee. Genauso wie Krug, der Dezernatsleiter. Was war bloß in die Leute aus der Führungsetage dieser Inspektion gefahren? In München würde ein Kerl wie Danner längst die Akten im Keller hüten. War der Präsident eigens hierhergekommen, um ausgerechnet Danner bei ihr anzupreisen?

»Wie Sie ja inzwischen erfahren haben«, fuhr der Polizeipräsident fort, »stehen ein paar namhafte Honoratioren hinter dieser Brauerei. Unter anderem auch der Landtagsabgeordnete Dr. Wagner. Deshalb ist die Sache mit großer Sorgfalt zu behandeln. Es darf nichts nach draußen dringen. Die

Zeitungen haben ein reges Interesse an dem Fall, unsere Telefone in der Pressestelle standen den ganzen Tag nicht still. Dennoch müssen wir uns sensibel verhalten.«

Aha, daher wehte der Wind. Dr. Wagners Anruf beim Chef hatte wohl nicht lange auf sich warten lassen. Klara Pepperkorn verkniff sich eine Antwort. Stattdessen nickte sie nur.

»Also gut, dann sind wir uns einig«, resümierte der Präsident. »Alle Berichte laufen über meinen Schreibtisch, und die Presse bekommt nur, was unsere Pressestelle ausdrücklich freigibt. Und sollten wider Erwarten namhafte Bürger unserer Stadt in den Fokus geraten, dann geben Sie mir sofort Bescheid!«

»Ich denke, dass wir noch geraume Zeit benötigen, bevor wir ...«

Der Präsident erhob sich, ohne weitere Ausführungen abzuwarten. »Dann sind wir uns einig, und den Rest werden Sie schon machen. Professionell und routiniert, da bin ich mir sicher.«

Klara Pepperkorn erhob sich ebenfalls.

»Dann will ich nicht länger stören, Sie haben bestimmt noch eine Menge zu tun«, sagte der Präsident und reichte ihr die Hand. »Frau Pepperkorn, ich verlasse mich auf Sie!«

Klara Pepperkorn war viel zu verdutzt, um zu antworten, und eigentlich hätte es auch gar nichts mehr gebracht, denn so unerwartet der Präsident hier aufgetaucht war, so schnell war er auch schon wieder verschwunden.

Aber eines wusste Sie jetzt ganz gewiss. Würzburg war eine kleine Stadt, und die Uhren liefen hier tatsächlich anders. Vielleicht sollte sie sich an Danner ein Beispiel nehmen und einfach ein klein wenig entspannter an die Sache herangehen.

5

Hotel Goldener Stern, Kardinal-Döpfner-Platz, Würzburg Mitte

Bis kurz vor acht Uhr hatte Danner im Büro gesessen und telefoniert, doch erreicht hatte er die entsprechenden Ämter nicht mehr. Wie denn auch, überall in den Amtsstuben war inzwischen Feierabend und außer der Feuerwehr und den Rettungsdiensten war niemand in den Verwaltungsstellen so blöde und arbeitete länger, als er unbedingt musste. Sein Auto stand noch immer in der Werkstatt, und den Bus hatte er verpasst. Der nächste in Richtung Rottendorf fuhr in einer halben Stunde. Heimfahren lohnte sich nicht mehr, außerdem wartete dort sowieso niemand auf ihn, außer seinen beiden Goldfischen vielleicht. Er beschloss, bei seiner Schwester zu übernachten. Im Goldenen Stern war immer eine Stube für ihn frei, und ein warmes Essen gab es trotz der fortgeschrittenen Stunde sicher auch noch. Der lange Tag hatte ihn hungrig und müde gemacht.

Im Goldenen Stern am Kardinal-Döpfner-Platz, gleich hinter dem Dom, war er aufgewachsen. Das Hotel mit Restaurant und uriger Gaststube befand sich bereits seit Generationen im Familienbesitz. Es war nicht das erste Mal, dass er nach einem langen Arbeitstag bei seiner Schwester unterkam, weil er keine Lust mehr hatte, quer durch die Stadt nach Rottendorf zu seiner Wohnung zu fahren. Die Drei-Zimmer-Wohnung in der Jahnstraße hatte er sich als Wertanlage gekauft, nachdem damals das Erbe geregelt worden war. Doch jetzt wohnte er selbst darin, nachdem ihn vor über zehn Jahren seine Frau mit Sack und Pack verlassen hatte. Seine Kinder besuchten ihn nur noch sporadisch, aber das lag wohl daran, dass beide studierten. Toby Lehramt in Nürnberg und Selina Wirtschaft in Potsdam. Sie waren volljährig und hatten jetzt ein eigenes Leben. Seine Exfrau Maria wohnte inzwischen in Regensburg, wo ihr Neuer als Arzt tätig war. Der Kontakt hielt sich in Grenzen, doch das war ihm ganz recht so. Sollte sie mit ihrem Iraker doch glücklich werden.

Er verließ die Dienststelle zu Fuß und nahm die Straßenbahn bis zum Dom. Marita, seine Schwester, rief er mit dem Handy an und sagte ihr Bescheid.

»Ist wohl wieder spät geworden«, antwortete sie. »Ich habe noch Schweinebraten und Semmelknödel, ist das recht?«

Klar war das recht, und dazu ein kühles Klosterbräu, dann sah der trübe und kalte Abend schon ein klein wenig besser aus.

Er mied das Restaurant und ließ sich in einer Ecke der gemütlich und urig ausgebauten Jagdherrenstube nieder. Hier war nur wenig Betrieb, doch aus dem geräumigen Mariensaal drangen laute Stimmen, Gelächter und hin und wieder der Chorgesang aus mehreren Kehlen.

»Das ist der Sängerverein, der hat heute Jahreshauptversammlung«, erklärte Rosi, die Bedienung, die schon seit Jahren hier im Stern bediente.

»Die haben Spaß«, bemerkte Danner und griff zu seinem Steinkrug mit dem Heiligen Andreas als Wappen auf der Seite.

»Ja, die haben Spaß, und die haben auch schon jede Menge intus«, bestätigte Rosi, als sie den Schweinebraten auftrug. »Lass es dir schmecken. Ich bring noch eine Halbe.«

Danner bedankte sich und aß mit Heißhunger. So langsam verblassten seine Gedanken an den ereignisreichen Tag, der hinter ihm lag. Doch schlagartig rückte der Fall wieder in den Mittelpunkt und zwar just in dem Moment wo Peschl in seinem grünen Parka und einem Fotoapparat in der Hand aus dem Saal der singenden Chorgeister kam, Danner erblickte und schnurstracks auf ihn zuhielt. Ohne zu fragen, setzte er sich an den Tisch. »Na, Tom«, fiel er mit der Tür ins Haus. »Da war ja wohl mal wieder richtig was los bei euch. Ich dachte mir schon, dass es mal so weit kommt, so wie sich der Kästner aufgeführt hat.«

Danner zuckte mit den Schultern und aß einfach weiter.

»Bestimmt steckt da eine Frauengeschichte dahinter«, fuhr Peschl unbeirrt fort. »Der hat es ja bunt getrieben. Ich glaube, sogar der Kaiser war gegen ihn ein Waisenknabe.«

Danner knurrte nur unverständlich und führte den nächsten Bissen zum Mund. Doch Peschl ließ nicht locker.

Der kleine, untersetzte Kerl im grünen Parka, dem Wuschelkopf und der gelblich getönten Brille arbeitete seit gefühlt hundert Jahren bei der Main-Post als Lokalredakteur für das Würzburger Stadtgebiet und war als extrem hartnäckiger Pressevertreter bekannt. Und ausgerechnet er musste hier im Stern auftauchen und Danner den Feierabend vermiesen.

»Habt ihr denn schon einen Täter?«, setzte Peschl nach.

Jetzt reichte es. Danner schob seinen Teller zur Seite. »Komm, Peschl, jetzt halt die Füße still«, entgegnete Danner missmutig. »Schon mal was von Feierabend gehört? Ihr habt doch längst die Pressemeldung auf dem Tisch, und jetzt lass mich in Ruhe essen!«

Peschl grinste frech und winkte ab. »Pah, die Pressemeldung«, wiederholte er spöttisch. »Mehr als Blablabla steht da nicht drinnen, und am Ende, lass mich raten, dauern die Ermittlungen noch an, stimmts?«

Danner nickte. »Ich sehe, du hast die Meldung schon gelesen.«

Peschl atmete tief ein. »Du weißt genau, dass Kästner sein Ding nicht in der Hose lassen konnte, wenn es in seiner Nähe nach Veilchen oder Jasmin roch.«

Danner war der Verzweiflung nahe. »Wenn du meinst«, brummte er.

»Er hat sich sogar mit den Hoheiten der Branche eingelassen«, fuhr Peschl fort, um Danners Interesse zu erwecken.

Diesmal winkte Danner gelangweilt ab. »Hast du auch Neuigkeiten? Ich dachte, du arbeitest bei der Presse. Du weißt doch selbst, nichts ist so alt wie die Nachrichten von gestern.«

»Dann kennt ihr die Geschichte?«

Danner tippte sich an die Brust. »Ich bin bei der Polizei, schon vergessen? Die Sache mit der Hopfenkönigin aus der Hallertau wissen wir längst.«

Peschl lächelte spöttisch. »Ach, na ja, das mit Königin Isabell ist tatsächlich ein alter Hut. Aber wisst ihr auch, weshalb er die Rauscher einfach im Regen stehen ließ?«

Danner resignierte. So schnell wurde er Peschl nicht los. »Also, rede schon!«, gab Danner klein bei.

»Weil er was Jüngeres fand«, fuhr Peschl fort und beugte sich verschwörerisch über den Tisch. »Prinzessin Julia aus der Gegend um Kitzingen. Und Prinzessinnen sind bekanntermaßen jünger und auch leichter zu haben.«

Danner runzelte die Stirn. »Was soll das heißen?«

»Geschwängert soll er sie haben, das Mädel«, erklärte Peschl. »Eine Studentin, kaum älter als fünfundzwanzig. Dann hat er sie sitzen lassen, und das hat ihr das Herz gebrochen.«

Jetzt war Danner ganz Ohr. Von dieser Geschichte hatte er noch nichts gehört.

»Sie soll ihm beinahe hörig gewesen sein, und dann schiebt er sie ab wie ein altes rostiges Auto. Aufgepumpt wie sie war. Ihr Vater war davon gar nicht begeistert, hat man gehört. Kästner soll sogar für die Abtreibung gesorgt haben, damit da nichts anbrennt. Und was macht das arme Mädel?«

Danner zuckte mit den Schultern.

»Sie schneidet sich die Pulsadern auf.«

»Wirklich?«

»Wenn ich es doch sage«, bestätigte Peschl. »Hätte ihr Vater sie nicht gefunden, dann würde sie heute nicht mehr unter den Lebendigen sein. Ehrenwort.«

Danner atmete tief ein. »Gut, wie heißt das Mädel und wo wohnt sie?«

Peschl schüttelte den Kopf. »Du bist doch bei der Polizei, das musst du schon selbst herausfinden.«

Danner richtete sich auf und fasste in seine Hosentasche. Er zog eine Visitenkarte hervor und reichte sie Peschl.

Peschl warf einen verdutzten Blick darauf. »Was soll ich damit?«

»Du bist ein wichtiger Zeuge«, erklärte Danner. »Wir sehen uns morgen um zehn auf der Dienststelle. Pünktlich, wenn ich bitten darf, sonst lasse ich dich abholen!«

Peschl nahm demonstrativ die Hände an die Ohren, vor die Augen und vor den Mund. »Ich habe nichts gesagt.«

Danner streckte die Hand aus und forderte die Karte zurück. »Ist meine letzte«, sagte er. »Und jetzt hätte ich gerne Feierabend.«

Peschl erhob sich und salutierte. »Jawohl, Herr Kommissar.«

»Oberkommissar bitte, so viel Zeit muss sein.«

Doch Peschl hörte die Worte nicht mehr, flugs war er wieder im großen Saal verschwunden.

W1 – Fitnesscenter, Schweinfurter Straße, Würzburg

Klara musste Frust abbauen. Sie hatte einen Mordfall an der Backe, dem eine offenbar schillernde Person des öffentlichen Würzburger Stadtlebens zum Opfer gefallen war, für den sich neben einem hochrangigen Landespolitiker sogar der Polizeipräsident höchstpersönlich interessierte. Überdies hatte man ihr einen Kollegen zur Seite gestellt, dem man beim Gehen die Schuhe besohlen konnte und der dazu noch sensibel wie ein Holzklotz war. Alles in allem ein gebrauchter Tag, dachte sie bei sich.

Nachdem sie den Papierkram erledigt hatte, fuhr sie schnurstracks ins W1 in der Schweinfurter Straße. Erst einmal auf das Laufband, danach in die Sauna und anschließend vom Ruheraum an die Bar. Vielleicht konnte ihre Freundin Bea sie auf andere Gedanken bringen, die ihr über WhatsApp versprochen hatte, nach der Chorprobe noch zum Saunieren und vielleicht auf ein Glas Wein im Fitnesscenter vorbeizuschauen.

Bea Fiedler war die einzige Freundin, die Klara bislang an ihrer neuen Wirkungsstätte gefunden hatte. Bea arbeitete bei der Stadt Würzburg in der Verwaltung. Schon beim ersten Kontakt, als sie sich im Zusammenhang mit einem Selbstmord vor neun Monaten in der Leistenstraße begegnet waren, Klara als Ermittlerin und Bea als zuständige Vertreterin des Standesamtes, hatte Klara gespürt, dass die etwa gleichaltrige, lebensfrohe Frau mit ihr auf einer Wellenlänge lag. Als sie sich nur wenige Tage später, mit Nordic-Walking-Stöcken bewaffnet, am Mainufer auf dem Weg nach Oberzell begegnet waren, den Rest der Strecke zusammen zurückgelegt hatten und anschließend im Maxl-Bäck bei einem leckeren Stück Kuchen und einem Café Latte eingekehrt waren, beschlossen sie, ob ihrer kleinen Problemzonen an den Hüften den Kampf gegen das Übergewicht künftig gemeinsam anzugehen.

Bea war allein, so wie auch sie allein war. Sie war geschieden, hatte einen Sohn, der bei der Berufsfeuerwehr in München arbeitete, dort mit seiner Familie lebte und nur noch sporadisch, so ein, zwei Mal im Jahr bei ihr auftauchte. Aus den gelegentlichen Spaziergängen am Main wurde eine innige Freundschaft. Inzwischen waren sie sogar ein paar Mal zusammen in Wellnessurlaub in den Bayerischen Wald, ins Allgäu oder nach Österreich gefahren. Auch das Fitnesscenter war Beas Idee gewesen, und ehrlich gesagt, hatte es nicht geschadet.

Auf dem Laufband hatte sich Klara den Frust von der Seele gelaufen, dann war sie in die Umkleidekabine gegangen, wo Bea wie versprochen zu ihr stieß. Trotz der fortgeschrittenen Zeit waren noch zwei junge Frauen anwesend, die sich nach dem Duschen die Haare föhnten.

»Hallo, Klara«, begrüßte Bea Fiedler ihre Freundin, bevor sie sich eilig entkleidete. »Dachte schon, ich schaff's nicht mehr.«

»Wie war die Probe?«, fragte Klara, als sie sich mit ihrem Handtuch den Schweiß von den Armen rieb.

»Wir haben ein neues Stück einstudiert«, entgegnete Bea und zwinkerte Klara zu. »Geht ganz gut, nur der Alt hat noch Probleme. Die wollten noch weitermachen, aber ich sagte, dass ich wegmuss.«

»Wird schon werden. Ihr habt ja noch Zeit bis zum Mai.«

»Das war wieder ein Tag«, seufzte Bea, als sie sich das Handtuch um ihren Kopf schlang. »Sieben angekündigte Hochzeiten, zwei Geburten und ein Sterbefall. Dazu ist Simone noch krank. Alles bleibt an mir hängen.«

»Da sagst du was«, bemerkte Klara.

Die beiden jungen Frauen hatten ihre Haare getrocknet und streiften sich die Jacken über, bevor sie die Kabine verließen. Bea wartete noch einen Augenblick, ehe sie sich verschwörerisch Klara zuwandte.

»Stimmt es, dass der Kästner tot ist?«, flüsterte sie ihr zu. »Er soll erschlagen worden sein.«

Klara seufzte. »Wir wollten doch nicht von der Arbeit …«

»Jetzt hab dich nicht so«, fiel ihr Bea ins Wort. »Ich habe es heute auf der Arbeit gehört. Endlich ist mal was los in diesem Kaff. Der Kästner, erschlagen, das ist der Hammer.«

Klara warf Bea einen missbilligenden Blick zu. »Du weißt genau, ich darf über Ermittlungen …«

Bea winkte ab. »Habt ihr den Kerl schon, der das getan hat?«

»Warum bist du so neugierig? Das ist gerade Mal ein paar Stunden her, die Ermittlungen laufen noch …«

»Dann habt ihr also noch keinen Täter«, stellte Bea eifrig fest. »Aber bestimmt jede Menge Verdächtige, da wette ich drauf.«

Klara runzelte die Stirn. »Wie kommst du darauf?«

»Na, weil der Kästner in den letzten Wochen Stadtgespräch war«, erklärte Bea. »Mal abgesehen von seinen ewigen Weibergeschichten hat er sich viele Wirte aus der Gegend zum Feind gemacht. Und der OB ist auch nicht gut auf ihn zu sprechen.«

»Der Oberbürgermeister? Weshalb der denn?«

»Na, du weißt ja gar nichts«, scherzte Bea. »Der OB ist sauer, weil der Kästner aus der Kiliani und dem Africa-Festival aussteigen will, und die Wirte nehmen es ihm krumm, weil seine Brauerei die Bierpreise gleich um einen ganzen Euro erhöht hat. Hast du das wirklich nicht gewusst?«

Klara schüttelte den Kopf.

»Gab auf der letzten Versammlung mächtig Ärger«, fuhr

Bea fort. »Vor allem der Kronenwirt aus Rottendorf und der Rudolf, unser Marktmeister, waren ganz schlecht auf ihn zu sprechen. Der Kronenwirt soll ihm sogar vor allen Anwesenden gedroht haben. Mit dem ist nämlich nicht gut Kirschen essen.«

Klara wurde hellhörig. »Der Kronenwirt, wer ist das?«, fragte sie.

»Anton Sander, heißt er, der müsste schon bei euch bekannt sein.«

Klara zuckte mit den Schultern. »Also, bei mir nicht.«

»Dann frag mal die Kollegen vom Revier«, entgegnete Bea, nachdem sie das Handtuch um ihren Körper geschlungen hatte.

»Gehen wir, zwei Gänge reichen mir heute«, sagte sie und öffnete die Tür. In der Sauna waren weitere drei junge Damen anwesend. Sie schwiegen, doch in Klaras Kopf arbeitete es. Nach dem Saunagang und der anschließenden Dusche machten sie es sich noch im Ruheraum gemütlich. Dort waren sie wieder allein.

Klara räusperte sich. »Was hat denn der Kronenwirt angestellt, wenn die Kollegen vom Revier ihn gut kennen?«

Bea nahm das Handtuch vom Gesicht und wandte sich ihrer Freundin zu. »Ermittelst du in dem Fall?«, fragte sie.

Klara nickte.

»Dann sei vorsichtig, da kann man sich ordentlich die Finger verbrennen.«

Klara blickte an die Decke. »Das habe ich heute schon bemerkt. Zuerst tauchte am Tatort ein Landtagsabgeordneter auf, und dann wartete im Büro auch noch der Polizeipräsident auf mich.«

»Sag ich doch, da steckt jede Menge Ärger drin«, bestätigte Bea Fiedler. »Der Wagner, der ist im Aufsichtsrat und sehr einflussreich. Ein Emporkömmling, der früher durch die Straßen gelaufen ist und Plakate an die Litfaßsäulen klebte. Ohne seine Frau wäre der gar nichts, die ist aus gutem Haus, reich und außerdem beinahe zwanzig Jahre jünger als er. Vor dem musst du dich in Acht nehmen.«

»Gut gesagt, aber ich steh da ein klein wenig mit dem Rücken zur Wand«, erwiderte Klara. »Die Hälfte der Abteilung ist krank, und jeder erwartet schnelle Ergebnisse, vom Direktor bis hoch zum Präsidenten. Dazu haben sie mir noch das faulste Ei als Assistenten zugeteilt, das es bei der Würzburger Kripo zu finden gibt. Der sollte heute eine Befragung einer Angestellten durchführen und saß beinahe vier Stunden bei der, trank Kaffee und hielt Maulaffen feil, während ich draußen in der Kälte stand.«

»Das hast du dir aber nicht gefallen lassen?«

»Natürlich habe ich im ordentlich die Leviten gelesen«, entgegnete Klara. »Nur fürchte ich, das wird nicht viel ändern. Der Kerl ist schon vierzig und immer noch Oberkommissar, das spricht nicht gerade dafür, dass er eine Leuchte ist. Und ausgerechnet jetzt habe ich diesen Mord an der Backe.«

»Das wird schon werden«, versuchte Bea ihre Freundin zu beruhigen. »Außerdem gehen hier die Uhren anders. Wir sind in der Provinz, das ist nicht München.«

»Das mag sein, aber mit diesem Danner werde ich einfach …« Am liebsten hätte sie sich auf die Zunge gebissen, sie hatte den Namen gar nicht erwähnen wollen.

»Fozzy Bär?«, fiel ihr Bea ins Wort.

»Wen meinst du?«, fragte Klara verdutzt.

»Du meinst jetzt aber nicht den Tom Danner?«

»Du kennst ihn?«

»Klar kenne ich den«, bestätigte Bea und lächelte verschmitzt. »Schon ewig. Ich war mal mit seinem Zwillingsbruder, dem Klaus zusammen. Der Familie gehört das Hotel am Kardinal-Döpfner-Platz.«

»Du?«

»Das ist über zwanzig Jahre her«, erklärte Bea. »Es war auch nur kurz. Ein Jahr später ist der Klaus bei Randersacker mit dem Motorrad verunglückt. Das war tragisch damals. Er stürzte bei Regen und kam unter einen LKW. War sofort tot. Den Tom hat das damals ganz schön mitgenommen. Die beiden hingen immer zusammen. Dann starb auch noch seine Mutter, keine zwei Monate später. Damals studierte Tom in Erlangen, ich glaube Jura, soweit ich weiß. Das hat er damals hingeschmissen.«

Klara machte große Augen. »Der und Jura, das glaube ich nicht.«

»Das kannst du mir ruhig glauben«, entgegnete Bea. »Die Danners sind reiche Leute. Seine Schwester Marita hat das Hotel übernommen, und Tom ging dann irgendwann zur Polizei. Toms Vater war lange Jahre Stadtrat in Würzburg und wurde kurz bevor er starb sogar Ehrenbürger der Stadt. Der Onkel ist irgendein Staatssekretär in München. Die Danners sind immer noch sehr einflussreich.«

Klara fasste sich an die Stirn. »Jetzt wird mir auch klar, weswegen ihn mir der Polizeipräsident anpreist wie Sauerbier.«

»Sag bloß, das hast du nicht gewusst?«

»Woher denn? Jetzt lass uns aber über etwas anderes reden, sonst verdirbt mir das noch komplett die Laune.«

Den Rest des kurzen Abends vermieden sie das Thema. Nur einmal noch erklärte ihr Bea, dass sie ruhig auf Danners Personen- und Ortskenntnis vertrauen könne, schließlich sei er in Würzburg geboren und aufgewachsen. Doch Klara winkte ab. Sie hatte genug von dieser Lobhudelei.

6

Kriminalinspektion Würzburg,
Weißenburger Straße

Als Klara Pepperkorn ihren Wagen an diesem Morgen kurz vor acht auf dem Parkplatz der Inspektion abstellte, schaltete sie den Motor ab, blieb aber noch kurz sitzen und lauschte der Stimme der Moderatorin. Radio Charivari brachte einen Bericht über den Mord in der Dürrbachau. Von einem angesehenen Geschäftsmann war dort die Rede, der wohl ein paar Einbrechern zum Opfer gefallen war, die er am späten Abend auf dem Betriebsgelände überraschte. Sie traute ihren Ohren kaum, dabei war alles, was die Dame am Mikrofon von sich gab, nichts als reine Spekulation. Hellhörig wurde sie, als am Ende der Reportage eine Belohnung durch die Geschäftsführung der Firma in Höhe von zehntausend Euro für sachdienliche Hinweise ausgelobt wurde, die zur Ergreifung des oder der Täter führte. Bea hatte recht, dies hier war tiefste Provinz, jeder wusste über alles Bescheid und machte was er wollte. Schon als sie die Main-Post zum Frühstück gelesen hatte, war sie über einen halbseitigen Bericht nebst Bildern vom Tatort gestolpert, obwohl sie ihre Sofortmeldung über den Mordfall als nicht pressefrei gekennzeichnet hatte. Scheinbar brauchte man die Polizei nicht, man kam auch auf anderem Wege zu den aktuellen Neuigkeiten.

Der Bericht endete, und das Gesangsduo Womack und Womack stimmte ihren Hit *Teardrops* aus dem Jahr 1988 an. Sie schaltete das Radio aus und löste den Gurt, als ein altersschwacher VW Passat langsam an ihr vorbeirollte und auf dem Parkplatz gegenüber einparkte. Sie lehnte sich im Sitz zurück und duckte sich hinter das Lenkrad. Danner stieg aus dem Passat aus. Er trug die gleiche ausgewaschene Jeans wie gestern, ein altmodisches rot-schwarz kariertes Baumwollhemd, darüber eine schwarze ärmellose Weste und schmutzigweiße Turnschuhe. Kurz blickte er sich um, ehe er die hintere Tür öffnete und die braune Lederjacke aus dem Wagen holte und überstreifte, die er so wie die Jeans bereits gestern getragen hatte. Eine ausgebleichte braune Ledertasche, mit der er wohl schon zur Schule gegangen war, komplettierte die Ausstattung. Klara dachte über Beas Worte vom gestrigen Abend nach. Dieser kleine, untersetzte und schlecht gekleidete Mann mit dem altersschwachen Wagen sollte aus einer der wohlhabendsten Familien Würzburgs stammen? Das war kaum zu glauben. Entweder hatte Bea maßlos übertrieben, oder Danner war es egal, wenn man ihn wie einen dahergelaufenen Straßenköter wahrnahm. Sei es, wie es wollte, nach dem gestrigen Gespräch mit dem Präsidenten war ihr klar, dass sie ihn nicht so schnell loswerden würde. Dennoch blieb sie im Wagen sitzen und wartete, bis Danner durch den Hintereingang verschwunden war. Sie hatte es nicht besonders eilig, ihn an ihrer Seite zu haben.

Sie hatte kaum die Treppe hinter sich gebracht, als sie von Hilde Senft, der Chefsekretärin, abgefangen und ins Büro des Inspektionsleiter geführt wurde, wo neben dem Leitenden Kriminaldirektor Krug ausgerechnet Danner vor dem Schreibtisch saß und scheinbar gelangweilt an seinen Fingernägeln herumspielte. Danner blickte kurz auf und nickte Klara zu, ehe er sich wieder seinem Zeigefinger widmete. Der einzige noch freie Stuhl stand direkt neben ihm.

»Guten Morgen, Frau Pepperkorn«, grüßte der Leitende und zeigte auf den freien Stuhl. In seiner Stimme lagen deutliche Schwingungen der Missbilligung. »Nehmen Sie Platz.«

Klara Pepperkorn warf Danner einen fragenden Blick zu, ehe sie sich niederließ, doch der zuckte nur mit den Schultern.

Anton Krug hielt Klaras zweiseitigen Ereignisbericht in der Hand, den sie verfasste, bevor sie am gestrigen Abend die Dienststelle verlassen hatte.

»Zeitung schon gelesen?«, fragte Krug.

Klara schüttelte den Kopf, während Krug mit dem Dokument vor ihr herumwedelte.

»Das ist ein bisschen dürftig, würde ich sagen«, knurrte er. »Also, in der Main-Post kann ich mehr über den Mord lesen, als in dieser Ereignismeldung.«

Danner winkte ab. »Die liest ja auch kein Staatsanwalt …«

»Tom, halt dich zurück«, fuhr ihm der Leitende in die Parade. »Ich war heute früh kaum im Büro, da rief bereits der Oberbürgermeister an, dann der Präsident, und der Staatsanwalt war das dritte Telefonat. Kästner ist nicht irgendwer, er war eine Person des öffentlichen Lebens, und da erwarte ich mehr auf meinem Schreibtisch als einen Auszug aus seinen Personaldaten. Oder wie würde man in München sagen; da muss mehr Senf an die Weißwurst.«

»Das ist eine Ereignismeldung und nicht die ganze Akte, so schnell sind wir auch wieder nicht«, wandte Danner ein.

»Herr Krug«, ergriff Klara die Initiative. »Wir stehen erst am Anfang der Ermittlungen. Ich brauche mehr Leute, wir müssen eine Sonderkommission einrichten, anders …«

»So so, eine Sonderkommission«, feixte Anton Krug. »An wie viele Leute dachten sie? Fünfzig, hundert oder noch mehr?«

»Es sollten ausreichend Kräfte …«

»Wir sind leider nicht so formidabel ausgestattet wie unsere Vorzeigepräsidien in der Landeshauptstadt. Sie bekommen zehn Mann für eine Ermittlungsgruppe, mehr ist nicht drin. Das Tagesgeschäft muss ja auch erledigt werden.«

Klara Pepperkorn atmete tief ein. »Zehn Leute, das ...«

»Das muss ausreichen«, setzte Anton Krug dem Thema ein Ende. »Und jetzt erzählen Sie mir mal, was es mit diesem vermeintlichen Einbruch auf sich hat.«

»Nun, ich ...«

»Blödsinn!«, fiel ihr Danner ins Wort. »Es deutet nichts auf einen Einbruch hin. Außerdem hatte Kästner zu Lebzeiten mehr Feinde als Napoleon. Und einer scheint ganz besonders hervorzustechen.«

»Mensch, Tom, du kennst dich doch aus in der Stadt«, entgegnete Anton Krug. »Hör dich doch mal um, diese Sache ist echt heikel. Ich möchte sie so schnell wie möglich vom Tisch haben.«

»Ich tue ja schon, was ich kann«, antwortete Danner.

Klara Pepperkorn runzelte die Stirn »Aber ...«

Krug winkte ab. »Um zehn haben Sie Ihre Ermittlungsgruppe, und jetzt los, wir fangen den Täter nicht, wenn wir unsere Zeit am Schreibtisch verplempern!«

Klara Pepperkorn erhob sich und nickte dem Leitenden zu. Danner folgte ihr. Als sie draußen im Flur standen, schüttelte Klara den Kopf. »Ich verstehe das nicht, ist der immer so?«

Danner winkte ab. »Nicht zu ernst nehmen, der Toni hat es lieber warm und ruhig in seinem kuscheligen Büro. Dann mache ich mich jetzt mal auf den Weg, sonst wird der Alte noch richtig komisch.«

»Warten Sie ...«, rief ihm Klara nach, doch Danner war bereits um die Ecke verschwunden.

Arnstein bei Werneck, Wohnviertel am Weinberg

Diesmal sah es schon etwas belebter vor Kästners Wohnhaus in Arnstein aus. Neben dem roten Kleinwagen mit den Kennbuchstaben C und K stand ein schwarzer Mercedes und daneben ein blauer Mazda-Sportwagen, allesamt mit Würzburger Kennzeichen. Danner parkte den Dienstwagen direkt vor dem Anwesen, warf seine Lederjacke über und ging über den gepflasterten Weg auf das Haus zu. Noch bevor er es erreichte, wurde die Tür geöffnet, und eine elegant gekleidete Frau im beigefarbenen Kostüm und mit hochgesteckten Haaren kam aus dem Haus. Christine Kästner folgte ihr. Noch bevor die vornehme Dame in ihren kleinen blauen Flitzer stieg, umarmten sich beide und gaben sich Küsschen.

Danner blieb stehen und beobachtete die herzliche Abschiedsszene. Erst als der blaue Sportwagen vom Hof fuhr und Christine Kästner dem Wagen hinterherwinkte, ging er weiter auf das Anwesen zu.

»Frau Kästner!«, rief er der Witwe zu, die ein blau-weiß kariertes Jerseykleid trug und eine weiße Daunenjacke um ihre Schultern gelegt hatte. »Ich müsste noch einmal mit Ihnen sprechen.«

Sie wandte sich um und ging ein paar Schritte auf Danner zu. »Sie waren doch gestern schon hier, mit dieser Frau, richtig?«

Danner nickte.

»Was wollen Sie denn noch von mir? Ihre Kollegen waren schon in aller Herrgottsfrühe hier und haben alles mitgenommen, was ihnen wichtig erschien.«

»Ich hätte da noch ein paar Fragen«, entgegnete Danner. »Aber wir können diese Unterredung gerne auch auf dem Revier fortführen, wenn Sie wollen ...«

Christine Kästner schaute sich verstohlen um; schließlich winkte sie ihm zu. Danner trat näher und folgte ihr. Als er an dem schwarzen Mercedes vorüberging, blieb er kurz stehen.

»Besuch?«, fragte er.

Christine Kästner nickte. »Unser Anwalt, schließlich müssen wir den Nachlass regeln.«

»Verstehe«, entgegnete Danner.

Sie führte ihn in das Wohnzimmer. Von dem Anwalt war nichts zu sehen.

»Wenn Sie Ihren Anwalt dazurufen wollen, habe ich nichts dagegen«, sagte er, nachdem sie ihm Platz auf dem Sofa angeboten hatte.

»Brauche ich ihn etwa?«

Danner zuckte mit den Schultern. »Das müssen Sie wissen.«

Sie lächelte und lümmelte sich in ihren weißen Sessel. »Also, was wollen Sie noch von mir?«

»Ich bin noch immer auf der Suche nach ein paar Antworten.«

»Ich habe doch gestern schon gesagt, dass ich nichts weiß«, erwiderte sie ungehalten. »Hans Peter hat praktisch in der Firma gewohnt, er war nur noch sporadisch hier, das sagte ich doch schon.«

»Ja, das sagten Sie, wenn auch nicht ganz so deutlich«, stimmte Danner zu. »Wann haben Sie Ihren Mann das letzte Mal vor seinem Tod gesehen?«

Christine Kästner überlegte kurz. »Am Sonntag. Am Sonntag gegen Mittag war er kurz hier. Er hat was aus dem Safe geholt, dann ist er wieder verschwunden.«

»Haben Sie mit ihm gesprochen?«

»Gestritten haben wir, wie immer.«

»Weshalb, wenn ich fragen darf?«

»Dürfen Sie eigentlich nicht, aber es ging um die Kinder.«

Danner nickte. »Hatte er in letzter Zeit Ärger oder hatte er vielleicht sogar Angst?«

Kästners Witwe lächelte. »Er hatte immer Ärger, aber Angst, das glaube ich nicht. Weshalb fragen Sie?«

»Wussten Sie, dass Ihr Mann eine junge Frau geschwängert hat?«, fuhr Danner fort. »Es heißt, die junge Frau habe abgetrieben, aber dabei habe es schwere Komplikationen gegeben.«

Ein zynisches Lächeln lag auf ihren Lippen. »Das sieht ihm ähnlich.«

»Wussten Sie davon?«

»Das ist das erste Mal, dass ich davon höre. Aber ich habe mich in der letzten Zeit auch nicht mehr für solche Geschichten interessiert. Er hatte sein Leben und ich hatte meines. Und das war auch gut so.«

»Haben Sie einen neuen Partner?«

Christine Kästner richtete sich im Sessel auf. Sie wirkte, als hätte man sie bei einem Ladendiebstahl auf frischer Tat erwischt. Ihre Miene wurde ernst. »Das geht Sie gar nichts an!«, zischte sie.

Danner blickte nachdenklich an die Decke. »Ja, da haben Sie vermutlich recht. Nur sieht das eben nicht besonders gut aus, wenn der Ehemann mit eingeschlagenem Schädel in einem Maischebottich liegt.«

»Es gibt genug, die er bis auf den Tod gereizt hat. Suchen Sie dort nach dem Mörder und nicht hier im Haus«, sagte sie laut.

»Wie wäre es mit Namen, Daten und Fakten?«

»Ich habe Ihnen die Drohbriefe doch gegeben, schauen Sie selbst nach«, entgegnete sie ungehalten.

Ein smart gekleideter Mann mit kurzen, graumelierten Haaren und ungefähr im Alter der Witwe erschien in der Tür und warf Danner einen fragenden Blick zu.

»Was ist denn hier los?«, fragte er. »Kann ich dir helfen, Christine?«

Danner nickte dem Mann zu und zückte seinen Dienstausweis. »Sie sind wohl der Anwalt?«

Der Mann nickte und knöpfte sich die schwarze Anzugsjacke zu. »Kahl, von der Kanzlei Haarmann, Kreidl und Schöpf«, stellte er sich vor. »Ja, ich bin der Anwalt der Familie, schon seit mehreren Jahren. Und jetzt ist es wohl besser, wenn Sie gehen, Herr ... Herr ...«

»Danner, Kripo Würzburg«, beantwortete Danner die Frage. »Haarmann, das ist doch in der Schönbornstraße, richtig?«

Christine Kästner wandte sich dem Anwalt zu. »Schon gut, Bernd. Ich glaube, der Kommissar wollte sowieso gerade gehen.«

Danner lächelte. »Ja, das wollte ich«, bestätigte er. »Jedoch sollten Sie Ihrer Mandantin raten, gut mit uns zusammen zu arbeiten. Eifersucht und Trennung sind starke Mordmotive, das wissen Sie ja selbst. Bevor wir unnötig das Leben Ihrer Mandantin umkrempeln, ist Kooperation bestimmt die bessere Alternative. Und sagen Sie Ihrem Kollegen Alex Schöpf einen schönen Gruß von mir, wir kennen uns gut und sind zusammen im Schützenverein. Wenngleich er ehrlich gesagt öfter mal eine Fahrkarte schießt.«

Danner erhob sich, nickte zuerst dem Anwalt und dann der Frau zu. »Danke, ich finde alleine hinaus.«

Er verließ das Haus und hatte noch nicht den Gehsteig erreicht, als er vom Anwalt zurückgerufen wurde. Als er erneut im Wohnzimmer auf dem Sofa Platz nahm, blickte die Witwe ein klein wenig freundlicher drein. Der Anwalt setzte sich zu Danner aufs Sofa.

»Es gab da was«, sagte sie ohne Umschweife. »Das war Ende zweitausendneunzehn, im November, glaube ich. Zuerst gab es Anrufe. Wenn ich dran war, wurde aufgelegt, wenn Hans Peter dran war, dann ging es heftig zu. Streit, wenn Sie mich fragen. Und dann stand ein paar Mal dieser blaue Wagen vor dem Haus.«

»Was für ein Wagen war das?«, fragte Danner und zuckte seinen Notizblock.

»Ein blauer, ich glaube, es war ein BMW«, entgegnete die Witwe. »Er hatte ein Kitzinger Kennzeichen und die Ziffern eins neun neun acht, das weiß ich noch, weil unsere Tochter in diesem Jahr geboren wurde.«

»Haben Sie den Fahrer gesehen?«, fragte Danner neugierig.

»Einmal«, erzählte Christine Kästner. »Es war an einem Sonntag. Hans Peter verließ am späten Nachmittag das Haus, da stieg ein großer Kerl aus dem Wagen. Ungepflegt war der, und ich würde sagen, einen ganzen Kopf größer als Sie. Er ging auf Hans Peter zu, doch der setzte sich in seinen Wagen und brauste davon. Ich glaube, wenn er ihn erwischt hätte, dann hätte es dort draußen geknallt, so wie der schaute.«

»Wie alt war der Mann?«

Sie zuckte mit den Schultern. »Etwa fünfzig, schätze ich.«

»Können Sie ihn beschreiben?«

»Groß, kräftig, braune, wellige Haare, ungepflegt, wie gesagt. Trug eine Jeans, weiße Turnschuhe und eine braune Lederjacke, so wie Ihre etwa.«

»Sonst noch was?«

»Er stand zwar auf der anderen Straßenseite, aber irgendwie erinnerte er mich an einen Boxer.«

»Einen Boxer?«, wiederholte Danner.

»Ja, wie der Hund eben, so mit hängenden Backen und so.«

»Verstehe«, antwortete Danner. »Und Sie würde ihn wiedererkennen?«

Sie zuckte mit den Schultern.

»War er danach noch mal da?«

Sie schüttelte den Kopf. »Nein, ich habe ihn danach nicht mehr gesehen.«

»Danke«, entgegnete Danner, griff in seine Jackentasche und zog eine Visitenkarte hervor. »Falls Ihnen noch etwas einfällt.«

Er legte die Karte auf den kleinen Beistelltisch, ehe er sich erhob. Diesmal brachte ihn der Anwalt zur Tür.

»Eine Frage hätte ich noch«, sagte der Anwalt, bevor Danner das Haus verließ. »Woher wussten Sie, dass Christine … ähm, ich meine Frau Kästner nicht alles gesagt hat?«

Danner lächelte. »Wie sagt man immer, Frauen haben ein sehr feines Gespür dafür, wenn etwas mit ihren Ehemännern nicht stimmt.«

Der Anwalt lachte.

»Aber nicht nur die Frauen«, fuhr Danner fort. »Auch Kriminalbeamte haben diese Gabe. Und ich denke, dass Sie nicht nur der Anwalt hier im Haus sind. Und jetzt einen schönen Tag noch und wie gesagt, Grüße an meinen Spezl Alex, nicht vergessen.«

Bevor der Anwalt etwas erwidern konnte, verließ Danner das Haus und hastete zurück zu seinem Wagen. Es hatte zu nieseln begonnen.

7

Kriminalinspektion Würzburg,
Weißenburger Straße

»Ermittlungsgruppe Klosterbräu«, stand in fetter Arialschrift auf dem Bogen Papier, der mit Klebestreifen an die Tür zum Soko-Raum im oberen Stockwerk des Dienstgebäudes hing.

Klara Pepperkorn hatte die beiden großen Räume, die für die Sonderkommission vorgesehen waren, in Beschlag genommen und auf zwei zusammengeschobenen Pinnwänden fein säuberlich Bilder vom Tatort drapiert. Darüber hing ein Hochglanzfoto des Opfers, das aus einer Werbebroschüre der Brauerei stammte, auf dem der Ermordete freundlich lächelnd mit strahlend weißen Zähnen in die Kamera blickte. Auf der Pinnwand daneben hing ein Bild, das Kästners Ehefrau Christine zeigte, aus einem Stadtmagazin stammte und schon älteren Datums war. Ein Foto aus besseren Zeiten offenbar, denn dort posierte sie noch Arm in Arm mit ihrem Ehemann. Doch den hatte Hilde Senft bereits ausgeschnitten, was der Realität wohl auch näherkam.

Ein weiteres Bild prangte direkt unter Kästners Ehefrau auf der Fotostrecke. Es war das Bild von Anton Sander, dem Kronenwirt aus Rottendorf, der Beas Erzählungen nach zu Lebzeiten Kästners erheblich Probleme mit ihm hatte und ihn sogar schon körperlich angegangen war.

Klara Pepperkorn trat einen Schritt zurück und betrachtete zufrieden ihr Werk. Nur mit einer geregelten Ordnung waren ordentliche Ermittlungen möglich, dachte sie, ehe sie sich umwandte und Hilde Senft zufrieden ins Gesicht blickte.

»Diesen Landwirt aus Leinach, diesen Stoll brauchen wir auch noch«, sagte Klara zu der Sekretärin. »Den finden Sie bestimmt auch im Melderegister. Dann noch diese Hopfenkönigin aus der Hallertau, Isabell Rauscher, die brauchen wir auch noch. Und den Abgeordneten wollen wir auch nicht vergessen, der kommt dann in die Mitte, klar?«

Hilde nickte zwar, doch ihr Blick verriet, dass sie die Systematik der Ordnung auf den beiden Tafeln noch nicht recht begriffen hatte.

Klara seufzte. »Ist doch ganz einfach«, erklärte sie und trat erneut vor die Tafel. »Links haben wir den Tatort und den Geschädigten, rechts die Verdächtigen, und in die Mitte hängen wir die Kontaktpersonen und Zeugen, verstehen Sie?«

Erneut nickte Hilde Senft. »Dann ist die Ehefrau also verdächtig?«

»Klar, was denken Sie denn? Schließlich lebten die beiden getrennt, und wer weiß, nicht alle Partner trennen sich im Einvernehmen.«

»Das habe ich verstanden«, betätigte Hilde. »Den Stoll nach rechts und den Wagner in die Mitte, weil der unverdächtig ist.«

»So ist es, schließlich war der Mann ja in München und kann wohl schlecht gleichzeitig als Täter in der Brauerei in Würzburg auftauchen.«

Hilde lächelte, wandte sich um und verließ den Soko-Raum.

»Und rufen Sie Danner an, er soll pünktlich um elf zur Einsatzbesprechung hier sein. Machen Sie ihm klar, dass das wichtig ist!«

Danner war natürlich nicht pünktlich zum Briefing der Ermittlungsgruppe zugegen. Überdies waren aus den versprochenen zehn Mann als Verstärkung nur sieben geworden. Eine Kollegin und ein Kollege aus dem Streifendienst, drei Kollegen der Fahndungsabteilung, Hilde Senft sowie Olaf Stenzel, der normalerweise im Einbruchsdezernat seinen Dienst versah. Nicht zu vergessen, Berthold Stemmer, der Leiter der Spurensicherung, der mit seinem Team zur Verfügung stand, so er tatsächlich gebraucht würde.

Klara Pepperkorn hatte im Konferenzraum an den Tischen auf der Stirnseite der geschlossenen U-Form Platz genommen. Der Stuhl rechts neben ihr war leer, während sich der Rest des überschaubaren Grüppchens an den Seiten verteilt hatte. Hilde Senft saß zur Linken und nestelte an ihren Schreibunterlagen. Klara Pepperkorn blickte auf die große Uhr mit dem Symbol der Polizeigewerkschaft über der Tür; es war bereits sieben Minuten nach elf.

Verschwörerisch wandte sich Klara der Sekretärin zu. »Haben Sie noch einmal versucht, Danner zu erreichen?«, flüsterte sie.

»Drei Mal, aber er meldet sich nicht. Ich habe ihm auf die Mailbox gesprochen.«

Klara richtete sich auf und seufzte. Dieser Kerl trieb sie noch in den Wahnsinn. Sie räusperte sich, ehe sie sich erhob. »Meine Damen, meine Herren, willkommen in der Ermittlungsgruppe Klosterbräu«, eröffnete sie ihren Vortrag. »Wie ja alle bereits aus meiner Kurzinfo wissen, wurde am vergangenen Mittwoch in den Abendstunden der Geschäftsführer der Klosterbräu AG auf dem Areal der Brauerei erschlagen. Wir müssen von einem bewussten Tötungsdelikt ausgehen …«

Klosterbräu, Bierkontor am Klosterhof, Würzburg – Dürrbachau

Danner war nach dem Besuch bei Christine Kästner in die Dürrbachau zur Brauerei gefahren und hatte sich dort mit Lydia Arzt, der jungen Chefsekretärin getroffen, mit der er bereits am Tattag lange und ausführlich gesprochen hatte.

»Wieso hast du mir nichts von Kästners Affäre mit so einem jungen Ding aus Kitzingen erzählt?«, sagte er unwirsch zu Lydia, die hinter ihrem Schreibtisch saß und ihre Fingernägel feilte. »Die soll sogar schwanger geworden sein und abgetrieben haben. So etwas spricht sich hier doch herum, komm, jetzt red schon!«

Lydia Arzt verzog die Mundwinkel. »Na ja, das sind natürlich nur Gerüchte, und Toten soll man ja nichts Schlechtes nachsagen.«

»Verarschen kann ich mich selbst«, entgegnete Danner scharf. »Also, raus mit der Sprache!«

Lydia legte die Feile zur Seite und richtete sich auf. »Jetzt blas dich mal nicht so auf. Das soll beim Bleichwasen gewesen sein, vor drei Jahren. Aber wie gesagt, das ist ein Gerücht, ich weiß nicht ob da was dran ist.«

»Jetzt lass dir bloß nicht jeden Wurm einzeln aus der Nase ziehen!«

»Na ja, du weißt schon, die wählen da so was wie die Maikönigin und dazu zwei Prinzessinnen, die ... na ja, das macht man eben so ...«

»Das heißt, drei Damen werden gewählt?«

Lydia nickte.

»Ja, und dann?«

»Was und dann, Fest, Bier in Massen, feiern bis zum Umfallen, da kann so was schon mal passieren.«

»Kästner hat sich also an die Maikönigin rangemacht?«

Lydia schüttelte den Kopf und griff wieder nach der Feile, um nun auch noch die Finger an der linken Hand zu bearbeiten.

»Nicht an die Königin, an eine der Prinzessinnen.«

Danner beugte sich über den Tisch und griff mit einer blitzschnellen Bewegung nach der Feile. Ehe sich Lydia versah, hatte Danner das Werkzeug in der Hand. »Wie sagt man, jetzt mal Klartext!«

Lydia Arzt seufzte. »Von mir hast du es nicht!«

»Wenn du so fragst, ich kenn dich überhaupt nicht«, antwortete Danner grinsend.

»Die Kleine war damals neunzehn, glaube ich. Lisa heißt sie. Struck, Lisa Struck. War Studentin. Na ja, egal, auf alle Fälle war sie hinterher schwanger. Hat das Kind wegmachen lassen, und dabei ging wohl was schief. Jetzt hat sie nicht mehr alle Latten am Zaun, ist wohl was Psychisches. Sie hat ja wohl auch versucht, sich umzubringen.«

»Kästner war der Erzeuger?«

»So munkelt man, aber der hat natürlich alles abgestritten, ist ja klar.«

Danner ließ sich auf dem Stuhl vor dem Schreibtisch nieder. »Der Vater ist ein Geschäftspartner von euch, richtig?«

Lydia nickte. »Der hat wohl eine Baufirma und wird von uns beliefert.«

»Weißt du zufällig, ob der einen blauen BMW fährt?«

Sie zuckte mit den Schultern. »Keine Ahnung, aber damals rief er beinahe täglich hier an, zwei Mal, drei Mal, und ging uns ganz schön auf die Nerven.«

»Was wollte er?«

»Natürlich mit Kästner reden.«

»Wie reagierte Kästner darauf?«

Lydia lächelte. »Der ließ sich natürlich verleugnen, was denkst du denn.«

»War der auch mal hier?«

Sie schüttelte den Kopf. »Das weiß ich nicht, ich kenn den auch nicht persönlich. Nur aus den Unterlagen.«

Danner wies auf die Box mit den Notizzetteln. »Dann schreib mal auf, was in eurem Computer über diesen Kerl und seine Tochter steht! Und das nächste Mal, wenn ich mit dir rede, dann erzählst du mir gleich alles, hast du verstanden?«

Lydia zog eine Grimasse und griff nach einem Notizzettel nebst Kugelschreiber, bevor sie den Computerbildschirm aktivierte und den Namen und die Adresse des Kitzinger Unternehmers auf den Zettel schrieb.

»Und den Namen und die Adresse diese Polin schreibst du auch gleich dazu.«

»Die Barbara hat sicher nichts mit dem Mord zu tun«, entgegnete Lydia. »Ich weiß wirklich nicht, wo sie abgeblieben ist, vielleicht ist die längst wieder in Polen.«

»Aha, bist du jetzt auch schon bei der Polizei«, tat Danner den Einwand der jungen Frau mit den roten Haaren ab. »Und wenn dir noch was einfällt, dann rufst du mich an. Unaufgefordert, verstanden!«

Diesmal salutierte Lydia Arzt zackig wie ein Bundeswehrsoldat. Danner erhob sich und wandte sich der Tür zu, ehe er stehen blieb und sich nochmals an Lydia wandte. »Eine Frage noch«, sagte er. »Wie war das damals mit dem Einbruch?«

Lydia winkte ab. »Was heißt da Einbruch«, sagte sie. »Das waren ein paar dumme Jungs. Sind hinten über den Zaun geklettert und haben versucht, die Eisentür zum Sudhaus aufzubrechen, haben es aber nicht geschafft und haben sich wieder vom Hof geschlichen. Mehr war da nicht.«

»Wann war das?«

Lydia überlegte. »Letztes Jahr, muss September oder Oktober gewesen sein. Der eine machte sich an der Tür zu schaffen.

Als Kästner runterging, hat ihn der Kerl wohl bemerkt und Fersengeld gegeben. Dabei hat er Kästner glatt umgerannt. Die anderen suchten gleich das Weite. Ein paar Monate zuvor hat jemand aus einem unserer Vertreterwagen das Radio geklaut. Aber da hatte man auch vergessen, das Tor zu schließen.«

»Das war alles?«

Lydia runzelte die Stirn. »Was denkst du, was hier zu holen ist?«

Danner schaute sich im nüchtern eingerichteten Büro um. »Hast ja recht. Aber noch was. Ich habe gehört, ihr habt auch Saisonarbeiter aus Osteuropa.«

»Die Leiharbeiter?«, fragte Lydia.

»Meinetwegen auch Leiharbeiter.«

»Wir haben mehrere, zwei aus Polen und die anderen aus der Ukraine, aber die wohnen nicht hier, die sind in der Stadt am Klosterhof untergebracht. Die haben einen Kleinbus, den fährt Oleg. Die waren am Mittwoch gegen drei schon weg. Oleg hatte Geburtstag, die haben ordentlich gefeiert und hatten auch noch am nächsten Morgen eine anständige *Brezen* im Gesicht.«

»Okay, das war's fürs Erste. Ruf an, wenn dir noch was einfällt!«

Als Danner das Verwaltungsgebäude verlassen hatte und über den Hof schlenderte, fiel ihm sofort der weiße VW-Bus auf, mit dem Stemmer von der Spurensicherung normalerweise unterwegs war. Er umrundete das Gebäude und entdeckte Stemmer, der mit zwei weiteren Kollegen den Zaun zu den Feldern der Dürrbachau absuchte. Stemmer und seine Kollegen trugen den weißen Anzug der Spurensicherung.

»Hey, Bertl, was treibst du denn hier?«, rief Danner seinem Kollegen zu.

Berthold Stemmer wandte sich um. »Da ist er ja, der verlorene Sohn«, entgegnete er höhnisch.

»Was soll der Blödsinn mit dem verlorenen Sohn?«

Stemmer lächelte breit. »Die Mama ist schon auf der Suche nach dir, ich glaub, das gibt mächtig Mecker, wenn du nach Hause kommt.«

Danner runzelte die Stirn. »Ich versteh kein Wort.«

»Na, deine neue Chefin sucht dich, wegen der Ermittlungsgruppe und dem anschließenden Fototermin.«

»Die Pepperkorn?«

»Wer sonst? Und ich glaube, die ist schon auf Hundertachtzig, weil du beim Vorstellungsgespräch nicht anwesend warst. Es ist besser, du gehst jetzt nach Hause, bevor sie dir Hausarrest gibt.«

Danner wies auf den Zaun. »Und ihr sucht hier wohl den Feierabend«, unkte er.

»Wir suchen nach Einbruchspuren«, entgegnete Stemmer. »So wie es die Madame will.«

»Einbruch, was soll dieser Blödsinn mit dem Einbruch?«

»Kommt doch von euch«, antwortete Stemmer scharf.

»Also, von mir nicht, das mit dem Einbruch hier war Kinderkram.«

»Das sieht die Pepperkorn aber ganz anders, lieber Freund. Und jetzt ist es besser, wenn du dich auf dem Revier blicken lässt, bevor sie noch nach dir fahndet.«

Danner schüttelte den Kopf. »Ich hab keine Zeit für diesen Blödsinn, ich muss einen Mord aufklären.«

Stemmer wandte sich wieder dem Zaun zu. »Sag aber hinterher nicht, ich hätte dich nicht gewarnt«, murmelte er, bevor der Danner einfach stehen ließ.

8

Kriminalinspektion Würzburg,
Weißenburger Straße

Danner hatte vorgesorgt. Mit leeren Händen wollte er nicht vor Klara Pepperkorn Rede und Antwort stehen. In Erwartung einer gehörigen Zurechtweisung durch seine neue Chefin auf Zeit war er auf dem Rückweg zur Dienststelle bei den Kollegen der Streife vorbeigefahren und hatte schon mal Namen und Daten der möglichen Hauptverdächtigen aus Kitzingen erhoben. Sogar an Bilder von Vater und Tochter hatte er gedacht, die er dem Melderegister entnommen hatte, nachdem er kurz telefonisch Rücksprache mit Hilde Senft gehalten hatte. Sie hatte ihm von dem ersten Briefing der Ermittlungsgruppe, der üblen Laune der Chefin und der überdimensionalen Fotowand im Soko-Raum berichtet.

»Sie ist ganz schön angefressen, also, bereite dich schon mal auf ein Donnerwetter vor«, hatte Hilde die Unterredung beendet.

»Weißt du, Hilde«, hatte Danner darauf geantwortet. »Verbrecher fängt man nicht durch Sitzungen, Unterredungen und Arbeitsgruppen. Die Wahrheit liegt auf der Straße, und genau da muss man hin, wenn man etwas herausfinden will.«

»Sag das mal der Pepperkorn«, war Hildes letzter Satz, bevor sie das Gespräch beendeten.

Als Danner das obere Stockwerk in der Inspektion erreichte und den Soko-Raum betrat, saß Klara Pepperkorn allein darin auf einem Stuhl vor der Pinnwand, von der Hilde berichtet hatte, und betrachtete nachdenklich die Fotos. Danner nickte ihr zu, als er an ihr vorüberging, vor die rechte Tafel trat und die Fotos von Vater und Tochter unter den Bildern des Rottendorfer Wirtes und Kästners Ehefrau anpinnte.

»Verdächtige rechts«, murmelte er. »Ist doch richtig?«

Klara Pepperkorn erhob sich, und Danner machte sich schon auf ein Donnerwetter gefasst, doch seine Chefin lächelte nur. »Wer sind die beiden?«

»Das sind Hartmut Struck und seine Tochter Lisa aus Kitzingen«, entgegnete Danner.

»Weswegen sind die verdächtig?«

»Lisa Struck war vor drei Jahren Prinzessin auf dem Bleichwasen ...«

Klara Pepperkorn winkte ab. »Ersparen Sie mir die Details, die Kurzform bitte!«

Danner räusperte sich. »Die Kurzform, also gut. Kästner hat auf dem Fest die Kleine geschwängert, sie hat das Kind wegmachen lassen, und jetzt leidet sie unter psychischen Problemen und ist seither in Behandlung. Ich finde, das reicht für einen Anfangsverdacht.«

Klara Pepperkorn wies zur Tür. »Reden wir später, der Rechtsmediziner erwartet uns.«

Danner machte große Augen. »Die Rechtsmedizin ... ich meine, wir haben doch eine Ermittlungsgruppe, können das nicht ...«, stammelte er.

»Rechtsmedizin, wir beide, jetzt!«, fuhr ihm Klara Pepperkorn in die Parade.

Danner folgte seiner Chefin nur widerwillig, die Rechtmedizin war nicht gerade sein Metier.

Institut für Rechtsmedizin, Versbacher Straße

Die Versbacher Straße lag am anderen Ende der Stadt. Klara Pepperkorn hatte sich hinters Steuer gesetzt und den Weg über die Südtangente eingeschlagen. Am Friedrich-Ebert-Ring stand der Verkehr; nichts ging mehr voran.

»Wir hätten die Straßenbahn nehmen sollen, da wären wir schneller vorangekommen«, unkte Danner und wies hinaus auf die Fahrzeugschlangen.

»Kennen Sie einen besseren Weg?«

»Ich wäre über die Nordtangente gefahren«, entgegnete Danner.

»Dann fahren Sie eben das nächste Mal!«, blaffte Klara Pepperkorn und richtete den Blick wieder nach vorne. Der Verkehr setzte sich langsam wieder in Bewegung. Den Rest des Wegs schwiegen sie.

Schon als Danner mit seiner schweigenden Kollegin von einem Angestellten des Rechtsmedizinischen Instituts in den Keller geführt wurden, bekam er eine Gänsehaut, und seine Nackenhärchen stellten sich auf. Klara Pepperkorn schien die Umgebung nichts auszumachen. Mit vorgerecktem Kinn stapfte sie hinter dem jungen Mann im weißen Kittel her, der sie direkt in den Obduktionsraum führte, wo Dr. Bach bereits in blutiger Schürze und mit Mundschutz und OP-Haube wartete. Kästners Leiche lag aufgeschnitten auf dem blutigen OP-Tisch, und die grelle Lampe darüber verstärkte den Eindruck noch, sodass Danner alle Hände voll zu tun hatte, den Würgereflex zu unterdrücken. Es stank entsetzlich nach rohem Fleisch, Blut und Exkrementen.

»Da sind sie ja endlich«, empfing sie der junge Rechtsmediziner.

»Stau, wir konnten nicht früher«, entschuldigte sich Klara Pepperkorn.

»Ist eben so zu dieser Zeit in der Stadt«, winkte Dr. Bach ab und wandte sich dem Leichnam zu. »Dann wollen wir mal.«

Danners Blick fiel auf einen Holzstuhl in der Ecke. »Kann ich mich setzen?«, fragte er.

Dr. Bach nickte, während Klara hämisch grinste. Es gibt also doch etwas, das diesen grobschlächtigen Kerl aus der Ruhe bringt, dachte sie bei sich.

»Also«, fuhr der Arzt fort. »Es ist so, wie ich es mir am Tatort dachte. Ein harter Schlag, mit an Sicherheit grenzender Wahrscheinlichkeit mit dem Spaten, der dort am Tatort lag, der den Toten rechtsseitig am Hinterkopf traf und zu einem Schädelbruch führte. Dabei drangen auch Teile des Schädelknochens durch die Hirnhaut in das Großhirn ein.«

»Also wurde er erschlagen«, folgerte Danner aus der Ferne.

Dr. Bach fuhr unbeirrt fort. »Es war zweifellos ein sehr heftiger und kräftig geführter Schlag …«

»Von einem Mann ausgeführt?«, unterbrach Klara Pepperkorn.

Dr. Bach wiegte den Kopf. »Hm, nicht unbedingt. Ein Spaten entfaltet eine kräftige Hebelwirkung, sodass auch schwächere …«

»Also kann es auch eine Frau gewesen sein«, mischte sich Danner erneut ein.

»Das wäre durchaus denkbar«, bestätigte der Rechtsmediziner.

»Todeszeitpunkt?«, fragte Klara.

»Durch die Flüssigkeit, in der er lag, nicht mehr zweifelsfrei feststellbar, aber zwischen einundzwanzig und zweiundzwanzig Uhr, würde ich nach den histologischen Untersuchungen sagen.«

»Okay, dann wurde er also zwischen neun und zehn erschlagen«, fasste Danner zusammen.

»Nein«, widersprach Dr. Bach.

Danner und Klara schauten ihn fragend an.

»Sie lassen mich ja nicht ausreden«, beschwerte sich der Arzt. »Letztlich ist der Mann in diesem Bottich ertrunken.«

Klara blickte auf den Leichnam vor ihr, an dem der Brustkorb fachmännisch aufgeklappt war.

»Er wäre vermutlich auch an dem Schlag gestorben«, fuhr Dr. Bach fort. »Aber letztlich war es dann doch der letzte Rausch seines Lebens.«

Danner lächelte. »Hätte es vermutlich sein können, doch leider waren nur Wasser und Reste der Maische in dem Bottich.«

Dr. Bach räusperte sich. »Nun ja, damit haben wir die Todesursache …«

»Schade nur, dass sich der Todeszeitpunkt nicht näher eingrenzen lässt.«

»Warten wir die toxikologischen Gutachten ab, da kann es immer noch zu näheren Spezifikationen kommen, aber gehen Sie zunächst mal von diesem Zeitpunkt aus.«

Danner erhob sich. »Den Bericht bekommen wir morgen?«

Dr. Bach hob die Hände. »Moment, da ist noch etwas«, sagte er.

Danner nahm wieder Platz, und Klara Pepperkorn schaute den Arzt erwartungsvoll an.

»So wie es aussieht, hatte der Mann kurz vor seinem Tod noch Geschlechtsverkehr«, sagte Dr. Bach in ruhigem Ton.

»Das kann man feststellen?«, fragte Danner überrascht.

»In der Tat«, bestätigte der Rechtsmediziner. »Es gibt allerhand weibliche Dann, vermutlich durch Speichelreste, in seinem Intimbereich, und auch Sperma konnte nachgewiesen werden, wenn natürlich auch nur Spuren.«

»Obwohl er in der Brühe lag?«, fragte Klara Pepperkorn.

»Ja, richtig. Er war zwar vollständig durchnässt, aber er trieb an der Oberfläche, und es gab ja in diesem Bottich keine Strömung, sodass wie gesagt Spuren zurückblieben.«

»Ließe sich diese DNA näher analysieren?«, fragte Danner.

Dr. Bach schüttelte den Kopf. »Nicht so, dass wir eine hohe Bestimmungsrate erzielen könnten. Jedenfalls nicht auf einfache Weise. Dazu müssten die Spuren aufbereitet, gereinigt und reproduziert werden. Das wäre schon ein aufwändiger Prozess, aber theoretisch wäre wohl eine Bestimmung möglich.«

»Dann sollten wir mal mit dem Staatsanwalt sprechen«, schob Danner ein.

»Gibt es sonst noch etwas, das wir wissen sollten?«, fragte Klara Pepperkorn.

Der Arzt verneinte. »Das dürfte es vorerst gewesen sein. Meinen vorläufigen Bericht erhalten Sie morgen, und die weiteren Ergebnisse erwarte ich nicht vor dem Ende der nächsten Woche.«

Nachdem sie sich von Dr. Bach verabschiedet hatten, konnte es Danner überhaupt nicht erwarten, diesen blutrünstigen Ort endlich hinter sich zu lassen. Als er vor dem Gebäude stand, zündete er sich ein Zigarillo an. Klara Pepperkorn war ihm etwas langsamer gefolgt und warf ihm einen fragenden Blick zu, als er den Glimmstängel anzündete.

»Ich wusste gar nicht, dass Sie rauchen, Danner.«

»Tue ich auch nur bei besonderen Anlässen.«

»Haben Sie auch einen für mich?«

Danner zog die Schachtel hervor und reichte sie seiner Kollegin, die sich dankbar einen Zigarillo nahm und dann um Feuer bat.

Sie ließen sich auf der kleinen Mauer neben dem Zugang zum Hauptgebäude nieder. Danner schüttelte den Kopf.

»Da lässt er sich noch einen blasen, und kurz darauf treibt er tot im Maischebottich«, murmelte er vor sich hin.

Klara Pepperkorn hüstelte.

Erst jetzt wurde Danner bewusst, was er da gerade von sich gegeben hatte.

»Entschuldigung, das habe ich nicht so gemeint«, sagte er rasch.

Klara Pepperkorn winkte ab. »Schon gut, ich bin nicht die Jungfrau vom Lande.«

Danner zog an einem Zigarillo und blies den Rauch in die Luft. »Eigentlich habe ich einen Bärenhunger, aber essen kann ich jetzt nichts.«

»Wusste gar nicht, dass Sie so zart besaitet sind.«

»Tja, harte Schale, weicher Kern.«

Klara Pepperkorn wandte sich Danner zu. »Ach ja, was ich noch sagen wollte …«

Danner winkte ab. »Ich weiß schon, keine Alleingänge mehr.«

»Nein, das meine ich nicht«, entgegnete Klara Pepperkorn. »Das heißt, klar, keine Alleingänge. Aber was ich eigentlich sagen wollte, unser Start war etwas holperig, Ich denke, wir sollten noch einmal neu anfangen. Ich bin Klara.«

Sie steckte ihm die Hand entgegen. Danner ergriff die Hand. »Thomas, aber eigentlich Tom für alle.«

»Oder Fozzy Bär, habe ich gehört.«

Danner war überrascht, seinen Spitzname aus der Jugendzeit zu hören,, den er immer gehasst hatte. So hatte ihn schon lange niemand mehr genannt.

»Woher …«

»Ach, ich habe auch so meine Quellen«, entgegnete Klara Pepperkorn mit einem breiten Lächeln.

»Dann sollten wir jetzt zur Feier des Tages doch etwas essen gehen«, bemerkte Danner.

Klara warf einen Blick auf ihre Armbanduhr. »Keine Zeit, der Wirt aus Rottendorf kommt in einer Stunde zur Vernehmung, und da will ich dich dabeihaben.«

»Der Anton?«

»Herr Sander, ja. Du kennst ihn gut?«

Danner zuckte mit den Schultern. »Ich kenne ihn, aber was heißt schon gut. Jedenfalls, einen Mord traue ich ihm nicht zu.«

Klara warf Danner den Autoschlüssel zu. »Du fährst!«, sagte sie, ehe sie sich erhob.

9

Kriminalinspektion Würzburg,
Weißenburger Straße

Anton Sander, der Kronenwirt aus Rottendorf, war ein Hüne von Mann. Er überragte Klara um drei Köpfe und war auch sonst gut beieinander. Mit diesem Mann war nicht gut Kirschen essen, dass erkannte sie sofort. Drei Mal hatten ihn die Kollegen von der Streife in den letzten Jahren angezeigt, jeweils wegen Körperverletzung und Bedrohung. Zwei der Verfahren wurden wegen Geringfügigkeit eingestellt und das letzte Verfahren, vor einem Jahr etwa, eine angezeigte gefährliche Körperverletzung, weil er mit einem Schlagstock auf seine Widersacher losgegangen war, hatte das Gericht als Notwehr eingestuft. Offenbar hatte er in solchen Sachen Glück oder sehr gute Verbindungen.

Egal, dachte sich Klara, zumindest kommt er pünktlich.

Sie holte ihn zur Vernehmung in der Schleuse ab. Er trug eine kurze lederne Trachtenhose nach bayerischer Art, dicke graue Kniestrümpfe und über dem kleinkarierten Baumwollhemd eine moosgrüne Trachtenjacke mit Knöpfen aus Hirschhorn. Sogar der graue Tirolerhut auf dem Kopf mit der groben braunen Schnur fehlte nicht.

»Sind Sie gar nicht von hier, sind Sie aus Bayern?«, fragte Klara, als sie ihn durch den Flur zum Vernehmungszimmer führte, um, wie man bei der Vernehmungstaktik gelernt hatte, das Eis zu brechen.

»Sind wir nicht alle aus Bayern?«, entgegnete er kaltschnäuzig.

»Ich meine natürlich Oberbayern«, verdeutlichte Klara.

»Niederbayern, Rottal«, entgegnete der grobschlächtige Kronenwirt. »Aber schon zwanzig Jahre hier.«

Klara öffnete die Tür zum Vernehmungszimmer und bot ihm Platz auf dem Stuhl neben dem Tisch an. »Man hört es noch am Akzent«, bemerkte sie, bevor sie auf dem gegenüberliegenden Stuhl Platz nahm.

»Herr Sander«, sagte sie dann, schaltete per Fernbedienung Kamera und Mikrofon ein und bemühte sich, ihrer Stimme einen offiziellen Charakter zu verleihen. »Es geht um den Mord an dem Geschäftsführer der Klosterbrauerei. Wir vernehmen Sie als Zeugen. Sie müssen bei der Wahrheit bleiben. Auf Fragen, bei denen Sie sich selbst belasten würden, brauchen Sie nicht zu antworten. Haben Sie mich verstanden?«

Sander schaute sie mit großen Augen an und nickte.

»Sie sollten mit Ja oder Nein antworten, unser Gespräch wird in Bild und Ton aufgezeichnet.«

Sander schaute sich im Raum um und erblickte die Kamera, die in der Ecke neben der Tür hing und auf ihn gerichtet war. Er nickte erneut. »Schon«, knurrte er.

»Sie sollen ja nicht gerade das beste Verhältnis zu Herrn Kästner gehabt haben, wie man hört«, eröffnete Klara die Unterhaltung.

»Sagt wer?«

»Wir haben unsere Quellen.«

Die Tür zum Vernehmungsraum wurde geöffnet, und Danner trat ein. Er hielt eine Tasse in der Hand. Als Sander Danner erblickte, erhob er sich. »Das hätte ich mir denken können, das ist auf deinem Mist gewachsen«, schnauzte er Danner an und baute sich bedrohlich vor ihm auf.

Danner schob Sander einfach zur Seite und bahnte sich den Weg zum noch freien Stuhl. »Jetzt mach mal halblang, Toni!«, sagte er. »Da ist sie ganz alleine draufgekommen.

Allzu schwer war es nicht, du machst ja keinen Hehl aus deinen Gedanken. Und jetzt setz dich, damit wir das schnell hinter uns bringen! Oder hast du heute Ruhetag?«

Sander atmete tief ein und nahm wieder Platz. »Was will der überhaupt hier?«, fragte er Klara Pepperkorn und warf Danner einen feindseligen Blick zu.

Klara überging die Frage. »Welche Art von Ärger hatten Sie mit Hans Peter Kästner?«

Sander fuhr sich über seinen Dreitagebart. »Kästner war ein fieses Schwein.«

»Hast du ihn erschlagen?«, fragte Danner dazwischen.

»Hätt ich wohl können, wenn ich gewollt hätt, hab's aber net.«

Klara warf Danner einen bösen Blick zu. »Von vorne, bitte«, sagte sie streng. »Worum ging es in dem Streit mit Kästner, weshalb haben Sie ihn bedroht?«

»Ich hab ihn net bedroht, ich hab nur gsagt, ich schlag ihm aufs Maul, wenn er so weitermacht.«

Danner nippte an seiner Tasse. »Womit sollte er aufhören?«

Sander wischte mit den Händen über die Tischplatte, ehe er sich räusperte. »Er soll damit aufhören die Spielregeln während des Spieles zu ändern, das tut man nicht.«

Klara runzelte die Stirn, doch Danner nickte lächelnd. »Es ging also um den Bierliefervertrag?«

»Elf Prozent mehr hat er verlangt, elf Prozent für die daab Brüh, da bin ich eben aus der Haut gfahren.«

»Warum hast du den Vertrag nicht gekündigt?«, fragte Danner und stellte die Tasse vor sich auf den Tisch.

Sander blickte verlegen zu Boden. »Kann ich net.«

»Weshalb nicht?«, fragte Klara. »Ist es nicht so, dass man ein Kündigungsrecht hat, wenn sich die Konditionen verschlechtern. So ist es doch in Deutschland geregelt.«

Sander wischte Klaras Einwand mit einer Handbewegung zur Seite. »Kann ich net, wegen dem Kredit.«

Danner ergriff erneut die Tasse. »Du hast also einen Kredit bei der Klosterbräu und zahlst über den Liefervertrag?«

Sander nickte. »Die Toiletten und der Umbau in der Küche. Du weißt selbst, wie schwer das heutzutage ist. Die erfinden immer neue Vorschriften und machen uns Wirten das Leben schwer. Da ist es nicht einfach für einen wie mich. Du kennst das ja nicht, bei euch läuft's gut. Würd's bei mir auch, wenn täglich der Stadtrat und der Oberbürgermeister ein und aus geht.«

Danner schüttelte den Kopf. »Der Stern geht mich gar nichts an, das ist nicht meine Sache«, stellte er klar. »Wie hoch ist der Kredit?«

»Hundertfünfzig waren es, jetzt sind es noch knapp hundert. Aber wehe, du sagst jemand was.«

»Herr Sander«, mischte sich Klara ein. »Herr Danner ist Polizist, so wie ich. Was er im Rahmen seiner Ermittlungen erfährt, das ist vertraulich, dessen können Sie sicher sein. Und jetzt würde ich gerne wissen, wo Sie am letzten Mittwoch zwischen einundzwanzig und dreiundzwanzig Uhr gewesen sind. Soweit wir wissen, haben Sie an diesem Tag Ruhetag in Ihrem Lokal.«

»Ist er da umgebracht worden?«, fragte Sander.

»Sag, wo du warst, dann ist doch alles gut«, wandte sich Danner ein.

Sander überlegte. »Am Mittwoch, da war ich mit dem Andy und dem Michel in Helmstadt in der Krone«, sagte er. »Wir sind um sieben losgefahren. Der Michel ist gefahren, der trinkt nur Spezi. Wir haben dort gegessen und getrunken und sind noch etwas sitzen geblieben. Der Otmar saß zum Schluss auch noch dabei. Du weißt doch, von Wirt zu Wirt. Um eins war ich zu Hause, aber frag nicht, wie ich ins Bett kam. Das weiß ich heute noch nicht.«

»Der Mahlers Andy und der Michel Stein?«, fragte Danner. Sander nickte.

»Beides Wirte aus der Umgebung«, erklärte Danner seiner Kollegin, die ihn fragend ansah. »An Ruhetagen sitzt man gern mal mit anderen Wirten zusammen, quatscht sich aus und wälzt Probleme und so. Kann man ja sonst nicht, der Wirt muss ja immer freundlich zu seinen Kunden sein, stimmt's, Toni?«

Sander nickte lächelnd. »Genau, das machen wir schon seit mehr als zehn Jahren«, bestätigte er zu Klara gewandt.

»Wir werden Ihr Alibi überprüfen, Sie hören noch von uns«, entgegnete sie.

Danner stellte seine Tasse auf den Tisch und winkte Sander zu. »Auf, Toni, ich bring dich raus«, sagte er und ging zur Tür. Sander beugte sich verschwörerisch zu Klara herab. »Nicht, dass ich es gutheiße, dass jemand dieses Schwein um die Ecke gebracht hat«, flüsterte er Klara zu. »Aber der Kerl hat so viel Dreck am Stecken, dass es mich nicht wundert. Ich würde mal unter all den gehörnten Ehemännern suchen, bevor ich braven Wirten auf den Leib rücke.«

Sprach es, richtete sich auf und folgte Danner in den Flur.

Klosterbräu, Bierkontor am Klosterhof, Würzburg-Dürrbachau

Danner hatte den Nachmittag genutzt und von seinem Büro aus herumtelefoniert. Zuerst rief er den Wirt der Krone in Helmstadt an, der bestätigte, dass Sander tatsächlich von acht bis kurz nach zwölf in seinem Lokal gewesen war und es zusammen mit Andreas Mahler und Michael Stein verlassen hatte, voll wie eine Haubitze. In diesem Zustand, so der Wirt der Krone, wäre er wohl kaum in der Lage gewesen, einen Mord zu begehen. Er hatte sich ja kaum noch aufrecht auf den Beinen halten können. Der Anruf bei Sanders Saufkumpanen bestätigte das Alibi, somit war Sander zuerst einmal aus der Verlosung heraus.

Es klopfte an der Tür. Danner warf einen Blick auf seine Armbanduhr. Es war bereits nach sechzehn Uhr. Heute würde es hoffentlich pünktlich Feierabend geben, denn er hatte noch eine Verabredung im Stern.

»Herein!«, rief er in der Hoffnung, dass er nicht noch einmal seinen Feierabend verschieben musste. Als Klara Pepperkorn eintrat, atmete er schwer durch.

»Was ist, geht es Ihnen nicht gut?«, fragte sie.

»Nein, ich ... das Alibi von Sander ist wasserfest«, sagte er.

»Gut«, entgegnete Klara. »Insgeheim habe ich ihn auch schon von unserer Liste gestrichen.«

»Na dann, habe ich mir eben umsonst den Nachmittag um die Ohren geschlagen.«

»Hast du nicht, aber es gibt Neuigkeiten«, fuhr Klara fort. »Böhm und Franke von der Fahndung haben diese Polin ausfindig gemacht.«

»Barbara Polak?«

Klara nickte. »Stell dir vor, die arbeitet kaum achtzig Kilometer von hier als Verkäuferin bei McDonald's. Morgen hat sie Frühschicht, da werden wir ihr einen kleinen Besuch abstatten.«

»Wir?«

»Morgen um acht, und sei bitte pünktlich.«

»Wir sollten aber den Struck und seine Tochter ...«

Klara winkte ab. »Wir machen einen nach dem anderen, und morgen früh steht die Polin auf der Liste. Struck läuft uns nicht weg. Und jetzt muss ich los, ich habe noch einen Frisörtermin. Bis morgen, um acht fahren wir, nicht vergessen!«

Bevor Danner antworten konnte, verschwand Klara so schnell wie sie gekommen war aus seinem Büro. Morgen um acht, verdammt früh, dachte er bei sich, als das Telefon klingelte.

Es wurde nichts mit einem frühen Feierabend. Lydia Arzt war am Apparat. »Komm schnell, ich glaube, da hat jemand versucht, bei Kästner einzubrechen«, sagte sie. Danner griff nach seiner Jacke. Kaum fünfzehn Minuten später parkte er auf dem Gelände der Brauerei in der Dürrbachau. Lydia erwartete ihn im Hof.

»Was ist passiert?«, fragte Danner.

»Komm mit und schau selbst!«

Sie führte Danner in das Nebengebäude, wo Kästner zuletzt die ehemalige Hausmeisterwohnung bezogen hatte und noch immer das Polizeisiegel an der Tür prangte, da die Wohnung Gegenstand der Ermittlungen und von Stemmers Truppe noch nicht restlos durchsucht worden war. Noch fehlte der richterliche Beschluss. Die Tür war intakt, doch Lydia schob Danner weiter zu einer Tür am Ende des Flures, wo deutliche Aufbruchspuren in Höhe des Schlosses, aber auch an der Zarge zu sehen waren. Offenbar hatte sich dort jemand mit einem Brecheisen zu schaffen gemacht, doch es war ihm nicht gelungen, die Tür aufzustemmen.

»Was ist da drinnen?«, fragte Danner.

»Das ist ein Lagerraum«, erklärte Lydia. »Da bewahren wir alte Aufsteller und Werbebanner auf. Aber auch ein Stahlschrank steht da drinnen. Ich glaube, Kästner hat da manchmal was reingelegt.«

»Gibt es dazu einen Schlüssel?«

Lydia nickte. »Zur Tür schon«, sagte sie und hielt den Schlüssel in ihrer Hand in die Höhe.

»Zum Stahlschrank auch?«

»Das war mal unser alter Tresor, den haben wir ausgewechselt. Ich weiß nicht, wo der zweite Schlüssel ist. Einen hatte jedenfalls Kästner bei sich.«

Danner wies auf die Tür. Lydia folgte dem Wink und schloss vorsichtig die Tür auf, die zwar klemmte, sich aber dennoch öffnen ließ. In dem dunklen Raum, besser gesagt, dem engen Verschlag roch es nach Moder und Staub. Plakate und Aufsteller lehnten an der Wand. Der Stahlschrank stand in der Ecke und war beinahe zwei Meter hoch. Danner inspizierte ihn, doch scheinbar war er unversehrt und dem Staubbelag auf der Oberfläche nach wohl schon länger nicht mehr berührt worden.

Danner schob Lydia wieder aus dem Verschlag und griff nach seinem Handy. Er rief Stemmer an, der wohl schon auf dem Nachhauseweg war.

»Ihr müsst kommen, das ist wichtig«, beharrte Danner. »Da ist Gefahr im Verzug. Und bring ein Schweißgerät mit, wir müssen einen Stahlschrank öffnen. Einen alten Leibrecht, zumindest steht das auf der Tür.«

Zusammen mit Lydia wartete er draußen im Hof. Danner steckte sich einen Zigarillo an und wandte sich Lydia zu. »Was wolltest du dort oben?«, fragte er.

»In zwei Wochen ist in Rimpar Rundenabschluss und das letzte Heimspiel der Wölfe. Ich sollte nachschauen, wie viele Aufsteller wir noch vom Kiliansbock haben. Wir organisieren dort den Ausschank mit dem Verein.«

»Kannst du dir vorstellen, wer da oben rein wollte und weswegen?«

Lydia nahm mit zitternden Händen einen Zigarillo aus der Schachtel. Danner gab ihr Feuer. »Ich habe keine Ahnung. Ich wüsste auch nicht, was da oben lagert, das von Wert sein könnte. Es sei denn, Kästner hat da was drin gebunkert. Aber zu mir hat er nichts davon gesagt.«

Danner lächelte. »Ist dir kalt?«

»Nein, mich schaudert es nur, weil das vielleicht der Mörder war«, sagte sie.

»Wann kann das gewesen sein?«

Sie zuckte mit den Schultern. »Ich war schon lange nicht mehr in der Klitsche. Aber wenn es vor Mittwoch gewesen wäre, dann wäre es mir sicher aufgefallen, denn da war ich gegen Mittag oben und hab den Laptop von Kästner abgeholt.«

»Okay, dann warten wir mal ab, was unsere Spurensicherer herausfinden.«

10

Klosterbräu, Bierkontor am Klosterhof,
Würzburg – Dürrbachau

Sehr zu Danners Missvergnügen wurde es doch wieder ein langer Abend. Dabei passten Überstunden heute überhaupt nicht in sein Konzept. Auch der Anruf auf Klara Pepperkorns Handy lief ins Leere, sie meldete sich einfach nicht.

Stemmer kam, als die Dunkelheit über das kleine Tal hereinbrach und es langsam kalt und ungemütlich wurde. Die ersten Untersuchungen an der Tür bestätigten, dass es dem Täter nicht gelungen war, in die Abstellkammer einzudringen, und die Durchsuchung des Verschlags förderte neben allerlei verstaubten Werbeaufstellern, Plakaten und Transparenten keine Besonderheiten zu Tage, sodass alles schließlich an dem alten Stahlschrank hängen blieb, der sich auch gegenüber dem Schweißgerät äußerst widerstandsfähig zeigte.

»Da hast du ja wieder mal den Vogel abgeschossen, Danner«, unkte Stemmer. »Weiß deine neue Chefin, was du hier so alles treibst?«

»Wenn ihr die Wohnung und auch den Verschlag hier bereits gründlich durchsucht hättet, dann könnten wir uns das alles sparen.«

»Gefahr im Verzug«, scherzte Stemmer. »Wie bist du ganz alleine da draufgekommen, und wo ist die Dicke überhaupt?«

Danner zuckte mit den Schultern. »Keine Ahnung, aber jetzt wäre wohl der richtige Zeitpunkt, sich die Wohnung vorzunehmen.«

Stemmer winkte ab. »Wir waren da schon drinnen«, sagte er. »Eine Nachschau war vollkommen ausreichend, deshalb tut sich der Richter so schwer mit dem Durchsuchungsbefehl. Schließlich sind das hier die Geschäftsräume einer Brauerei, deren Vorstandsvorsitzender im Bayerischen Landtag sitzt.«

»Dann ordne ich das eben jetzt an«, entgegnete Danner. »Schließlich hat sich die Lage durch den Einbruchsversuch entscheidend geändert. Das muss auch dem Richter einleuchten.«

Stemmer überlegte kurz, dann winkte er den drei Mitarbeitern zu, die unverrichteter Dinge im Flur standen und darauf warteten, dass der Kollege endlich mit dem eisernen Ungetüm vorwärtskam.«

»Deine Verantwortung.«

Danner nickte. »Meine Verantwortung«, bestätigte er.

Stemmer nahm den sichergestellten Wohnungsschlüssel aus einem Plastikbeutel, schloss die Tür auf und riss die beiden Siegel ab. »Also los, Männer, und gründlich, wenn ich bitten darf.«

Lydia Arzt hatte sich inzwischen eine dicke Jacke übergezogen. Sie fungierte als Zeugin der Durchsuchung, so wie es das Gesetz vorschrieb. Vielleicht besänftigte das zumindest ein klein wenig die hohe Justiz, wenn man schon entgegen ihren Vorgaben handelte.

Die Minuten zogen sich hin und wurden zu Stunden. Aus reiner Langeweile beteiligte sich Danner an der Durchsuchungsaktion, nachdem er ebenfalls einen dieser schweißtreibenden weißen Overalls angelegt hatte. Mit der Wohnung waren sie relativ schnell durch, in dem Zwei-Zimmer-Apartment gab es nur wenig zu holen, was von polizeilichem Interesse gewesen wäre. Die Räume waren karg eingerichtet und entsprachen in keiner Weise Kästners Lebensstil, wenn man in Betracht zog, in welchem Luxus er in seinem Haus in Arnstein lebte. Selbst für den Übergang war es recht sparsam und unpersönlich eingerichtet.

»Es war kurz nach zweiundzwanzig Uhr, als Stemmer kopfschüttelnd auf Danner zukam. »Nichts, zumindest nichts, mit dem ihr etwas anfangen könntet.«

»Und der Stahlschrank?«

»Die schweißen noch immer daran herum. Das alte Ding ist zäh und innen mit Beton verstärkt. Es wundert mich, dass er hier oben steht und nicht schon längst durch das Gebälk gebrochen ist.«

»Geht das nicht schneller?«

»Manche Dinge brauchen einfach ihre Zeit«, unkte Stemmer.

»Dann geh ich mal eine rauchen.«

Lydia folgte Danner über das Treppenhaus in den Hof. »Tut mir leid, ich wollte euch keine Umstände machen.«

Danner streichelte ihren Arm. »Nein, Quatsch. Es war genau richtig, dass du mich angerufen hast.«

»Wenn ich daran denke, dass Kästners Mörder hier noch herumschleicht, dann wird mir ganz anders«, seufzte sie.

»Du meinst, es ist einer aus der Firma?«

Sie zuckte mit den Schultern. »Das große Tor steht den ganzen Tag offen, da fahren auch Leute rein, die nur ihren Haustrunk abholen oder wegen Bewirtungen fragen wollen, aber wer sollte wissen, dass es diesen Stahlschrank da oben in der Kammer gibt?«

Danner überlegte kurz. Lydia hatte recht, wer außerhalb der Firma konnte das wissen?

»Es muss aber nicht zwangsläufig Kästners Mörder gewesen sein«, sagte er und warf seinen Zigarillo in einen mit Sand gefüllten Eimer, der neben der Hintertür zum Verwaltungsgebäude stand.

»Wir sind durch!«, hörte er Stemmer in diesem Moment durch das Treppenhaus rufen.

»Endlich«, seufzte Danner.

Als er oben im Flur ankam, standen Stemmers Mitarbeiter untätig im Flur. Danner zwängte sich an ihnen vorbei und trat an Stemmers Seite, der im Halbdunkel der matten Beleuchtung ungläubig vor dem Schrank stand.

»Alles umsonst«, knurrte er.

Augenscheinlich war der Schrank leer. Danner beugte sich herab und betrachtete sich das Innenleben des Ungetüms. Er zog seine kleine Taschenlampe in Form eines Kugelschreibers hervor und leuchtete die einzelnen Fächer ab. Schließlich erhob er sich. »Leer«, sagte er.

»Sag ich doch, das Ding ist leer«, bestätigte Stemmer.

Danner überlegte einen Augenblick, bevor er sich wieder hinkniete. Drei einzelne Fächer gab es in dem Schrank, die alle ungefähr das gleiche Maß hatten, nur am unteren fehlten geschätzt fünf Zentimeter in der Höhe. Danner griff nach dem Boden. Schnell stellte er fest, dass das Stahlblech locker war.

»Warte mal kurz und leuchte«, sagte er zu Stemmer, der neben ihm stand. Er reichte seinem Kollegen die Taschenlampe und griff nach dem Metallteil. Ein kurzer Ruck, und schon konnte er es verschieben.

»Mach mal die Tür ganz auf!«

Stemmer winkte einen Kollegen herbei, der die aufgeschweißte Tür bis zum Anschlag nach außen zog. Jetzt hatte Danner freie Hand und konnte die metallene Abdeckung aus dem Schrank ziehen.

»Oha, sieh an, ein Geheimfach«, sagte er, als er das Blech herausnahm und sein Blick auf ein braunes Din-A4-Kuvert fiel, das unter der Abdeckung gelegen hatte. Stemmer reichte ihm Handschuhe, ehe er es aus dem Versteck holte. Er befühlte den Inhalt und stellte fest, dass er deutlich kleiner war als das Kuvert. Schon wollte er de Umschlag aufreißen, da hielt ihn Stemmer zurück. »Denk an die Spuren«, mahnte er.

Danner erhob sich. »Ich muss aber wissen, was da drinnen ist.«

»Das erfährst du gleich morgen, aber wenn du es jetzt aufreißt, dann beschädigst du möglicherweise die Kleberänder. Dort könnten wir noch DNA finden.«

Danner seufzte, ehe er das Kuvert an Stemmer weiterreichte. »Also gut, macht es im Labor auf. Gebt mir aber sofort Bescheid, wenn ihr wisst, was da drin ist!«

»Wir kümmern uns gleich morgen früh darum, jetzt müssen wir den Saustall erst mal wieder reinigen.«

McDonald's, Scheinfelder Straße, Geiselwind

Klara war am Abend nach dem Frisörtermin noch ins W1 gegangen und hatte sich dort mit Bea getroffen. Anschließend waren sie im Studio versackt. Ihr Handy hatte sie leise gestellt, deshalb hatte sie erst am Morgen festgestellt, dass Danner ein paar Mal versucht hatte, sie zu erreichen. Umso überraschter war sie, als kurz vor acht Uhr ihr Handy erneut klingelte. Danner war am Apparat. »Mensch, Danner, wo bleibst du denn, wir müssen doch nach Geiselwind.«

»Ist Stemmer schon da?«, wich er ihrem Vorwurf aus.

»Die haben gestern länger gemacht, er kommt erst gegen neun, hat mir Hilde ausgerichtet. Was war denn überhaupt los, weswegen hast du mich angerufen?«

Danner erklärte ihr, was sich am gestrigen Abend noch ereignet hatte.

»Sehr interessant«, sagte sie. »Deswegen kommt Stemmer später. Hilde sagte, die waren erst gegen zwei Uhr wieder hier.«

»So eine Scheiße«, fluchte Danner.

»Vor neun läuft da sowieso nichts, dann können wir ebenso gut nach Geiselwind fahren und den Termin wahrnehmen«, entgegnete Klara Pepperkorn.

»Ich fürchte, ich schaff es nicht, mein Wagen springt nicht an.«

»Danner, verdammt«, fluchte jetzt Klara. »Kauf dir mal ein vernünftiges Auto und schieb diese alte Karre ab, die macht doch schon länger Probleme.«

»Der Wagen ist erst fünfzehn Jahre alt, und ich bin selbst schuld, ich habe gestern Abend Licht und Radio nicht ausgeschaltet.«

Klara überlegte. Eigentlich wohnte Danner in Rottendorf direkt auf dem Weg nach Geiselwind. »Mach dich fertig, ich hol dich ab!«, sagte sie kurz entschlossen, ehe sie auflegte.

Diesmal fand sie den Weg gleich und stand zwanzig Minuten später bei Danner vor der Haustür. Hilde hatte ihr erklärt, wie sie fahren musste. Sie stellte den Wagen ab und wartete. Nach fünf Minuten wurde sie langsam ungeduldig. Weitere fünf Minuten später stieg sie aus, ging auf das Mehrfamilienhaus zu und klingelte bei Danner. Der Türöffner summte, und sie betrat das Haus. Danners Wohnung lag am Ende des Flurs. Dort war die Tür geöffnet. Eine junge Frau mit langen blonden Haaren, wohl Anfang zwanzig, stand lasziv an den Türrahmen gelehnt und winkte Klara zu. Der rosafarbene Bademantel offenbarte mehr, als er verbarg.

»Ich wollte meinen Kollegen Danner anholen, bin ich hier richtig?«

»Goldrichtig«, entgegnete die junge Frau. Schon schob sich Danner an der Blondine vorbei und eilte aus der Wohnung. Hastig kaute er auf einem Brötchen herum.

»Ich komme schon«, stammelte er unverständlich, bevor er an der verwunderten Klara vorbeilief und auf den Dienstwagen zuhielt.

»Entschuldigung, ich wusste nicht, dass Thomas eine Tochter hat«, sagte sie zu der Blondine.

»Ich bin nicht seine Tochter«, entgegnete die junge Frau, trat zurück und schloss die Tür.

Als Klara nach draußen ging, wartete Danner bereits vor der Beifahrertür. Sie drückte den Knopf, und Danner stieg hastig ein.

Sie ließ sich Zeit, setzte sich auf den Fahrersitz und zog den Gurt aus seiner Halterung. »War das die Verabredung gestern?«, fragte sie.

Danner schüttelte den Kopf. »Fahren wir!«

Klara startete den Wagen. Sie fuhren durch Rottendorf in Richtung der Autobahn. »Wie alt ist die Kleine, zwanzig?«

Danner hielt den Blick starr nach vorne gerichtet. »Sie sieht jünger aus, als sie tatsächlich ist.«

Klara musterte Danner von oben bis unten. Er sah aus wie immer, ausgewaschene Jeans, ausgelatschte Turnschuhe und die schmutzig braune Lederjacke, die ihre besten Jahre längst schon hinter sich hatte. »Du stehst wohl auf junge Frauen, dabei scheinst du gar nicht der Typ dafür zu sein.«

Danner wandte ihr den Blick zu. »Das ist Nadine, sie ist Fotomodell und wird bald dreißig«, erklärte er. »Hin und wieder sind wir zusammen, ja, aber … sie wohnt in Frankfurt und manchmal auch in Hamburg, und jetzt bleibt sie ein paar Tage.«

»Schön für dich«, entgegnete Klara verschnupft.

»Tja, nicht immer ist es schön, manchmal ist sie auch anstrengend«, antwortete Danner und ließ es damit auf sich beruhen. Den Rest des Weges unterhielten sie sich über den gestrigen Abend und den vermeintlichen Einbruch in der Abstellkammer.

»Glaubst du, das war der Mörder von Kästner?«, fragte Klara, nachdem Danner mit seiner Erzählung geendet hatte.

Danner zuckte mit den Schultern. »Auf alle Fälle jemand, der Bescheid wusste, was in der Kammer zu finden ist.«

»Dann bin ich mal gespannt, was in dem Kuvert ist.«

Klara fuhr von der Autobahn ab und schlug den Weg auf den Parkplatz des Schnellrestaurants ein. Fünf Minuten später saßen sie der vollkommen überraschten Polin gegenüber, mit der Kästner eine längere Liaison gehabt hatte und die scheinbar spurlos verschwunden war, nachdem das Verhältnis geendet hatte.

Sie hatten sich in eine stille Ecke des Restaurants zurückgezogen, in dem Barbara inzwischen zur Schichtleiterin aufgestiegen war. Sie war überrascht, dass die Polizei hier bei ihr auftauchte und wusste, dass sie am heutigen Morgen die Frühschicht leitete, doch noch überraschter war sie, als sie von Danner erfuhr, dass ihr ehemaliger Liebhaber Hans Peter Kästner nicht mehr unter den Lebenden weilte und jemand dabei nachgeholfen hatte.

»Ich hab nix getan«, beteuerte sie. »Hap war schlechter Mensch, war böser Mann. Hab nix gemerkt zuerst. Immer schöne Augen, Komplimente. Aber war nix guter Mann, ich schwör.«

»Wie lange waren Sie denn zusammen?«, fragte Klara.

»Zusammen? Nix zusammen. War halbe Jahr, zehn Monat vielleicht. Immer in Wohnung, nix weggehen, nur Sex, immer gesagt, niemand wissen von mir. War Schein, aber ging gut mir in der Zeit. Deshalb nix gesagt und dann nix mehr wolle. Wolle das gehen ich. Auf einmal, nix weiß warum.«

»Hatte er eine andere?«, fragte Danner.

Barbara zuckte mit den Schultern. »Hap immer andere Frau, auch mit mir. Aber war nix ernst, immer kommt zurück und sage, liebe Babska, schöne Babska, dann aber einen Tage nix mehr liebe Babska, wolle dass gehen ich.«

»Er hat Sie fortgeschickt?«

»Gesagt, Papiere, nehmen alles, bekomme neuen Job mit Zeugnis, er geben mir und geben kleine Abfindung, du verstehst?«

»Geld?«

»No ja, bissel Geld eben, war nix viel.«

»Aber trotzdem hatten Sie Streit mit ihm«, schob Danner nach.

»Ja, zuerst geben Schwein nur wenig, denken Zeugnis und blabla reichen Babska und Babska blöde, glauben alles, er sagt. Aber gemacht bissel Ärger, gesagt Frau und auch große Chef sagen und da gegeben mehr. Brauche Geld, habe nix Mann und zwei Kinder in Polen, noch klein.«

Klara räusperte sich. »Als er die Affäre mit Ihnen beendete, hatte er da eine andere Frau kennengelernt?«

»Was Affäre, nix verstehen?«

»Ich meine das Verhältnis!«

»Ich Verhältnis nix gut zu Chef, er nur ficki ficki, nix für Frau, Frau auch wolle Herz, dann aber immer weg nix da, jeden Abend, kommen spät, manchmal auch erst früh, und war sicher nix bei zu Hause. Babska schon gesehen. Ist Hap verliebt, kann sein.«

»Wann war das, wann hat das angefangen, dass er auswärts übernachtete?«

Die Polin überlegte kurz, dann griff sie nach ihrem Handy und blätterte auf dem Display. Schließlich lächelte sie und präsentierte ein Foto, das einen Mann zeigte, der im Morgengrauen über das Gelände der Brauerei und zum Nebeneingang des Verwaltungsgebäudes ging. Auf dem Foto waren Datum und Uhrzeit eingeblendet. Es war der Morgen des 7. März, eines Montags, um 5.35 Uhr.

»Da hat angefangen, große Scheiße mit Hap, gekommen früh, niemand sehen, aber ich sehen. Gekommen mit Fuß, kein Auto. Immer gefahren mit Bus oder Taxi, Auto immer stehen auf Parkplatz. Hat gesagt mir zwei Wochen später nach Bild, soll gehen. Dann bin gegangen und jetzt hier, gute Job. Habe Abteilungschef und gut bezahlen mich und niemand kommen wegen ficki, ficki, verstehen?«

Klara verstand. »Dann müssen wir jetzt nur noch von Ihnen wissen, wo sie am vergangenen Mittwoch zwischen neun und elf am Abend waren?«

»Mittwoch war fünf Oktober, gewesen hier, schaffe. Bin hier immer, wenn jemand krank, wohne auch in Heim, gleich Straße rauf, gehören Firma.«

»Kann das jemand bestätigen?«

»Moment warte, komme!«, entgegnete die Polin und eilte hinfort, um keine Minute später mit einem dunkelhäutigen Mann Ende zwanzig wieder aufzutauchen. »Das Mustafa, er auch hier Mittwoch, er gute Mann, Student. Syria, verstehen?«

Danner nickte. »Okay, Mustafa, Sie waren mit Barbara hier zur Arbeit am Mittwoch?«

»Das ist richtig«, bestätigte der Mann in reinstem Deutsch. »Wir hatten die Spätschicht von achtzehn Uhr bis zwei, da waren wir hier zusammen.«

»Die ganze Zeit über?«, hakte Klara nach.

Der junge Mann wies hinter den Tresen mit den vier Abrechnungskassen. »Glauben Sie mir, hier geht niemand verloren. Vielleicht mal eine Pause von zehn Minuten, aber mehr ist nicht drin. Dann geht es auch schon wieder weiter. Die Autobahn spült uns die Kunden herein, das geht manchmal Schlag auf Schlag.«

Danner runzelte die Stirn. »Sie sprechen sehr gut Deutsch«, bemerkte er.

»Ich bin schon seit über zehn Jahren in Deutschland und studiere in Erlangen. Meine Mutter war Deutschlehrerin in Damaskus.«

»Okay, dann wissen wir jetzt, was wir wissen wollten«, beendete Klara die Unterredung. Ein weiterer Name konnte von der langen Liste der Verdächtigen gestrichen werden.

Noch bevor sie den Parkplatz verlassen hatten, klingelte Danners Handy. Stemmer war am Apparat. »Wir haben das Kuvert geöffnet«, erklärte er. »Übrigens konnten wir DNA feststellen, und auch Fingerabdrücke haben wir beim Bedampfen gefunden. Die Auswertung läuft noch.«

»Und was ist drin?«

»Kommt her und schaut es euch selbst an!«, entgegnete Stemmer.

11

Kriminalinspektion Würzburg,
Weißenburger Straße

Er hatte die Streifenpolizisten angewiesen, Horrheimer von zu Hause abzuholen und auf die Dienststelle zu bringen. Horrheimer war noch immer krankgeschrieben, jedoch hatte ein kurzer Anruf bei Lydia erbracht, dass er gestern kurz nach seinem Arztbesuch in der Firma gewesen war, um seine Krankschreibung abzugeben. Außerdem war er der Letzte gewesen, der den Ermordeten lebendig gesehen hatte. Deswegen war es Danner auch egal, dass man sich wohl im Heuchelhof, wo Horrheimer eine Zweizimmerwohnung bewohnte, das Maul darüber zerreißen würde, dass man den Braumeister der Klosterbrauerei mit der Polizei abholte, wo doch jeder dort inzwischen wusste, dass sein direkter Vorgesetzter ermordet worden war. Ein bisschen Druck auf dem Kessel konnte kaum schaden, dachte sich Danner, als er an einem Apfel kauend aus seinem Büro in den Flur trat und gemächlich in Richtung des Vernehmungszimmers schlenderte. Im Vorraum, der mit einer großen Glasscheibe versehen war, die zwar einen Blick in den Raum, aber keinen aus dem Raum hinaus gestattete, wartete Klara bereits voller Ungeduld.

»Wo bleibst du, der sitzt schon seit zwanzig Minuten da«, sagte sie vorwurfsvoll.

Danner nickte in Richtung Horrheimers, der hinter der Scheibe mit geschlossenen Knien auf einem Stuhl in dem nüchtern eingerichteten Raum saß, die Hände zwischen den Beinen rieb und sich nervös umschaute. »Der hat es nicht eilig, der ist doch krankgeschrieben«, entgegnete er.

»Du sollst nachher zum Chef«, sagte sie und beobachtete Horrheimer durch die Scheibe. Danner trat neben sie. »Ich glaube, der ist kurz vorm Explodieren, so wie der aussieht. Lassen wir ihn noch ein wenig zappeln.«

Genüsslich biss er in seinen Apfel. Sie lehnten sich gegen den Schreibtisch, der vor der Glasscheibe stand und wandten Horrheimer den Rücken zu.

»Das war übrigens gute Arbeit gestern Abend«, bemerkte Klara nach einer Weile des Schweigens.

»Ich weiß«, antwortete Danner süffisant. »Übrigens, die neue Frisur steht dir ausgezeichnet.«

»Danke«, entgegnete Klara überrascht. »Was ich noch sagen wollte, es tut mir leid, wenn unser Start etwas holperig war, aber ich muss mich erst mal an die Arbeitsweise hier gewöhnen.«

»Das sagtest du bereits, du erinnerst dich.«

»Ich weiß, ich wollte nur ... du sollst wissen, dass ich es ernst meine.«

Zehn Minuten waren ins Land gezogen, und Horrheimer hielt es auf seinem Stuhl nicht mehr aus. Er hatte sich erhoben und wanderte von der rechten in die linke Ecke des Raumes.

»Ich glaube, jetzt ist er reif.«

»Wir sollten ihn aber belehren, bevor wie ihn befragen«, wandte Klara ein.

Danner winkte ab. »Machen wir, alles zu seiner Zeit«, sagte er, ehe er die Tür zum Vernehmungszimmer öffnete.

Klara folgte ihm in den Raum. Horrheimer stoppte in der Bewegung, sein Kopf fuhr herum.

»Guten Morgen, Herr Horrheimer«, grüßte Klara, während Danner ihm nur kurz zunickte. »Nehmen wir doch Platz!«

Horrheimer ging zum Stuhl und ließ sich mit einem Seufzer nieder. »War das wirklich notwendig?«, fragte er, den Blick zu Klara gewandt. Seine Augenlider flatterten nervös, und seine Blicke flogen zwischen Danner und Klara hin und her.

»Wir müssen noch mal miteinander sprechen«, wich Klara seiner Frage aus.

»Die glauben jetzt alle, dass ich verhaftet worden bin«, beschwerte sich der Mann.

»Sie wissen, weswegen Sie hier sind?«, fragte Danner nüchtern und legte die blaue Aktenmappe vor sich auf den schmalen Tisch, der zwischen ihm und Horrheimer stand.

Horrheimer nickte. »Na, wegen Kästner«, sagte er.

»Genau«, bestätigte Danner.

»Herr Horrheimer«, meldete sich Klara zu Wort. »Wir müssen Sie noch einmal zum Tod von Herrn Kästner befragen. Sie brauchen nicht mit uns zu sprechen und können natürlich auch einen Anwalt hinzuziehen, wenn Sie das wollen. Haben Sie mich verstanden?«

Horrheimer schaute sie fragend an.

»Jetzt, wo Sie schon mal hier sind«, fuhr Danner fort. »Sie waren an dem Abend der Letzte, der Kästner lebend sah.«

»Was soll das heißen?«, fragte er empört.

»Das soll gar nichts heißen, das ist eine Feststellung!«, entgegnete Danner kalt.

»Ich habe nichts mit seinem Tod zu tun. Das waren bestimmt die Einbrecher. Das habe ich doch schon gesagt. Er winkte mir noch nach, als ich vom Hof fuhr.«

»Ja, das haben Sie bereits gesagt, Herr Horrheimer«, bestätigte Klara. »Und Sie sagten auch, dass Sie ihn am nächsten Tag gefunden haben, da Sie der Erste waren, der auf das Gelände kam. Außerdem stand das Tor der Einfahrt noch immer offen, so wie am Abend. Ist das richtig?«

»Haben Sie mich deswegen geholt?«, knurrte Horrheimer ungehalten. »Um mir Fragen zu stellen, die ich längst schon beantwortet habe?«

Klara schüttelte den Kopf. »Ihnen ging es nicht besonders gut an dem Tag. Ich will nur überprüfen, ob wir uns am Mittwoch richtig verstanden haben.«

Horrheimer atmete tief durch. »Ich habe alles gesagt, was ich weiß.«

Danner richtete sich auf. »Sie sind krankgeschrieben?«

Horrheimer nickte.

»Sie waren gestern nach dem Arztbesuch in der Firma, um die Krankmeldung abzugeben, richtig?«

Horrheimer nickte erneut.

»Wann war das?«, fragte Klara.

Er zuckte mit den Schultern. »Nach dem Arztbesuch.«

»So gegen sechzehn Uhr, richtig?«, kürzte Danner das Thema ab.

»Wird wohl so gewesen sein.«

»Was haben Sie danach gemacht?«

»Was schon«, entgegnete Horrheimer genervt. »Ich fuhr nach Hause.«

»Gibt es dafür Zeugen?«

»Ich lebe allein«, erklärte Horrheimer. »Ich habe mich hingelegt. Mir ging es nicht so gut.«

»War das, bevor Sie versuchten, in die Kammer im Verwaltungsgebäude einzubrechen, oder kamen Sie abends noch mal? Sie haben doch einen Schlüssel zu allen Gebäuden, richtig?«

Horrheimer schaute Danner mit großen Augen an. »Was wollen Sie mir denn da unterstellen?«

»Sehen Sie, Herr Horrheimer«, beschwichtigte Klara. »Wir machen nur unsere Arbeit, und wir wissen, dass Sie jederzeit mit einem Schlüssel Zugang zu allen Gebäuden haben.«

»Natürlich habe ich das, ich bin der Braumeister«, bestätigte er.

»Nur nicht zu dieser verdammten Kammer neben der Hausmeisterwohnung, in der Kästner lebte. Und ich nehme an, auch zum Stahlschrank nicht, zumindest nicht offiziell.«

Horrheimer richtete sich auf seinem Stuhl aus. »Was soll das mit dieser blöden Kammer, ich habe keine Ahnung, wovon ihr redet!«

»Von dem Lagerraum am Ende des Flurs, in der sich Kästners Zweitwohnung befand«, erklärte Danner. »Dort, wo der alte Stahlschrank steht, der früher als Tresor im Büro stand.«

Horrheimer zuckte mit den Schultern. »Da wo wir die alten Plakate lagern.«

»Genau da«, bestätigte Danner.

»Da war ich schon ewig nicht mehr«, antwortete der Mann. »Meist machte das Lydia mit den Arbeitern, wenn was gebraucht wurde.«

Danner griff zur Akte und schlug sie auf. Fein säuberlich platzierte er die fünf Hochglanzfotos vor Horrheimer, der mit weit geöffneten Augen auf die Bilder blickte.

»War es nicht so, dass Sie Kästner durch diese Bilder ausgeliefert waren?«, fing Danner beiläufig an zu spekulieren. »Er hatte Sie in der Hand. Was wollte er von Ihnen?«

Alle Anspannung wich aus Horrheimers Körper. Er glich einer Puppe, aus der langsam die Luft entwich.

»Wie alt sind die beiden Mädchen auf den Fotos?«, fuhr Danner fort. »So wie ich das sehe, sind die sicher minderjährig. Sie stehen also auf Sex mit Minderjährigen?«

»Ich ... es ist ... ich habe ... er hat mich erpresst ...«, stammelte Horrheimer.

»Diese Fotos wurde hier in der Gegend aufgenommen«, fuhr Danner fort und wies auf eines der Fotos, die Horrheimer beim Sex mit zwei jungen Frauen, besser gesagt Mädchen zeigte. Zufällig war bei diesem Bild das Fenster ins Sichtfeld geraten. Darauf war ein Kirchturm mit einer Uhr zu sehen.

»Das ist die Kirchturmuhr von Ochsenfurt«, stellte Danner klar. »Sankt Andreas, nachdem das Dach repariert wurde. Ich nehme an, die Fotos wurden im Hahn aufgenommen. Und die Sache ist nicht verjährt.«

»Haben Sie Kästner wegen den Fotos getötet?«, schob Klara nach.

Horrheimer nahm die Hand vor die Augen und seufzte. »Ich … ich sage jetzt nichts mehr. Ich will einen Anwalt.«

»Herr Horrheimer, wer waren diese Mädchen? Wie alt waren sie? Fünfzehn, sechzehn? Auf keinen Fall achtzehn.«

»Ich will einen Anwalt!«, entgegnete Horrheimer mit weinerlicher Stimme.

»Gut, dann kriegen Sie einen Anwalt«, sagte Danner und klaubte die Fotos zusammen. »Sie sind festgenommen. Wegen des dringenden Tatverdachts, Hans Peter Kästner erschlagen zu haben. Sie bleiben erst einmal bei uns. Haben Sie verstanden?«

»Ich sage nichts mehr ohne Anwalt!«

Trotz und Verärgerung lag in Horrheimers Stimme.

Danner erhob sich, und auch Klara verließ den Raum. Zurück blieb ein zutiefst erschütterter und gebrochener Mann, der schweigend auf den Boden starrte.

»Haben wir Kästners Mörder?«, fragte Klara, nachdem sie die Tür geschlossen hatten.

Danner zuckte mit den Schultern. »Wir beantragen einen Haftbefehl und durchsuchen seine Wohnung. Mal sehen, was wir noch so alles finden.«

»Die Mädchen auf den Bildern wären schon mal ein Anfang.«

Hotel zum Hahn, Ochsenfurt

Es war Freitag geworden, und die Stadt platzte aus allen Nähten. Das bevorstehende Wochenende trieb die Menschen zur Eile; es galt möglichst alles zu erledigen, was es noch zu erledigen gab, bevor die ersehnten freien Tage anbrachen. Danner war ein paar Minuten zu spät gekommen. Selbst der schnittige Sportwagen aus Stuttgart mit dem springenden Pferd, den er sich von Nadine geliehen hatte, konnte ihn nicht beflügeln. Ein Stau war ein Stau, egal, ob man auf einem Laster, in einem Opel oder einem Porsche saß. Über eine Stunde brachten sie auf der Dienststelle zu. Der Haftbefehl lag vor, der Vorbericht war geschrieben. Böhm und Franke konnten sich um das Weitere kümmern. Der Durchsuchungsbefehl für die Wohnung war beantragt und schien reine Formsache angesichts der Beweislast gegen Horrheimer, der inzwischen in der Arrestzelle saß und auf seine Vorführung am Nachmittag bei Gericht wartete.

Danner war es ein Anliegen, so schnell wie möglich herauszufinden, wer die beiden jungen Frauen auf den Fotos waren und wie diese Bilder entstanden waren. Das Hotel Hahn gehörte seit zwei Jahren einer Bekannten, zuvor hatte es beinahe ein Jahr leer gestanden, nachdem es von einem zwielichtigen Hotelier betrieben worden war, der bei einem Autounfall ums Leben gekommen war. Danner versprach Klara, nach seinem Besuch in Ochsenfurt zu ihr zu stoßen, um sie bei der Durchsuchung in Horrheimers Wohnung zu unterstützen, doch zuvor wolle er abklären, wie es zu diesen Aufnahmen gekommen war, so das überhaupt noch irgendwie nachvollziehbar war.

Kurz hinter Winterhausen bereute er sein Vorhaben, denn die Ochsenfurter Straße war überfüllt, und der Verkehr quälte sich nur langsam voran. Beinahe eine halbe Stunde brauchte er für die restlichen vier Kilometer, bevor er nahe der Sankt-Andreas-Kirche einen Parkplatz fand.

Er traf Babsi Stromer bei der Vorbereitung des Mittagstisches in ihrer Gaststube an. Danner kannte die Wirtin seit seiner Jugendzeit; sie hatte das Hotel übernommen, nachdem sie lange Jahre als Angestellte in der Gastronomie gearbeitet hatte.

»Hallo Babsi, wie läuft das Geschäft?«, fragte er, nachdem er die Gaststube betreten hatte.

»Kann nicht klagen«, entgegnete die junge Frau, die mit dem Decken der Tische beschäftigt war. »Was treibt dich heute mal den Main hinauf? Wir haben uns ja schon lange nicht mehr gesehen.«

»Ja, stimmt, ein paar Monate ist das schon her.«

»Willst du ein Bier?«

Danner schüttelte den Kopf. »Bin im Dienst.«

»Oh, es ist doch hoffentlich nichts passiert!«

»Nicht direkt«, entgegnete Danner und nahm das Foto aus seiner Jackentasche, das er auf der Dienststelle eingesteckt hatte. Er legte es vor Babsi auf den Tisch. Sie griff danach und betrachtete es lange und ausgiebig. »Ist das hier?«, fragte sie nach einer Weile.

»Ich denke schon.«

»Was für eine Sauerei. Aber dem Noll war alles zuzutrauen. Auch so was.«

»Was weißt du über ihn?«

Sie zuckte mit den Schultern. »Es hieß, er war am Ende sein bester Kunde. Deswegen hatte er wohl auch zwei Promille im Blut, als er bei Sommerhausen gegen den Baum fuhr.«

»Wird wohl so gewesen sein.«

»Richtig gelaufen ist hier nichts mehr. Wenn die Klosterbräu nicht so lange an ihm festgehalten hätte, wäre es wohl viel früher zu Ende gegangen.«

Danner nahm einen Bierdeckel mit Werbung für das Sternla-Radler aus dem Ständer und drehte ihn nachdenklich zwischen seinen Fingern. »Das heißt, Klosterbräu hatte hier mal die Finger drin?«

»Was heißt hier die Finger drin«, entgegnete Babsi. »Das Hotel gehörte denen. Die haben es aber ganz schön verkommen lassen. Stand über ein Jahr leer, bevor ich es kaufte. War viel zu tun, war alles runtergewirtschaftet und marode.«

Danner sah sich um. »Hast es schön hingekriegt.«

»Das hab ich, ja.«

»Mit der Hofbräu?«

»Die sind fair, und die Leute kommen. Tagungen und Übernachtungsgäste. Vor allem Radfahrer. Ich bin zufrieden.«

»Das ist die Hauptsache«, antwortete Danner und wies auf das Bild. »Muss oben im zweiten Stock gewesen sein, oder?«

Babsi schaute noch einmal auf das Bild. »Zwei elf oder zwölf, würde ich sagen. Und keine sieben Jahre her. Die Kirchturmuhr ist schon renoviert.«

»Kennst du die Mädchen?«

Sie schüttelte den Kopf. »Aber der Kerl kommt mir bekannt vor.«

»Gibt es noch Gästebücher aus der alten Zeit?«

»Tut mir leid, hab alles entsorgt. Samt der Einrichtung. Alles in den Container und dann ab in den Müll.«

Danner streckte ihr die Hand entgegen und wartete, bis sie ihm das Bild zurückgegeben hatte. »Kann ich mal einen Blick in die beiden Zimmer werfen?«

»Da wirst du nichts mehr finden, ist alles komplett renoviert.«

»Egal, ich will nur sichergehen, dass es wirklich hier war.«

Sie wies nach oben. »Die Schlüssel sind an der Rezeption, aber schließ wieder ab!«

Danner nickte. Nach ein paar Minuten hatte er Gewissheit: Zimmer 211 passte genau zu der Perspektive. Er machte ein Foto mit seinem Handy, ehe er wieder abschloss und nach unten ging. Bevor er ging, reichte er der Wirtin seine Karte. »Falls dir noch was einfällt. Wäre schön, wenn du mal ein bisschen herumfragst, es gibt doch sicher noch ein paar Stammgäste von damals.«

Sie griff nach der Karte. »Okay, ich melde mich, wenn ich was erfahre.«

12

Würzburg-Heuchelhof, Wiener Ring

Der Heuchelhof, südlich des Stadtzentrums in unmittelbarer Nähe der Autobahn A3 gelegen, war ein sonderbares Gebilde aus modernen Wohnkomplexen, Hochhäusern, kleineren Mehrfamilienhäusern und Einfamilienhäusern, das sich kreisrund wie eine Schneckennudel um das Zentrum rankte. Er hatte sich zu einem Brennpunkt entwickelt, in dem sich vor allem in den anonymen Hochhäusern Menschen mit östlichem Migrationshintergrund niedergelassen hatten. Deshalb war dieses Viertel im Volksmund in erster Linie als Klein-Moskau bekannt. Inzwischen waren drei dieser runden Komplexe erbaut worden, und die Zahl der Bewohner hatte die Dimension einer Kleinstadt angenommen.

Horrheimer bewohnte eine Einliegerwohnung in einem Einfamilienhaus am Rand des mittleren Komplexes.

Als das Polizeiaufgebot, bestehend aus zwölf Polizisten in mehreren Fahrzeugen, darunter auch zwei Streifenwagen, an dem Haus vorfuhr, erschrak die junge Frau, die im Vorgarten des Hauses damit beschäftigt war, ihre Dekoration auf den Herbst umzustellen. Ein kleines rotes Bobby-Car stand auf dem gepflasterten Zugangsweg. Klara ging an dem Bobby-Car vorbei und direkt auf die Frau zu.

»Guten Morgen, Pepperkorn, Kripo Würzburg«, stellte sie sich vor und präsentierte der überraschten Frau ihren Dienstausweis. »Wir sind hier, um die Wohnung ihres Untermieters zu durchsuchen.«

»Die von Herrn Horrheimer?«

Klara zog den Durchsuchungsbeschluss aus ihrer Tasche und reichte ihn der Frau, die mit zitternden Händen danach griff. Sie überflog das Dokument und reichte es zurück.

»Ich verstehe das nicht, er ist so ein netter Mensch«, bemerkte sie.

»Frau ...«

»... Riemer, Katja Riemer.«

»Frau Riemer«, fuhr Klara fort. »Sie sind die Besitzerin des Hauses?«

Die Frau in der blauen Steppjacke nickte.

»Hat er denn noch weitere Räume im Haus gemietet, also außerhalb seiner Einliegerwohnung?«

»Einen Abstellraum unten im Keller«, erklärte die Frau. »Geht es um den Mord an seinem Chef?«

Klara überging die Frage und wies ihre Begleiter mit einem Fingerzeig an, mit der Durchsuchung der Wohnung schon einmal zu beginnen. Der Zugang lag um die Ecke.

»Sind Sie gut mit Herrn Horrheimer bekannt?«, wandte sie sich wieder der Hausbesitzerin zu.

Katja Riemer zuckte mit den Schultern. »Was heißt gut. Er wohnt seit sechs Jahren hier, und es gab nie Probleme. Er ist ein ruhiger Mieter, überweist pünktlich die Miete und ist immer freundlich und nett.«

»Hatte er oft Besuch?«

Die Frau überlegte kurz, ehe sie den Kopf schüttelte. »Er ist oft weg, aber Besuch ... hin und wieder mal, aber eher selten.«

»Worüber sprachen Sie, wenn Sie sich mit ihm unterhielten?«

Sie winkte ab. »Über Beiläufiges, das Wetter, die Arbeit, manchmal auch die hohen Spritpreise, so gut bekannt waren wir jetzt nicht, er hatte aber immer ein freundliches Wort übrig.«

»Ich verstehe«, erklärte Klara. »Wissen Sie zufällig, wann er am letzten Mittwoch nach Hause gekommen ist?«

Katja Riemer nickte. »Zufällig waren mein Mann und ich in der Garage, als er nach Hause kam. Wir haben die Winterreifen montiert, ich ging meinem Mann ein wenig zur Hand. Ich glaube, es war so gegen elf.«

»Danke für die Auskunft«, sagte Klara. »Wenn sie mir dann kurz noch den Raum im Keller zeigen.«

Die Frau öffnete die Haustür und führte Klara nach unten. Sie zeigte auf einen kleinen Raum neben der Treppe. »Der Raum ist nicht groß, aber für ein paar Kisten reicht es.«

»Haben Sie einen Schlüssel?«

Katja Riemer schüttelte den Kopf. »Den hat Herr Horrheimer, ich glaube, er bewahrt ihn an einem Schlüsselbrett neben der Tür auf. Er nutzt den Raum eigentlich nie. Als er eingezogen ist, hat er ein paar Sachen darin untergestellt. Ein Klappfahrrad war auch dabei.«

»Wir werden sehen«, entgegnete Klara, ehe sie sich von Frau Riemer verabschiedete und den Weg in Horrheimers Wohnung antrat, wo die Kollegen bereits mit der Durchsuchung begonnen hatten.

Die Wohnung bestand aus zwei Zimmern, Küche und einem Bad mit Toilette. Die Kollegen hatten sich entsprechend aufgeteilt. Schränke waren geöffnet, Schubladen wurden gezogen. Zwar war die Wohnung nicht groß, doch eine Durchsuchung war keine einfache Sache und sehr zeitintensiv. Vor allem, weil sich bei den meisten Menschen im Laufe der Jahre viele Dinge angesammelt hatten. Man musste die Gegenstände, die man fand, sondieren, einschätzen und dem Fall entsprechend bewerten. Klara hielt sich deshalb selbst zurück und übernahm den Part der Bewertung. Sie hatte im Wohnzimmer vor dem Tisch Platz genommen und blätterte in den Dokumenten oder betrachtete die Fotoalben, die ihr von den Kolleginnen und Kollegen gebracht wurden. Darunter waren einige Pornomagazine und auch zwei Pornofilme mit gängigem Material, die wohl in einigen Single-Männerhaushalten zu finden waren. Ein Kollege von der IT-Abteilung kümmerte sich um den Laptop, den sie im Wohnzimmer auf dem kleinen Schreibtisch gefunden hatten, zwei Kollegen nahmen sich unterdessen draußen Horrheimers Wagen vor, und auch der kleine Kellerraum wurde unter die Lupe genommen.

Klara wischte sich über die Augen, nachdem sie einen Ordner gesichtet hatte, in dem sich vor allem Versicherungsunterlagen befanden, die für den Fall ohne Belang waren. Sie warf einen Blick auf die Uhr. Zwei Stunden waren inzwischen vergangen, und bislang hatte die Durchsuchung noch keine weiterführenden Erkenntnisse gebracht.

»Ich habe hier was«, sagte der junge Kollege von der IT, der vor dem Schreibtisch saß und sich mit dem Laptop beschäftigte.

»Was?«, fragte Klara, doch der junge Mann zeigte lediglich auf den Bildschirm. Mit einem Seufzer erhob sich Klara und trat an die Seite des Computerspezialisten. Auf dem Bildschirm war ein gescanntes Dokument zu sehen. Klara beugte sich zu dem Bildschirm herab und las die wenigen handschriftlichen Zeilen, die offensichtlich an Horrheimer gerichtet waren und die dem Wortlaut nach von Kästner stammen mussten.

… habe deine Nachricht erhalten, warne dich aber davor, etwas Unüberlegtes zu tun. Denk daran, wenn die Fotos an die Öffentlichkeit kommen, dann bist du fertig, dann nimmt keiner mehr ein Stück Brot von dir an, dass solltest du wissen und nicht vergessen …
HAP

»Das ist eindeutig. Kannst du das ausdrucken?«, fragte Klara den IT-Fachmann.

»Ich kann es runterziehen, wir nehmen den Computer sowieso mit, da sind noch jede Menge Bild- und Filmdateien darauf, die verschlüsselt sind. Die krieg ich hier mit meinem Equipment nicht auf. Das muss ans LKA.«

»Alles klar«, bestätigte Klara. »Aber einen Ausdruck brauche ich so schnell wie möglich. Heute Mittag ist Haftprüfung, und das muss der Richter sehen, bevor er entscheidet.«

Kurz nach Mittag war die Durchsuchung in Horrheimers Wohnung beendet, und Klara trat mit ihrem Team den Rückweg zur Dienststelle an. Danner hatte angerufen und mitgeteilt, dass er es wohl nicht mehr rechtzeitig auf den Heuchelhof schaffen würde.

Kriminalinspektion Würzburg, Weißenburger Straße

Sie trafen sich nach der Mittagspause im Soko-Raum. Auch Oberstaatsanwalt Reichert und der Kriminaldirektor waren anwesend. Danner hatte sich zuvor mit Klara abgestimmt. Die Eröffnung des Haftbefehls gegen Dieter Horrheimer war auf fünfzehn Uhr anberaumt.

»Horrheimer wurde neunzehn siebzig in Besigheim bei Stuttgart geboren und fing bei der Schwabenbräu in Stuttgart eine Ausbildung an«, berichtete Kollegin Hochland, die den Auftrag erhalten hatte, Horrheimers Lebenslauf zu durchleuchten. »Parallel dazu hat er an der Landwirtschaftlichen Hochschule Hohenheim Agrarwissenschaften studiert. Danach stieg er in der Firma aus und ging für vier Jahre nach Saint Louis. Dort arbeitete er bei Budweiser und ein paar anderen Brauereien. Im März zweitausendzehn kam er zurück und heiratete kurz darauf in Werneck, doch die Ehe dauerte nicht einmal ein Jahr. Er arbeitete bei der Brauhaus AG hier in Würzburg als Braumeister und gewann dort mehrere Auszeichnungen. 2016 wechselte er dann aus unerfindlichen Gründen zur Klosterbräu, obwohl man beim Brauhaus bereit war, sein Salär noch deutlich anzuheben, wenn er bliebe. Polizeilich ist er absolut unbescholten. Ein paar Strafzettel wegen Falschparkens, mehr habe ich nicht gefunden.«

»Und die Exfrau?«, fragte Anton Krug, der Kriminaldirektor.

»Mit der habe ich telefoniert«, entgegnete die junge Kollegin. »Sie ist inzwischen wieder verheiratet und hat drei Kinder. Sie lebt in Passau und hat keinen Kontakt mehr zu Horrheimer.«

»Dann war es wohl keine gute Ehe«, unkte Danner.

»Sie hat nicht viel dazu gesagt«, antwortete die Kollegin. »Sie meinte nur, keine Frau würde es lange mit ihm aushalten. Er wäre für eine Ehe nicht geschaffen. Was auch immer das bedeutet.«

Der Oberstaatsanwalt räusperte sich. »Das ist über zehn Jahre her und tut wohl nichts mehr zur Sache.«

»Vielmehr trägt der Umstand zur Sache bei, dass seine Vermieterin aussagt, er wäre erst kurz nach elf Uhr in der Nacht zu Hause eingetroffen«, ergriff Klara die Initiative. »Von seiner Arbeitsstätte bis zu seiner Wohnung braucht man knapp eine halbe Stunde. Er könnte also noch im Betrieb gewesen sein, als Kästner getötet wurde. In seiner Vernehmung gab er an, dass er gegen acht, spätestens halb neun das Areal verließ und direkt nach Hause fuhr. Das war also gelogen.«

Oberstaatsanwalt Reichert runzelte die Stirn. »Haben Sie ihm das vorgehalten?«, fragte er.

»Ohne seinen Anwalt spricht er nicht mit uns«, mischte sich Danner ein.

»Hat er denn schon einen Anwalt?«

»Pauly«, erklärte Danner.

»Aus Randersacker?«

Danner nickte.

Oberstaatsanwalt Reichert lächelte. »Da stoßen wir auf wenig Gegenwehr, ich kenne Pauly, der schießt oft mit Platzpatronen.«

Klara schlug die Akte auf, zog die Fotos und einen Bogen Papier heraus und reichte sie an den Oberstaatsanwalt weiter. »Die Fotos fanden wir in Kästners Stahlschrank, und der Ausdruck stammt vom Computer des Beschuldigten.«

Reichert betrachtete die anzüglichen Bilder. »Weiß man, wer die Mädchen sind?«

Danner schüttelte den Kopf. »Wir arbeiten daran; die Aufnahmen wurden auf alle Fälle im Hahn in Ochsenfurt gemacht, das haben wir überprüft.«

Reichert las das Dokument und schüttelte den Kopf. »Das sieht mir nach Erpressung aus. Wer ist dieser HAP, weiß man das schon?«

»Hans Peter Kästner wird im Betrieb und von seinen Bekannten HAP genannt«, sagte Danner.

Der Oberstaatsanwalt reichte Bilder und Dokumente zurück. »Dann nehmen wir das in den Haftantrag auf. Das wird auch Richterin Gehrig überzeugen. Ich würde sagen, es sieht eindeutig nach dringendem Tatverdacht aus. Ich gratuliere zur schnellen Aufklärung des Falles. Das tut uns allen gut, denn die Leute sind unruhig, und die Presseanfragen in meinem Haus mehrten sich. Ich schlage vor, wir geben gleich am Montag in der Frühe eine Pressekonferenz, damit wir so schnell wie möglich einen Haken an die Sache machen können und endlich wieder Ruhe einkehrt.«

»Gerne«, meldete sich Albert Krug zu Wort. »Ich lasse die Pressestelle das Notwendige vorbereiten. Sagen wir, gegen zehn, Sie wollen doch sicher teilnehmen?«

»Klar nehme ich teil«, erklärte Reichert, ehe er sich erhob. »Dann lasse ich Sie mal wieder in Ruhe arbeiten. Ich habe noch ein paar Sitzungstermine vorzubereiten. Meine Damen, meine Herren, ich danke ihnen.«

Krug begleitete den Oberstaatsanwalt hinaus, wandte sich aber dann noch einmal um. »Gute Arbeit!«, raunte er, ehe er die Tür schloss.

»Ja, gute Arbeit, bis hierhin«, schloss sich Klara dem Lob des Oberstaatsanwalts und des Abteilungsleiters an. »Aber noch ist viel zu tun. Bislang haben wir nur Indizien. Ich will, dass wir noch einmal Horrheimers Leben unter die Lupe nehmen. Offenbar hatte er keine Frau und auch keine Freundin. Vielleicht war er in der Stadt unterwegs, draußen in der Gattinger Straße oder in den einschlägigen Clubs. Das muss alles noch überprüft werden.

Stemmer von der Spurensicherung räusperte sich und hielt einen kleinen Bartschlüssel in die Höhe. »Und wir müssen herausfinden, wo die Bank mit dem Schließfach ist, das zu diesem Schlüssel passt. Hier in Würzburg ist sie jedenfalls nicht.«

»Hast du schon in Arnstadt gefragt? Schließlich wohnte Kästner ja mal dort«, wandte Danner ein.

»Weißt du, wie viele Banken es in Würzburg und Umgebung gibt?«, beschwerte sich Stemmer. »Auch mein Tag hat nur vierundzwanzig Stunden.«

»Olaf und Johannes sollen dir dabei helfen«, beschloss Klara.

»Was macht ihr, du und Danner?«, fragte Stemmer.

»Wir führen Horrheimer bei Gericht vor«, erklärte Klara. »In knapp einer Stunde. Ich hoffe, dass die Richterin es ähnlich sieht wie Reichert, dann sind wir schnell fertig und fahren ihn gleich nach Würzburg-Ost.«

Danner räusperte sich. »Kannst du das vielleicht mit Marcel oder Nina machen? Ich würde gerne noch mal mit denen von der Sitte sprechen.«

Klara überlegte einen Augenblick, schließlich stimmte sie zu.

»Okay, dann wird mich Marcel begleiten, und der Rest kümmert sich um Horrheimers Vita. Wir sehen uns dann Montag.«

13

Würzburg-Grombühl, Gattinger Straße

Hagner war ein ausgewiesener Spezialist auf seinem Gebiet und schon über zwanzig Jahre bei der Sitte. Er kannte die Szene in- und auswendig und wusste natürlich, an wen man sich wenden musste, wenn man etwas im Milieu erfahren wollte. Und er hatte damals schon Danner geholfen, als es um Nadine ging. Hagner arbeitete eng mit den Streetworkern, den seriösen Clubbesitzern und der Niederlassung dem BesD, der landläufig auch Hurengewerkschaft genannten Organisation zusammen, die sich um die Belange der Sexarbeiterinnen kümmerte. Denn Sexarbeit war ein echter Longseller, die gab es bereits seit der Steinzeit, und die würde es auch noch lange in der Zukunft geben.

Von Hagner erfuhr Danner, dass damit immer noch gutes Geld verdient wurde und dass es von Zeit zu Zeit schon vorkam, dass sich auch Minderjährige anboten oder manchmal auch unter Zwang angeboten wurden.

Erst vor drei Wochen hatten sie in einer Saisonarbeiterunterkunft, die vor allem von Osteuropäern bewohnt wurde, einen kleinen Ring ausgehoben und neben zwei ukrainischen Zuhältern sechs junge Frauen festgenommen, von denen zwei minderjährig gewesen waren. Die Mädchen auf den Fotos kannte er allerdings nicht.

»Heute bieten die sich vor allem über das Internet an«, erklärte Hagner, als Danner rittlings auf einem Stuhl vor seinem Schreibtisch saß und mit den Fotos herumspielte. »Da gibt es die Tagesfreundin, Hobbyhuren oder Erotika und was weiß ich noch alles. Außerdem ist der Parkplatzsex gerade groß in Mode. Die Telefonnummern stehen an den Klohäuschen, und du brauchst nur anzurufen, wenn du auf bezahlte Zuneigung aus bist. Eine halbe Stunde später steht die Dame vor deinem Laster und befreit dich von deiner Alltagslast. Entweder sie fährt selbst, oder der Lude lädt sie auf dem Parkplatz ab und holt sie eine halbe Stunde später wieder ab.«

»Was sind das für Mädchen?«, fragte Danner.

Hagner lächelte süffisant. »Mädchen, Frauen, sogar Hausfrauen und Omas sind darunter. Oft aus dem Ostblock, manchmal auch aus Thailand und anderen asiatischen Ländern, die irgendwann mal bei uns gestrandet sind. Auch junge Kerle sind darunter, wenn du anders tickst.«

»Und das fliegt nicht auf?«

»Alles fliegt irgendwann mal auf«, antwortete Hagner. »So wie die Inhaberin des Beerdigungsinstituts nahe Schweinfurt. Mit den Toten lief das Geschäft nicht gut genug, also wandte sie sich den Lebenden zu. Zehn Jahre ging es gut, bevor man sie erwischte.«

Danner atmete tief ein. »Okay, aber wo könnte man erfahren, wer diese Mädchen sind?«

»Du überhaupt nicht, und bei uns sind sie auch nicht bekannt, aber das hat nichts zu sagen.«

Danner schaute ihn mit großen Augen an. Hagner erhob sich und griff nach seiner Jacke. »Hast du Zeit?«

Danner nickte.

Sie fuhren in Hagners Wagen hinüber in die Gattinger Straße, wo es zwischen Industrieanlagen und Lagerhallen den Club Domino gab, in dem man leicht bekleideten jungen Damen beim Tanz an der Stange Geldscheine in die Strumpfbäder oder Büstenhalter schieben konnte. Und so weiter. Hagner klingelte an der Hintertür des Etablissements. »Du bist einfach nur ruhig, klar!«

Danner nickte stumm.

Es dauerte eine Weile, bis eine Frau oder ein Mann im Outfit einer Frau die Tür öffnete. Sie, er oder es trug eine schwarze Perücke, dazu einen weinroten Morgenmantel, und hatte eine schwarze Federstola um den Hals gelegt. Die Beine unterhalb des Knies waren nackt und sichtbar und derart behaart, dass Danner nach langer Überlegung eher auf einen Mann, als eine Frau tippte. Das Alter der Person mochte wohl um die Sechzig liegen. Das Gesicht und vor allem die Lippen waren grell geschminkt.

»Hallo, Chantal, schön dich zu sehen«, grüßte Hagner. Der Blick der Dame fiel auf Danner, der nur stumm nickte.

»Hajo, wenn du kommst, dann willst du was«, gab Chantal mit tiefem Timbre in der Stimme zurück und bugsierte die beiden ins Haus. Sie schloss die Tür, nachdem sie sich draußen noch einmal argwöhnisch umgesehen hatte. Anschließend führte sie ihre Besucher in das Halbdunkel der mit Rauch und Schweiß geschwängerten Bar, in der noch die Spuren des vergangenen Abends zu sehen und zu riechen waren. Hagner und Danner nahmen auf einem der Barhocker Platz, und Chantal öffnete einen der Rollläden und kippte das Fenster, wofür sie Danner dankbar anstrahlte.

»Wer ist das?«, fragte sie und zeigte auf Hagners Begleiter.

»Der will was wissen, da geht es um Mord!«

»Huch ... Mord!«, entgegnete Chantal gekünstelt. »Das können wir hier überhaupt nicht brauchen.«

»Zeig ihr die Fotos!«

Danner zog die Bilder aus seiner Jackentasche und reichte sie Chantal, die einen langen Blick darauf warf. »Ein flotter Dreier«, bemerkte sie süffisant.

»Kennst du da jemand?«, fragte Hagner.

Sie nickte. »Den Typ kenne ich, der treibt sich oft oben

bei den Wohnwagen herum. Nicht unsere Klasse, aber der steckt offenbar gern mal einen weg.«

»Und die Mädchen?«

»Bulgarien, würde ich sagen«, entgegnete Chantal. »Sechzehn oder siebzehn, nicht älter. So was kommt bei mir nicht in die Stube. Zu gefährlich, da macht mir die Polizei das Haus zu.«

»Das behauptet auch keiner, dass sie bei dir gearbeitet haben, aber sie müssen hier in der Gegend gewesen sein. Das Bild wurde in Ochsenfurt aufgenommen.«

Chantal blickte nachdenklich drein. »Ochsenfurt, sagt ihr? Moment mal, da muss ich Olga fragen.«

Sie verschwand und ließ ihre beiden Gäste alleine in der Bar zurück. Danner blickte sich um. »Scheint gestern wohl heiß hergegangen zu sein.«

»Klar, Donnerstag, Happy Hour, alles die Hälfte, auch auf den Zimmern. Natürlich nur inoffiziell.«

»Das geht immer noch?«

»Du glaubst gar nicht, wie viele Kerle es gibt, denen der Blümchensex mit der Mutti zu Hause auf den Sack geht und die mal richtig was erleben wollen, so mit allem Drum und Dran.«

»Bei Chantal ist die Peitsche wohl inbegriffen«, unkte Danner.

»Schon, aber da müsstest du den Hintereingang nehmen.«

Danner lächelte. »Ich verstehe, ich tippe auf Herbert.«

»Klaus. Klaus Bärenberg, um genau zu bleiben«, flüsterte Hagner.

Chantal kam zurück, die erwähnte Olga im Schlepptau. Olga war ein klein wenig weiblicher, hatte kurze schwarze Haare und befand sich ebenfalls bereits im Herbst, auf ihre Lebensjahre bezogen. Dennoch war ihr eine gewisse aparte Schönheit nicht abzusprechen, wenn man nichts gegen achtzig Kilo aufwärts einzuwenden hatte.

»Das Irina«, sagte Olga ohne jegliche Begrüßungsformel. »Irina sechzehn gewesen, hat gearbeitet auf Parkplatz Autobahn, bei Rasthof. Ist hier gewesen sieben Jahre.«

»Vor sieben Jahren?«, fragte Danner

»Ja, sieben Jahre hier. Ist immer noch auf Parkplatz, lebt in Dorf nicht weit. Andere Mädchen kenne nicht.«

»Welcher Parkplatz, der am Rasthof Würzburg?«

Olga nickte. »Du stehen auf sie, kannst finden in Internet.«

Sie öffnete eine Schublade des Tresens, zog einen Notizzettel und einen Stift hervor und schrieb eine E-Mail-Adresse auf. »Wenn du wollen, sie kommt auf Parkplatz.«

»Tatsächlich?«

»Steht auf jede Parkplatztoilette Adresse, müssen nur halten Augen offen. Fahrer aus Osten wissen und rufen, wenn wolle machen Liebe.«

Danner steckte den Zettel ein. »Das ist ja einfach«, knurrte er.

»Aber nur, wenn man weiß, wie«, fügte Hagner hinzu.

W1 – Fitnesscenter, Schweinfurter Straße, Würzburg

Der Vorführtermin in der Ottostraße war wie geplant verlaufen. Horrheimers Anwalt hatte dem Termin beigewohnt, aber nicht verhindern können, dass Richterin Gehrig Untersuchungshaft angeordnet hatte. Die Tatortnähe, der Einbruch, die vermeintliche Erpressung und überdies am Ende noch die Falschaussage Horrheimers bei der ersten Befragung hatten die Richterin davon überzeugt, dass dringender Tatverdacht vorlag. Nach der Erledigung der notwendigen Formalien hatten sie Horrheimer in die Justizvollzugsanstalt eingeliefert und waren zurück auf die Dienststelle gefahren, wo Krug schon an der Pressemeldung feilte, die am morgigen Tage mit der Zustimmung der Staatsanwaltschaft veröffentlicht werden sollte.

»Das war wirklich gute Arbeit«, klopfte Krug noch einmal auf die Schulter seiner Untergebenen, bevor sie die Dienststelle verließ.

Horrheimer saß zwar im Gefängnis, doch es lag noch eine Menge Arbeit vor ihr, bis sie das Verfahren zum Abschluss bringen konnte. Sie verließ gegen achtzehn Uhr die Dienststelle, fuhr nach Hause, duschte erst einmal ausgiebig und aß eine Kleinigkeit, bevor sie sich auf den Weg ins W1 macht, wo sie sich mit Bea verabredete hatte.

Noch immer trennten sie zehn Kilo von ihrem angepeilten Ziel, und dafür musste sie schwitzen, denn von nichts kommt nichts, wie der Volksmund zu sagen pflegt.

Sie hatte schon viereinhalb Kilometer Vorsprung, als Bea neben ihr auf das Laufband stieg.

»Du kommst spät«, bemerkte Klara und blickte auf die Uhr.

»Tut mir leid«, entgegnete Bea. »Die Vorstandssitzung vom Chor zieht sich eben oft. Wir haben über das Programm der nächsten Wochen gesprochen. Die eine will moderne Songs, die andere setzt auf die alten Klassiker, und wieder andere möchten christliche Lieder. Das wollen aber die beiden anderen auf keinen Fall, und dann geht es hin und her und findet kein Ende. Die sitzen noch immer da und diskutieren. Ich bin jetzt einfach gegangen. Ich bin die Kassiererin, das ist alles nicht mein Problem, außerdem finden die heute ohnehin keine Lösung mehr. Am Ende legt sowieso die Chorleiterin die Marschrichtung fest, und die war heute verhindert.«

»Na toll, weshalb trefft ihr euch dann überhaupt?«

Bea lächelte. »Weil Kommunikation eben wichtig ist.«
Klara schüttelte den Kopf.
»Und ich habe gehört, ihr habt Kästners Mörder verhaftet?«, fuhr Bea fort.
Klara war perplex. »Woher weißt du das?«
»Ich arbeite auf dem Amt, schon vergessen?«, entgegnete Bea mit einem Augenzwinkern. »Wir wissen alles, was in unserer Stadt vor sich geht. Das ist ja auch unsere Aufgabe.«
»Jetzt sag schon!«, forderte Klara ihre Freundin zum Reden auf, doch die zuckte nur mit der Schulter.
»Der arme Horrheimer«, lenkte sie dann ab. »Zuerst der preisgekörnte Held vom Brauhaus, geliebt, geehrt und hochgeschätzt. Dann wechselt er plötzlich aus unerfindlichem Grunde auf dem Höhepunkt seiner Karriere zur Klosterbräu, und auch dort heimst der Preise ein und wird zu Kästners Lieblingsbrauer. Und jetzt sitzt er im Knast, weil er seinen Mentor erschlagen hat. Das nenne ich mal eine Karriere.«
Klara hielt das Laufband an und wandte sich Bea zu, die leichtfüßig auf der Stelle sprintete.
»Jetzt sag schon, woher weißt du das mit Horrheimer?«
»Mensch, Klara«, entgegnete Bea und schüttelte den Kopf. »Das hier ist Würzburg. Wenn du heute auf dem Gehweg stolperst und fällst, hat man gestern in der Stadt schon den Schlag gehört.«
Klara wandte sich wieder dem Laufband zu und begann zu laufen.
»Ich erinnere mich noch an die Main-Post im Mai«, fuhr Bea fort. »Kästner und Horrheimer umarmen sich und halten die Medaille in die Höhe, die sie von der Bayerischen Bierakademie für den Kiliansbock als bestes Starkbier im Frankenland erhalten haben. Und heute sitzt Horrheimer im Knast, und Kästner liegt zwei Meter unter der Erde.«

»Tut er nicht!«

»Was?«

»Kästner liegt noch immer in der Rechtsmedizin.«

»Da könnte er auch bleiben«, unkte Bea. »Kästners Ehefrau will ihn bestimmt nicht mehr zurück. Vielleicht wäre er ganz gut für die Wissenschaft geeignet. Ideal für junge Pathologiestudentinnen. Vielleicht finden die, wenn sie ihn aufschnippeln, heraus, was den Kerl so attraktiv machte, dass ihm fast keine widerstehen konnte.«

»Jetzt mach aber mal halblang!«

»Schon gut«, beschwichtigte Bea. »Wie geht es Fozzy Bär?«

»Danner?«

Bea lächelte. »Ich sehe, du hast dir den Spitznamen gemerkt.«

Klara beugte sich ein klein wenig zu Bea herüber und kam fast aus dem Takt. »Da wollt ich dich mal was fragen«, flüsterte sie und schaute sich um, doch die anderen Besucher waren in ihre Übungen vertieft und schienen keine Notiz von ihnen zu nehmen.

»Tu dir keinen Zwang an.«

»Es muss aber unter uns bleiben.«

Bea machte die Geste eines schließenden Reißverschlusses vor ihrem Mund und war ganz Ohr.

»Ich habe Danner gestern zu Hause abgeholt, sein Wagen war kaputt«, holte Klara aus. »Da hat mir eine Blondine im Morgenmantel aufgemacht. Ich habe sie zuerst für seine Tochter gehalten, aber es soll seine Freundin sein. Die ist mindestens zwanzig Jahre jünger als er!«

»Ah, ist sie wieder da«, entgegnete Bea.

Klara schaute überrascht.

»Das Nadinsche«, fuhr Bea fort. »Das ist seine Freundin. Die haben so was, wie eine Aus-und-An-Beziehung. On-Off, du weißt, was ich meine?«

»Die ist aber sehr jung …«

Bea lächelte. »Das ist sie. Sie müsste so Mitte zwanzig sein. War ein junges Ding, als sie aus Hausen in der tiefsten Rhön nach Würzburg kam, um Karriere zu machen. Wollte Model werden, du weißt schon, Heidi Klum und so. Geriet aber an irgend so einen Loverboy, der ihr den Himmel auf Erden versprach und sie auf den Strich schicken wollte. Danner hat es verhindert und die Kerle hopsgenommen. Er hat ihr dann ein klein wenig geholfen, ein Werbeprospekt für den Stern und so. Tja, und dann blieb sie irgendwie an ihm hängen. Heute modelt sie wirklich. Auch für große Zeitschriften. Manchmal ist sie ein paar Wochen hier, dann ist sie wieder für Monate weg. Ich glaube, dem Fozzy ist das so ganz recht. Der mag es eher gemütlich.«

»So schätze ich ihn ein«, stimmte Klara zu.

»Läuft es jetzt besser mit euch beiden?«

Klara lächelte. »Ich habe die Peitsche eingepackt und gebe jetzt Zuckerbrot. Und seine Alleingänge stelle ich auch noch ab. Aber die ersten Schritte sind ganz passabel.«

»Na dann. Und jetzt erzähl mir von Horrheimer. Hat er schon gestanden?«

Klara wandte sich dem Laufband zu. »Über Dienstgeheimnisse darf ich nicht reden«, sagte sie. »Aber das wirst du sicherlich auch noch erfahren. Das Amt weiß doch angeblich immer alles.«

14

WFV-Gaststätte, Mainaustraße, Würzburg

Das Zimmer im Hahn ging ihm nicht mehr aus dem Kopf. Nachdenklich saß er hinter seinem Schreibtisch und betrachtete sich die Fotos, die er in dem entsprechenden Raum gemacht hatte.

Inzwischen war sehr viel Zeit vergangen, die alten Möbel waren längst schon auf dem Müll gelandet und von der neuen Besitzerin durch modernes Mobiliar ersetzt worden. Doch wenn man sich einen Schrank an der entsprechenden Stelle vorstellte und ein geheimes, verstecktes Handy etwa in Kopfhöhe platzierte, dann hätte es genau die entsprechende Perspektive. Das Bild, auf dem die beiden Mädchen sowie die benachbarte Kirche zu sehen waren, könnte ausgelöst worden sein, nachdem das Gerät verrutscht war. Bei den beiden anderen Fotos war der Fotowinkel eindeutig nach unten, auf das Bett gerichtet, sodass Horrheimer klar zu erkennen war. Doch wer hatte diese Fotos gemacht? Horrheimer doch sicher nicht. Weshalb sollte er sich mit diesen Bildern selbst angreifbar machen? Auch eine vierte, unbekannte Person, die sich heimlich in das Zimmer geschlichen hatte, konnte Danner ausschließen, nachdem er das Hotelzimmer selbst betrachtet hatte. Also musste es zwangsläufig eines der beiden Mädchen gewesen sein, oder vielleicht sogar alle beide, die das Handy in einem Schrank oder einem Regal versteckt hatten. Einen entsprechenden Timer zu programmieren, das war bei der modernen Technik, die schon vor sechs oder sieben Jahren in den kleinen Mobiltelefonen gesteckt hatte, selbst für einen Laien kein Problem. Stellte sich nur die Frage, weshalb die Mädchen die Fotos geschossen hatten. Hatten sie selbst beabsichtigt, Horrheimer zu erpressen, oder war dies eine Auftragsarbeit gewesen?

Hans Peter Kästner hatte die Fotos in seinem Besitz, und dies wohl nicht nur zufällig. Und sie waren ausgerechnet zu einem Zeitpunkt entstanden, als der hochdekorierte Braumeister scheinbar grundlos das Brauhaus verlassen hatte und zur Klosterbräu gewechselt war.

Eins und eins waren noch immer zwei, dachte sich Danner, als er nach seiner Jacke griff und das Büro verließ. Über die leeren Flure der am Freitag ab fünfzehn Uhr meistens verwaisten Dienststelle ging er hinunter zum Parkplatz, auf dem nur noch Nadines Porsche stand, mit dem er heute zum Dienst gekommen war, weil sein Wagen noch immer in der Werkstatt stand und dort auf einen neuen Anlasser wartete.

Er fuhr nicht nach Hause, sondern die Mainaustraße entlang und bog kurz vor Heidingsfeld nach links auf das Gelände des FV Würzburg ab, wo sich die WFV-Gaststätte befand, in der er an diesem Freitag mit Sicherheit seinen alten Bekannten Franz Sommer antreffen. Franz hatte bis vor zwei Jahren bei der Brauhaus AG gearbeitet, dann war er in Rente gegangen. Vielleicht konnte er etwas Licht ins Dunkel bringen.

Er traf ihn am Stammtisch, wo er mit vier weiteren Rentnern saß und einen gepflegten Schafkopf spielte, so wie jeden Freitag in den letzten Jahren. Auch Danner hatte schon ein paar Mal an diesem Tisch gesessen, an dem es manchmal heiß herging, wenn Kreuz- oder Ramschrunden gespielt wurden und den Spielern das Contra und das Re nur so um die Ohren flog.

»Hallo zusammen, gutes Blatt heute?«, fragte Danner, als er neben Franz Sommer an den Tisch herantrat.

»Geht so«, antwortete einer der Spieler.

Auf dem Tisch lagen drei Karten: zwei Buben und eine Dame. Franz griff nach einer Karte und schmierte das Herz Ass, dabei grinste er zufrieden.

»Zweiundsechzig«, sagte er zufrieden und nahm den Stich an sich.

Danner wartete, bis die Partie zu Ende gespielt war, ehe er sich Franz Sommer zuwandte. »Hast du mal kurz Zeit für mich?«, fragte er.

Franz schaute ihn mit großen Augen an. »Jetzt, wo ich mal Glück habe?«

Danner wies auf seinen freien Tisch in der Ecke des spärlich gefüllten Gastraums. »Komm schon, zehn Minuten. Ich zahl auch die nächste Runde.«

Franz schaute seine Kollegen an, dann nickte er kurz und erhob sich. »Spielt mal kurz ohne mich weiter.«

Sie setzten sich in die Ecke an den Tisch. Der Wirt hinter dem Tresen spülte ein paar Gläser weg. »Willst was trinken?«, rief er Danner zu.

Danner schüttelte den Kopf. »Bin gleich wieder weg, aber mach schon mal eine Runde für den Kartentisch.«

»Was willst du wissen?«, fragte Franz Sommer ungeduldig.

Danner kratzte sich am Kinnbart. »Was kannst du mir über Horrheimer sagen?«

»Den Horrheimer, wie kommst du denn auf den? Wegen Kästner?«

Danner atmete tief ein.

»Ihr glaubt doch nicht wirklich, der Horrheimer hat was mit dem Tod von Kästner zu tun.«

»Weshalb nicht?«

Franz lachte laut. »Der Horrheimer, das ist ein Weichei. Der tut niemanden was. Der kann einem ja noch nicht mal in die Augen schauen.«

»War aber damals eine große Nummer bei euch«, bemerkte Danner.

Franz nickte. »Ja, das war er. Verdammt gutes Näschen für die richtige Rezeptur. Hatte immer den richtigen Riecher. Das war damals unsere beste Zeit.«

»Und dann war er plötzlich weg und bei der Konkurrenz.«

»Das war er, still und heimlich. Hat einfach gekündigt, und weg war er.«

»Warum, was glaubst du?«

»Wegen Kästner natürlich«, entgegnete Franz Sommer nach kurzem Überlegen. »Der hat ihn bequatscht und ihm ein besseres Angebot gemacht.«

»Weißt du das oder nimmst du das an?«

»Weshalb sollte er sonst zur Klosterbräu wechseln?«

»Gab es damals irgendwas im Betrieb? Ärger oder so?«

Franz schüttelte den Kopf. »Nichts, das kam wie aus heiterem Himmel. Er hat einfach gekündigt und den Resturlaub genommen, und schon war er weg und bei der Konkurrenz. Hebestreit von der Geschäftsführung hat ihm sogar eine Gehaltserhöhung angeboten, doch das half nichts.«

»Du glaubst also, Kästner steckte dahinter?«

»Da bin ich sicher. Kästner verstand es, den Leuten den Kopf zu verdrehen mit seinem Gelaber. Wenn der behauptet hätte, der Main fließt vom Rhein in die Fränkische Alp, nach einer Weile hätte man es geglaubt. Das war ein reißender Wolf, der Kästner. Und jetzt hat er gekriegt, was er verdient hat.«

»Du findest also, es ist okay, dass ihm jemand den Schädel eingeschlagen hat«, bemerkte Danner scharf.

Franz Sommer senkte schuldbewusst den Kopf. »Nein, das natürlich nicht. So hab ich das nicht gemeint.«

»Wie hast du es denn gemeint?«

»Ich finde nur, er hat vermutlich das geerntet, was er selbst gesät hat, verstehst du? Aber Horrheimer und Mord, das glaub ich nicht, der ist viel zu ängstlich.«

Danner nickte und kratzte sich am Kinn. »Hatte der Horrheimer damals eine Freundin, weißt du da was?«

Franz Sommer zögerte einen Augenblick, ehe er mit den Augen zwinkerte. »Das sicher nicht, aber ... ich weiß nicht ob es stimmt, deswegen ... sag ich lieber mal nichts dazu.«

Danner beugte sich vor und klopfte Sommer freundschaftlich auf die Schulter. »Nur heraus damit, es bleibt auch unter uns.«

Verstohlen blickte sich Sommer um, ehe er sich verschwörerisch vorbeugte und zu flüstern begann. »Einige meinten, der ist vom anderen Ufer«, sagte er leise. »Aber das war Blödsinn. Monika, die damals bei uns putzte, hat ihn ein paar Mal in der Gattinger an den Wohnwagen gesehen.«

»Bei den Nutten?«

»Monika war sich sicher.«

»Eine feste Freundin hatte er damals also nicht, und über seinen Abgang wurde auch nicht spekuliert?«

»Spekuliert, was heißt spekuliert. Für einen Tausender mehr im Monat wär ich auch zu den Klosterbrüdern gewechselt.«

Danner nickte, ehe er sich erhob. »Danke dir und weiterhin ein gutes Händchen mit deinem Blatt.«

»Das bleibt auch ganz sicher alles unter uns?«, fragte Franz Sommer noch einmal eindringlich.

»Darauf kannst du dich verlassen.«

Gasthof Goldener Stern, Würzburg

Es war kurz nach acht Uhr am Abend, als er nach Hause kam. Nadine erwartete ihn schon wie auf heißen Kohlen. Ihr gepackter Koffer stand im Flur.

»Da bist du ja endlich!«, empfing sie ihn vorwurfsvoll. »Ich hab dich bestimmt schon mehr als zehn Mal angerufen.«

Danner griff in seine Jackentasche und stellte fest, dass der Akku seines Handys leer war. »Hab ich gar nicht bemerkt, tut mir leid«, entschuldigte er sich.

»Ich wollte mir schon ein Taxi rufen. Ich muss um neun am Bahnhof sein, du musst mich fahren.«

Danner runzelte die Stirn. »Am Bahnhof? Weswegen?«

»Ich muss noch mal nach Hamburg, der Auftraggeber ist mit den Fotos nicht zufrieden. Wir machen noch eine Serie.«

»Jetzt?«

»Klar, du musst mich fahren, der Zug geht um drei nach neun.«

Tja, so war das mit Nadine. Kaum war sie da, da war sie auch schon wieder weg. Er trug den Koffer zum Wagen, stieg mit ihr ein und trat aufs Gaspedal. Auf der B8 in Höhe der Nürnberger Straße geriet er prompt in eine Radarfalle. Beinahe achtzig bei erlaubten sechzig hatte er auf dem Tacho, aber zumindest erreichten sie den Zug pünktlich.

Er wartete noch, bis sich der ICE in Richtung Frankfurt in Bewegung setzte, ehe er zurück zum Wagen ging, den er auf einem Taxiparkplatz abgestellt hatte. Sein Magen knurrte, und der Taxifahrer, der direkt hinter Danner eingeparkt hatte, empfing ihn zudem mit unfreundlichen Worten.

Das einzig Positive an der Sache war, dass er bis zum Ende der nächsten Woche Nadines Porsche benutzen konnte.

Da der Hunger übermächtig wurde, schlug er den Weg zum Stern ein. Zwar gab es dort wohl keine warme Küche mehr, doch für ein Vesper war es sicher noch nicht zu spät.

In der Gaststube herrschte reger Betrieb, doch im Jagdherrenzimmer war noch ein Zweiertisch frei, an dem er Platz fand.

Die Welt sah schon ein ganzes Stück rosiger aus, nachdem ihm Rosi eine Schinkenplatte und dazu ein würziges Starkbier im Krug servierte. Nach der Mahlzeit, einem weiteren Starkbier und einem milden Williams als Verdauungshilfe bat er Rosi, sein übliches Zimmer herzurichten und bestellte einen weiteren Krug. Doch dann verschlechterten sich die Aussichten wieder. Peschl, der rasende Reporter der Main-Post, immer auf der Suche nach der einzig wahren Geschichte, mit der er den Pulitzerpreis gewinnen wollte, ließ sich ungefragt auf dem freien Stuhl nieder.

»Kummer?«, fragte er mit seiner piepsigen Stimme.

»Was willst du denn schon wieder?«, entgegnete Danner barsch.

»Hab es schon gelesen, ihr habt den Horrheimer verhaftet«, fuhr Peschl unbeirrt fort. »Schneller Erfolg, Staatsanwaltschaft und Bürgermeister voller Lob für die gute Arbeit. Aber seid ihr euch auch sicher, dass ihr den Richtigen habt?«

»Das geht dich gar nichts an, und ich habe Feierabend.«

Rosi kam vorbei, und Peschl bestellte sich ein Pils.

»Ihr glaubt doch nicht wirklich, dass der Horrheimer was damit zu tun hat?«, fuhr Peschl fort, ohne sich um Danners abwehrende Haltung zu kümmern.

»Wieso nicht?«, fragte Danner und griff zum Steinkrug.

»Der tut doch keiner Fliege was zuleide.«

»Warum seid ihr euch da alle so sicher«, fuhr Danner aus der Haut, sodass sich einige der Gäste zu ihm umdrehten.

Peschl hob abwehrend die Hand. »Schon gut, ihr werdet wohl eure Gründe haben. Aber ihr wisst sicher auch, wie damals Kästner zu seinem Job kam.«

»Was hat das damit zu tun?«

»Na ja, ich fand das damals schon komisch. Der Firma ging es schlecht, der Absatz war rückläufig, die Kunden wandten sich ab, und auch in den Läden stand das Klosterbräu wie Backsteine in den Regalen. Und ausgerechnet da wird der alte Winkler, der die alten Sorten vehement verteidigt und nichts von den innovativen Ideen seines Handlangers Kästner hält, bei der Fassprüfung von mehreren Fässern erschlagen. Ich fand schon damals, dass da was zum Himmel stinkt. Und jetzt, wo alles läuft, die Klosterbräu zur Nummer eins in der Region geworden ist, da gibt der nächste Geschäftsführer den Löffel ab. Ich muss schon sagen, Bierbrauen ist fast so gefährlich wie der Job als Assistent eines Messerwerfers.«

»Blödsinn. Die Sache mit Winkler wurde untersucht, das war eindeutig ein Unfall ...«

»Sagt wer?«, fiel ihm Peschl ins Wort.

»Sagen die Akten.«

»Akten kann man manipulieren.«

»Jetzt hör schon auf, Peschl. Nicht hinter jedem Gebüsch lauert das Verbrechen.«

Rosi brachte Peschl sein Pils an den Tisch. Er trank und wischte sich den Schaum von den Lippen. »Sag mal, Danner, die Dicke, mit der ich dich gestern gesehen habe, ist das deine neue Chefin?«

»Ich weiß nicht, mit wem du mich gestern gesehen hast«, wich Danner aus. Das Starkbier setzte ihm bereits ein wenig zu.

»Pepperkorn«, sagte Peschl und dehnte das Wort in die Länge. »Ein komischer Name.«

»Was ist daran komisch?«

»Den Namen gibt es hier bei uns gar nicht.«

»Sie kommt aus München.«

Peschl nickte. »Ich weiß, sie war dort bei der Kripo, und es lief nicht so, wie sie dachte. Man hat ihr einen Chef vor die Nase gesetzt, mit dem sie nicht klarkam.«

»Mir doch egal«, murmelte Danner.

»Eigentlich müsste sie Pfefferkorn heißen«, fuhr Peschl fort. »Ist jüdisch.«

»Quatsch!«

»Doch, das stimmt, ich hab nachgeforscht.«

Danner fuhr sich mit der Hand über die Stirn. Es wurde langsam Zeit für ihn, das Starkbier war ihm bereits zu Kopf gestiegen.

»Ihr Vorfahre ist um achtzehnhundertfünfzig nach Amerika ausgewandert«, erzählte Peschl. »Deswegen Pepperkorn. Im Krieg ist ihr Opa dann wieder nach Deutschland gekommen und hat sich hier verliebt. Er ist hiergeblieben und hat lauter kleine Pepperkörner gezeugt, und einer davon ist der Produzent deiner neuen Chefin, glaub mir, so ist das.«

Danner schüttelte den Kopf. »Spionierst du uns aus?«

»Ich bin bei der Presse, schon vergessen?«

Danner erhob sich. »Weißt du, was ich glaube, weißt du das?«

Peschl schüttelte den Kopf.

»Ich glaub, du hast sie nicht mehr alle«, lallte Danner, ehe er sich davon machte und langsam in Richtung Tür schwankte.

»Trotzdem, ihr liegt falsch, ihr werdet schon sehen«, rief ihm Peschl nach, doch das interessierte Danner schon nicht mehr, er brauchte jetzt unbedingt ein Bett und Ruhe, sehr viel Ruhe.

15

Kriminalinspektion Würzburg,
Weißenburger Straße

Danner hatte das Starkbier unterschätzt und eine harte Nacht hinter sich. Zum Glück stand das Zimmer im Hotel seiner Schwester immer parat. Nach Hause hätte er es wohl nicht mehr geschafft.

Gegen zehn Uhr erwachte er, duschte ausgiebig und nahm ein leichtes Frühstück zu sich, bevor er sich zur Dienststelle aufmachte. Eigentlich war Wochenende, und mit Klara war nichts ausgemacht. Weshalb auch. Horrheimer, der mutmaßliche Täter, saß hinter Gittern, und weitere dringende Befragungen standen nicht an und hatten auch noch bis Montag Zeit, dennoch trieb ihn der Fall ins Büro. Die Erfahrungen des gestrigen Tages hatten ihn ins Grübeln gebracht. Als er auf den Parkplatz fuhr, parkte er direkt neben Klaras rotem Beetle. Sieh an, dachte er bei sich, auch Klara hat am heutigen Samstag den Weg ins Büro angetreten. Neugierig suchte er ihr Büro auf, doch dort war abgeschlossen. Er fragte die Kollegen an der Pforte, wo er Hauptkommissarin Pepperkorn finden konnte, doch dort zuckte man nur mit den Schultern. Nachdenklich zog er sich in sein Büro zurück.

Bevor er sich hinter seinen Schreibtisch setzte, ging er in die kleine Küche, schaltete die Kaffeemaschine ein, dreht den Regler auf die höchste Stufe und wartete, bis das starke, dampfende Gebräu in seine Tasse geflossen war. Kaffee Nummer vier am heutigen Tag. Das Bier wirkte immer noch nach.

Er startete seinen Computer und griff nach dem Obduktionsbericht, der in seinem Posteingangsfach lag, schlug ihn auf und las, was Dr. Bach mit medizinischen Fachbegriffen gespickt zu Papier gebracht hatte. Als er zum Abschnitt über den Zustand der Leiche kam und las, man könne davon ausgehen, dass Kästner vor seinem Tod wohl Geschlechtsverkehr gehabt hatte, klappte er die Akte wieder zu und warf sie auf den Schreibtisch. Er griff zu seinem Handy und wählte die Nummer von Lydia Arzt, die er in der Kontaktliste abgespeichert hatte.

Die junge Sekretärin der Klosterbräu meldete sich nach einer Weile. Sie atmete schwer.

»Hallo Lydia, ich bin's, Tom.«

»Das sehe ich auf dem Display.«

»Hast du kurz Zeit?«

»Du hast einen Scheißjob, heute ist Wochenende und du armer Kerl musst arbeiten.«

»Was machst du?«

»Ich bin auf dem Tennisplatz.«

Danner runzelte die Stirn. »Du, wenn ich störe, dann rufe ich später an.«

»Nein, kein Problem«, entgegnete sie. »Ich habe gerade mein Match beendet und kann eine Pause gebrauchen. Also, wo drückt der Schuh?«

Danner räusperte sich. »Mich interessiert der letzte Mittwoch«, sagte er. »Weißt du, was Kästner so den Tag über alles getrieben hat?«

Einen kurzen Augenblick lang war nur ihr Atmen zu hören. »Mittwoch, warte mal. Das ist kaum drei Tage her, trotzdem muss ich überlegen.«

»Lass dir Zeit.«

»Na, als ich kam, war er schon im Büro«, fuhr sie fort. »Sein Wagen stand draußen auf dem Chefparkplatz. Ich gehe davon aus, er hat wieder oben in seiner Kemenate genächtigt.«

»Wann bist du angekommen?«

»Halb acht, würde ich sagen.«

»Und dann?«

»Um neun hatte er ein Onlinemeeting mit unseren Partnern in Tschechien, das ging fast bis dreizehn Uhr, dann ist er in die Stadt gefahren. Ich glaube er war beim Thai in der Pleichtorstraße, da ging er oft hin. Kurz vor zwei saß er dann wieder in seinem Büro.«

»Den ganzen Nachmittag?«

Wiederum dauerte es einen Augenblick. »Nee, das nicht. Zwischen zwei und vier war er weg. Ich weiß nicht, wo er war. Sein Auto stand noch draußen, aber ich habe ihn nicht gefunden. Ein Kunde wollte mit ihm sprechen.«

»Zwischen vierzehn und sechzehn Uhr, damit wir uns richtig verstehen?«

»Genau«, bestätigte Lydia. »Er muss wohl mit unserem Firmenwagen weggefahren sein. Der VW fehlte. Auf alle Fälle habe ich ihn nicht gefunden. Der Kunde meinte dann, es wäre nicht so wichtig, er würde sich morgen wieder melden.«

»Bis sechzehn Uhr, sagst du.«

»Ja, um vier war er mit Horrheimer im Sudhaus und hat die Polen beaufsichtigt, damit sie die Bottiche ordentlich auswaschen, die schludern gern mal ein bisschen. Da war er auch noch, als ich gegen sieben oder halb acht am Abend nach Hause ging. Den Rest weißt du ja.«

Danner nickte. Den Rest wusste er. Er bedankte sich bei Lydia und beendete das Gespräch. Als er über den Flur in die kleine Küche ging, lief ihm Stemmer über den Weg.

»Du bist ja da!«, sagte der Spurensicherungsexperte überrascht.

»Du ja auch«, entgegnete Danner. »Weißt du, wo Klara ist?«

Stemmer zuckte mit den Schultern. »Sie ist mit dem Olaf weggefahren, so gegen zehn. Wohin, weiß ich nicht.«

Danner nickte. »Was machst du eigentlich hier?«

»Tja, die Spuren klären sich nicht von allein«, stöhnte Stemmer.

»Seid ihr eigentlich mit dem Schlüssel vorangekommen?«

Stemmer schüttelte den Kopf. »In Arnstein passt er auch nirgends.«

Danner atmete tief ein. »Und das Handy?«

»Schrott, da geht nichts mehr. Es lag zu lange im Wasser und lässt sich nicht mehr trocknen.«

»Schade, ich hätte nämlich gerne gewusst, wo er sich am letzten Mittwoch zwischen zwei und vier am Nachmittag aufgehalten hat.«

Stemmer winkte ab. »Über das Handy keine Chance, aber der Provider könnte da weiterhelfen.«

»Telekom?«

»Eins und eins.«

»Könntest du da für uns eine Anfrage stellen?«

»Das gesamte Tagesprofil?«

»Ja, richtig. Wir müssen wissen, wo er sich den Tag über aufhielt.«

Stemmer zuckte mit den Schultern. »Die genauen Standorte werden wohl nicht mehr feststellbar sein, dazu bräuchten wir das Handy, aber eine Funkzellenauswertung müsste möglich sein.«

»Gut«, entgegnete Danner. »Noch eins, was ist eigentlich mit dem Laptop?«

Stemmer lächelte mitleidig. »Der liegt seit gestern beim LKA. Wir konnten die Verschlüsselung mit unseren Möglichkeiten leider nicht knacken, er hat einen Smart Cryptor verwendet.«

»Das kann dauern, oder?«

Stemmer nickte. »Zwei, drei Wochen bestimmt.«

»Okay, dann will ich dich nicht weiter aufhalten«, entgegnete Danner und setzte seinen Weg in die Küche fort. Draußen schien die Sonne. Einen kurzen Moment dachte er darüber nach, auf Klara zu warten, doch in knapp einer Stunde startete die Zweite Bundesliga. Er verstaute seine Tasse in der Spülmaschine. Als er eine halbe Stunde später die Dienststelle verließ, stand Klaras Beetle noch immer im Hof.

Bevor er nach Hause fuhr, ging er in der Stadt noch einkaufen. Doch seine Gedanken kreisten immer noch um Horrheimer und den Mord an Hans Peter Kästner.

Birkenhof bei Leinach, unweit Erlabrunn

Klara Pepperkorn war gegen neun Uhr zur Dienststelle gefahren. Auch sie ließ der Fall nicht in Ruhe. Horrheimer saß als Hauptverdächtiger in U-Haft, doch es konnte nicht schaden, alle weiteren Eventualitäten auszuschließen, schließlich sprachen bislang nur Indizien gegen den Braumeister. Einen echten Sachbeweis für die Tat gab es nicht.

Noch gab es weitere Verdächtige auf der Liste, und Klara hatte sich vorgenommen, dem Gerstenbauer Stoll aus Leinach auf den Zahn zu fühlen. Denn auch der spielte in den bisherigen Ermittlungen eine gewichtige Rolle. Sie hatte Olaf Stenzel angerufen und gebeten, sie bei der Befragung des Mannes, der als Choleriker beschrieben wurde, zu begleiten. Danner sollte das Wochenende mit seiner Flamme genießen, denn so wie Bea es beschrieben hatte, war diese Nadine nicht allzu oft bei ihm zu Gast.

Der Birkenhof lag außerhalb des kleinen Ortes, zwischen Leinach und Erlabrunn. Das Gehöft erschien ordentlich, und Stall, Scheune und Wohnhaus waren zusammen mit dem Innenhof wohl erst vor Kurzem saniert worden. Als sie den Audi vor der Scheune parkten und ausstiegen, empfing sie das laute Gebell des Hofhundes, der angeleint vor seiner Hütte auf und ab sprang und mit großer Ernsthaftigkeit seiner Aufgabe als Wachhund nachkam. Ein untersetzter, deutlich übergewichtiger Mann im Blaumann, mit Gummistiefeln an den Füßen und einem braunen Kordhut auf dem Kopf, kam aus dem Stall. Klara rümpfte angesichts der aufdringlichen Landluft die Nase.

»Still, Asta!«, rief der Mann mit lauter und befehlsgewohnter Stimme seiner vierbeinigen Wächterin zu, die daraufhin den Schwanz einzog, noch einen kurzen halbherzigen Laut von sich gab und sich anschließend trollte und in der Hütte verschwand. Der Mann mit Hut kam auf Klara zu.

»Morgen«, sagte er. »Wohl verfahren, oder?«

Klara überging die Bemerkung. »Siegfried Stoll?«, fragte sie.

»Wer will das wissen?«

Klara zückte ihren Dienstausweis und hielt ihn dem Mann unter die Nase. »Klara Pepperkorn, Kripo Würzburg, und das ist mein Kollege Stenzel. Können wir uns irgendwo ungestört unterhalten?«

»Dachte ich mir fast, dass ihr irgendwann bei mir aufkreuzt«, knurrte er Mann und wies auf das Wohnhaus.

»Weshalb dachten Sie sich das?«, fragte Klara.

Stoll zuckte mit den Schultern. »Na, wegen dem Kästner, weswegen sonst«, knurrte er und führte Klara und ihren Begleiter in die Stube. Dort bot er den beiden auf einer Eckbank Platz an, bevor er sich mit einem Seufzer auf einem Stuhl niederließ. »Hören Sie, Frau ...«

»Pepperkorn.«

»... Frau Pepperkorn«, fuhr der Landwirt fort. »Ich bestreite nicht, dass ich einen Streit mit diesem ... diesem ... Kästner hatte, aber erschlagen habe ich ihn nicht, obwohl ich ehrlich gestehen muss, dass mir sein Tod nicht leidtut und ich ihm keine Träne nachweine.«

»Weshalb hatten Sie Streit mit Kästner?«

»Dieser Halunke, der setzt dir ohne mit der Wimper zu zucken die Pistole auf die Brust ...«

Klara räusperte sich. »Ehrlich gesagt, verstehe ich nicht ...«

»Sehen Sie«, fiel er ihr ins Wort, »seit über zwanzig Jahren war mein Korn gut genug. Mit dem alten Winkler, der Kästners Vorgänger war, gab es nie Probleme. Und auf einmal kann er den zugesagten Preis nicht mehr halten. Ich muss billiger werden, sonst muss er sich anderweitig umsehen. Er kauft schon genug Korn aus Russland und der Ukraine zu und verarscht die Leute mit Sprüchen wie Nachhaltigkeit, biologisch kontrolliert und aus heimischer Produktion. In Wirklichkeit ist er ein Geier, der nur an den Profit denkt.«

»Tun das nicht alle?«, wandte Klara ein.

»Die anderen halten sich wenigstens an die Verträge«, knurrte Stoll. »Aber der Herr tut, was er will.«

»Also ging es um den Preis?«

Stoll ließ seinen Arm im weiten Rund kreisen. »Es geht um die Existenz. Ich habe investiert, das sieht man ja wohl. Mein Tag hat vierzehn Stunden, aber dem Herrn ist das egal. Da kommt es schon mal vor, dass einem der Gaul durchgeht.«

»Es gab einen heftigen Streit, kam mir zu Ohren.«

»Streit ... Streit, ich hab ihm eine Backpfeife gegeben, und die hat er verdient.«

»Und Sie haben ihm gedroht.«

Er winkte ab. »Nicht gedroht, ich habe es ihm gesagt, dass es so nicht weitergeht. Das war keine Drohung, das war ein Versprechen.«

Klara nickte. »Haben Sie ihn umgebracht?«

Stoll schüttelte den Kopf. »Soweit ich hörte, soll es Horrheimer gewesen sein. Den hat er ja auch behandelt wie einen Leibeigenen. Da hat es mein Hund ja besser.«

Klara überging den Einwand. »Herr Stoll, wo waren Sie am Mittwoch zwischen einundzwanzig und dreiundzwanzig Uhr?«

»Moment!«, entgegnete Stoll und erhob sich. Er ging zur Tür, öffnete sie und brüllte den Namen seiner Frau durch den Flur. Es dauerte eine Weile, bis die Angesprochene in der Küche ankam. Auch sie trug schwarze Gummistiefel; ihre Haare hatte sie unter einem blauen Kopftuch verborgen.

Stoll wies auf seine Besucher. »Die sind von der Polizei und wollen wissen, wo ich am letzten Mittwochabend war.«

»Am Mittwoch«, wiederholte die Frau.

Klara nickte. »Am Mittwoch zwischen neun und elf am Abend.«

Die Frau lächelte. »Da waren wir bei Antonia in Bamberg, wir sind erst am Donnerstag wieder zurückgefahren und haben dort übernachtet.«

»Antonia?«, fragte Klara.

»Unsere Tochter«, erklärte die Frau. »Sie hatte ihren Dreißigsten, und wir haben mit ihr gefeiert. Wir sind in der Frühe losgefahren und bis Donnerstag geblieben.«

»Dann bräuchte ich den Namen, die Adresse und eine Telefonnummer ihrer Tochter.« Klara zückte ihr Notizbuch.

»Brauchen wir nicht, Antonia ist hier, wir können sie direkt fragen.«

Sie fanden Stolls Tochter mit ihrer dreijährigen Tochter auf einem kleinen Spielplatz zwischen Stall und Scheune. Antonia Haller, die Tochter des Hauses, bestätigte glaubhaft das Alibi des Mannes. Und wieder konnte ein weiterer Name eines Verdächtigen von der Liste gestrichen werden. Aber brauchte man diese Liste überhaupt noch?

Klara war sich nicht sicher. Horrheimer saß in Haft, aber zum ersten Mal war sie unsicher.

»Wir sind Christenmenschen«, riss die Frau Klara aus ihren Gedanken. »Wir wünschen niemanden etwas Böses, das können Sie mir glauben. Aber der Kästner, der war mit dem Teufel im Bunde. Der arme Horrheimer, jetzt muss er ins Gefängnis, obwohl es sicher genug Leute gibt, die froh sind, dass Kästner nicht mehr da ist.«

16

Kriminalinspektion Würzburg,
Weißenburger Straße

Klara hatte am Sonntag mit ihrer Freundin Bea einen Ausflug nach Vierzehnheiligen unternommen, mehr Bea zuliebe als aus eigenem Antrieb. Sie waren mit Mahler-Busreisen gefahren, und obwohl sie nicht viel von der Kirche hielt, hatte sie sogar an einer Heiligen Messe teilgenommen.

Zum Mittagessen waren sie im Goldenen Hirsch eingekehrt. Es gab Wildragout mit Knödel und Rotkohl, und Bea verschlang das Essen mit Genuss, während Klara eher lustlos mit der Gabel im Rotkohl rührte.

»Was ist, keinen Hunger?«

Klara zuckte gedankenverloren mit den Schultern und blickte mit trüben Augen durch das Fenster hinaus auf die Basilika.

»Du gefällst mir heute gar nicht«, fuhr Bea schmatzend fort. »Stimmt was nicht?«

Klara winkte ab. »Ich bin nur in Gedanken.«

Bea zwinkerte Klara zu und nickte heimlich in Richtung des Nebentisches, an dem drei Männer saßen und sich mit Bierkrügen zuprosteten.

»Die drei genießen den Tag«, flüsterte Bea süffisant. »Der dunkelhaarige wär genau der Richtige für dich. Schätze, der ist fünfzig und hat auch niemanden.«

Klara schüttelte den Kopf. »Hör auf damit!«, bemerkte sie leise.

»Wieso, dann kämst du endlich mal wieder auf andere Gedanken und müsstest nicht immer Trübsal blasen.«

Klara kniff die Lippen zusammen. »Es ist gut so wie es ist!«
»Ist es nicht.«
»Du bist doch auch allein.«
Bea schob ein Stück Fleisch in den Mund. »Schon«, entgegnete sie. »Aber bei mir ist es anders. Ich war schon drei Mal verheiratetet und bin zu dem Schluss gekommen, dass ich niemanden neben mir brauche, der nie den Klodeckel herunterklappt und mir in der Nacht den Schlaf mit seinem Schnarchen raubt.«
»Da siehst du es«, bemerkte Klara trocken.
»Ich hab meine Erfahrungen gemacht, und es waren keine guten, aber bei dir wäre es die Premiere. Man sollte wissen, wovon man spricht.«
»Danke, aber mir ist nicht danach.«
Bea wiegte den Kopf hin und her. »Na ja, vielleicht kommst du noch auf den Geschmack. Wir sind vielleicht noch ein bisschen schattig um die Hüften, aber wir arbeiten ja daran.«
»Zwanzig Minuten auf dem Laufband reichen da aber nicht.«
Bea runzelte die Stirn.
»Anja sagt, allein um einen Cocktail abzutrainieren, braucht man vierzig Minuten.«
»Anja sagt …«, äffte Bea Klara nach. »Mir ist egal, was Anja sagt. Bei der schimmern ja schon die Knochen durch das Shirt. Und jetzt iss, bevor du mir auf der Wanderung zusammenklappst!«
Den Rest des Tages verbrachten sie mit einer Wanderung rund um die Basilika, und auch der Nachmittagskaffee samt Kuchen durfte nicht fehlen. Dennoch war Klara sehr zum Leidwesen ihrer Freundin nicht bei der Sache. Sie war froh, als es am Abend zurück nach Würzburg ging. Auch den Abschluss im Ratskeller ließ sie sausen. Ihr sei nicht gut, entschuldigte sie sich bei Bea.

»Das ist, weil du am Mittag nicht richtig gegessen hast«, lautete Beas vorwurfvoll dargelegte Diagnose. Doch das war es nicht. Klara ging es nicht schlecht, zumindest nicht körperlich, doch in ihren Gedanken drehte sich andauernd das Karussell. Es kreiste um den Fall, den sie gerade bearbeitete, und um Horrheimer, der sicher in einer Zelle der Würzburger Justizvollzugsanstalt saß. Zu Recht?

Am nächsten Morgen gegen halb acht fuhr sie auf den Parkplatz der Dienststelle und sah, dass Danners gelber Porsche mit dem Frankfurter Kennzeichen, der eigentlich seiner viel zu jungen Freundin gehörte, bereits in einer Parkbucht stand.

Sie benutzte die Treppe. Als sie an Danners Büro vorbeikam, warf sie einen Blick durch den Türspalt und sah lediglich Danners schmutzig weiße Turnschuhe, in denen seine Füße steckten, die er auf dem Schreibtisch liegen hatte. Als sie klopfte, verschwanden die Füße.

»Ja!«, rief Danner, und sie trat ein.

Danner richtete sich auf. Er lümmelte auf dem Stuhl, eine blaue Akte in der Hand.

»Guten Morgen«, grüßte Klara. »Schon hier?«

Danner nickte.

»Schönes Wochenende gehabt?«

»Geht so, die Kickers haben gestern drei zu eins gegen den SV Meppen verloren.«

»Das tut mir aber leid.«

Danner zuckte mit den Schultern. »Wenn das so weitergeht, spielen die demnächst wieder in der Regionalliga.«

»Ist das schlimm?«, fragte Klara.

Danner winkte ab. »Du warst am Samstag hier?«

Sie verzog die Mundwinkel. »Woher weißt du das?«

»Ich auch.«

Klara seufzte und zog sich einen Stuhl heran. »Glaubst du, wir haben den Mörder?«

Er zuckte mit den Schultern.

Sie zeigte auf die Akte. »Was hast du da?«

Danner atmete tief ein. »Das ist die Akte vom tödlichen Betriebsunfall von Kästners Vorgänger, Helmut Winkler.«

»Steht was Interessantes drinnen?«

Danner schnitt eine Grimasse. »Winkler starb bei einem Unfall, so lautete das Ergebnis der Untersuchung.«

»Wer hat damals ermittelt?«

»Weisinger.«

»Waldi Weisinger?«

Danner nickte.

Klara strich sich eine Strähne aus dem Gesicht. »Den werden wir nicht mehr fragen können, der ist letztes Jahr gestorben.«

Danner warf die Akte auf den Tisch. »Ja, das ist wohl so. Klein war damals sein Assistent, der weilt inzwischen auch nicht mehr unter den Lebenden.«

»Klein? Den kenn ich gar nicht.«

»War vor deiner Zeit«, entgegnete Danner. »Der war damals schon fast sechzig und ließ es langsam auslaufen.«

Klara rückte mit ihrem Stuhl ein klein wenig auf Danner zu. »Gibt es denn darin Anzeichen, dass es kein Unfall war?«

Danner schüttelte den Kopf. »Das nicht, nur der damalige Hausmeister, Stanislaw Olschowski behauptete immer, dass es kein Unfall war. Beweise für Fremdverschulden gab es zwar nicht, aber eigentlich war Olschowski so was wie das Mädchen für alles. Er hatte ein paar Wochen zuvor die Fassregale überprüft und repariert.«

»Vielleicht fühlte er sich an der Sache schuldig und hat deswegen behauptet, dass es kein Unfall war«, mutmaßte Klara.

Danner überlegte kurz. »Kann schon sein.«

»Hat Kästner damals schon hier gearbeitet?«

»Aufstrebender Assistent der Geschäftsleitung mit innovativen Ideen«, bemerkte Danner.

»Na ja, die werden damals schon gründlich gewesen sein«, entgegnete Klara. »Nur ob wir gründlich genug waren, da bin ich mir nicht mehr so sicher. Übrigens, den Bauern aus Leinach können wir streichen, der hat ein Alibi.«

Danner runzelte die Stirn. »Du warst bei ihm?«

Klara nickte.

»Dann sollten wir uns auch um diese Prinzessin aus Kitzingen und ihren Vater kümmern, denn da gibt es ein paar Neuigkeiten. Sie ist derzeit in Werneck in der Psychiatrie, und in ein paar Minuten weiß ich auch, weshalb sie dort ist.«

Klara stimmte zu. »Okay, das sollten wir, aber zuerst müssen wir diese unsägliche Pressekonferenz hinter uns bringen.«

»Wir nicht, du!«, sagte Danner. »Du, unser Boss, Oberstaatsanwalt Reichert höchstpersönlich und Jäger von der Pressestelle. Um zehn im Großen Saal. Ich bin nicht eingeladen.«

»Woher weißt du das?«

Danner wies auf den Computerbildschirm. »Du findest die Mail im Eingang.«

Kantine, Landesamt für Finanzen, Würzburg

Die Pressekonferenz hatte sich verzögert. Mit dem großen Ansturm hatte wohl niemand gerechnet. Sogar der Bayerische Rundfunk hatte sich mit einem Kamerateam eingefunden. Der Saal war brechend voll, und die Veranstaltung startete erst gegen elf Uhr. Danner lehnte neben dem Haupteingang an der Tür und wartete, bis der Pressesprecher der Polizei die Veranstaltung eröffnete, doch dann verließ er die in seinen Augen überflüssige Show. Sein Magen knurrte. Er verließ das Dienstgebäude und ging hinüber zum Landesamt für Finanzen; dort gab es heute gebackene Leber in der Kantine.

Nachdem er sich an der Essensausgabe bedient hatte, setzte er sich an einen freien Tisch und genoss das warme Mittagsmahl.

»Dou schau on, derr Fozzy«, hallte es plötzlich durch die spärlich besetzte Kantine, und schon platschte ein prall gefülltes Tablett mit Suppe, Fleischkäse, Salat und Nachtisch direkt neben Danner auf den Tisch. Danner blieb beinahe der Bissen im Hals stecken. Er blickte auf. Robert Mühling, Robby genannt, stand mit breitem Grinsen vor dem Tisch. Ohne lange um Erlaubnis zu fragen, zog er seinen Stuhl zu sich heran und ließ sich nieder.

»Hallo, Robby, schon lang nicht mehr gesehen«, begrüßte Danner seinen langjährigen Freund, der aus dem Mainviertel stammte und ebenso wie er ein waschechter Würzburger war. Bis vor sechs Jahren hatte er hier im Landesamt gearbeitet, bis er wegen eines schweren Bandscheibenvorfalls in Frühpension gegangen war. Ein Lottogewinn hatte ihm seinen Lebensabend zusätzlich versüßt. Dennoch kam er nach wie vor oft hierher in die Kantine zum Essen.

»Woar unnerwegs, in Bassau«, erklärte er und streichelte über seinen gezwirbelten Oberlippenbart, den er hegte und pflegte und mit dem er hin und wieder sogar an Wettbewerben teilnahm.

Danner wies auf Mühlings Bart. »Und, gewonnen?«

Mühling schüttelte den Kopf und schlürfte seine Suppe. »Siebder«, sagte er schmatzend.

»Immerhin.«

»Sin heud um viera hamkummen«, fuhr Robby im breitem Fränkisch fort. »Koffer weg, was en Gscheiß.«

»Und, hast du ihn wiedergekriegt?«

Robby Mühling nickte. »Habn im falschen Bus gloden, derr Deppmhaufm, wor a Mords Gwärch.«

»Na, dann«, bemerkte Danner und widmete sich wieder seiner geschmorten Leber.

»Soog amol«, fuhr Robby schmatzend fort. »Ihr hobds enn Horrheimer eigschberrd?«

»Ja, haben wir«, bestätigte Danner.

»Derr beschde Gaul im Stoll bei derr Kloschder. Und derr soll demm Kaschdner derr Bulmes eigschlougn hom?«

Danner zuckte mit den Schultern. »So sieht es bislang aus.«

»Des glabsd doch selbst ned.«

Danner überging die Bemerkung und schob sich einen weiteren Bissen in den Mund.

»Wos soogd derr Wagner de'zou?«

Danner schob seinen leeren Teller zur Seite und putzte sich den Mund mit der Serviette ab. »Was soll er sagen. Mit mir hat er nicht gesprochen.«

»Demm wirds bstimmd ned gfolle«, fuhr Robby fort. »Derr Kaschdner wär eh ball wech gwesn, wos mer heeärd, aberr derr Horrheimer, den brauchd'r no, derr is derr Kuubf beim Kloschder. Wirschd seeng, derr boxd no raus, glaab mer's.«

Danner spitzte die Ohren, doch bevor der antworten konnte, waren sie von weiteren Rentnern umringt, die sich um Robby versammelten und ihm ob seiner erfolgreichen Teilnahme an der niederbayerischen Bartschau in Passau anerkennend und mit großem Hallo auf die Schulter klopften. Danner wurde es zu laut und zu hektisch, und der Rest Kartoffelpüree auf seinem Teller war längst schon kalt. Er erhob sich und machte Platz.

»Wir telefonieren!«, sagte er zu Robby, bevor er ging. Doch sein Freund nickte nur, er war längst schon in die Schilderung seines Bartschau-Triumphs vertieft.

17

Kriminalinspektion Würzburg,
Weißenburger Straße

Die Pressekonferenz hatte bis weit nach Mittag gedauert. Klara hatte Hunger. Sie hatte sich ein Quarkmüsli mit Himbeeren angerichtet und im Kühlschrank deponiert. Als sie in die kleine Küche am Ende des Flures kam, saß Stemmer von der Spusi am Tisch und unterhielt sich mit der jungen Kollegin, die vom Streifendienst in die Ermittlungsgruppe abgeordnet worden war. So wie sie miteinander scherzten, schien es nicht um die Arbeit zu gehen.

»Stemmer, halten Sie meine Leute schon wieder von der Arbeit ab?«, fragte Klara streng. Die junge Kollegin lächelte verlegen, ehe sie sich erhob, ihren leeren Teller schnappte, in die Spülmaschine stellte und mit einem kurzen Nicken die kleine Teeküche verließ.

»Nein«, entgegnete Stemmer. »Ich hab euch gesucht. Wie war die Pressekonferenz?«

»Großes Theater«, antwortete Klara Pepperkorn. »Weshalb haben Sie mich gesucht?«

Stemmer lächelte. »Wir könnten ruhig du zueinander sagen, schließlich müssen wir miteinander arbeiten.«

Klara überlegte einen kurzen Augenblick, dann streckte sie dem Kollegen von der Spurensicherung die Hand entgegen. »Ich heiße Klara«, sagte sie.

Stemmer ergriff die Hand. »Berthold, aber alle nennen mich Bert.«

Klara ging zum Kühlschrank, nahm die Tupperschüssel mit dem Müsli heraus, holte einen Löffel aus dem Besteckkasten und setzte sich neben Stemmer an den Tisch. »Ich hab einen Mordshunger. Wo ist eigentlich Danner?«

»In der Stadt, beim Essen.«

»Okay, was habt ihr für uns?«

Stemmer griff in seine Hosentasche. »Der Provider von Kästners Handy hat uns die Log-Dateien übersandt«, erklärte er. »Demnach war Kästners Handy von Mitternacht bis zum Nachmittag im Funkmast zweiunddreißig-FM Würzburg Nord eingeloggt. Der Funkmast deckt den Bereich ab, in dem die Brauerei liegt.«

»Dann war er die gesamte Zeit über im Büro?«

»War er nicht«, ertönte Danners Stimme von der Tür her. Klara und Stemmer blickten auf.

»Was habt ihr da?«, fragte Danner.

»Die Log-Dateien von Kästners Handy am Tattag«, entgegnete Stemmer.

»Er muss weg gewesen sein.«

»War er auch«, stimmte Stemmer zu. »Von vierzehn Uhr elf bis fünfzehn Uhr achtundfünfzig. Dann kehrte er auf das Gelände zurück, und um einundzwanzig Uhr achtundzwanzig loggte sich das Handy komplett aus.«

Danner sah Klara an. »Dann ist das wohl die Tatzeit«, mutmaßte er.

»Er wurde niedergeschlagen, stürzte in den Bottich, und das Handy wurde nass und bekam einen Kurzschluss«, murmelte Klara bestätigend und kaute auf ihren Körnern herum.

»Wo war er von zwei bis vier?«, fragte Danner.

Stemmer schaute auf seine Übersicht. »Er ist wohl Richtung Margetshöchheim gefahren, dort war sein Handy für eine Stunde und zwanzig Minuten am Funkmast vierundzwanzig-FM Margetshöchheim Ost eingeloggt, bevor er wieder in die Firma gefahren ist.«

»Margetshöchheim«, murmelte Danner nachdenklich.

»Der Radius des Funkmasts beträgt etwa zehn Kilometer, eine nähere Eingrenzung ist durch den Provider nicht möglich.«

»Wo steht der Mast?«, fragte Klara.

»Am Eisenbahntunnel«, antwortete Stemmer.

»Dann kann er dort überall gewesen sein«, seufzte Danner. »Gab es Anrufe?«

»Sieben«, bestätigte Stemmer. »Wir sind noch bei der Abklärung.«

Klara hatte ihre Schüssel leergegessen und schob sie zur Seite. »Wie weit seid ihr mit der Auswertung von Horrheimers Laptop und dem Handy?«

»Mit dem Laptop sind wir durch. Ein paar harmlose Pornofilme, sonst nichts Verdächtiges.«

»Kein Hinweis auf eine pädophile Neigung?«, fragte Klara.

»Nichts.«

»Das Handy?«

»Liegt noch bei der IT, die Appledinger brauchen etwas länger, da benötigen wir Unterstützung vom LKA.«

»Dann sollte man das beschleunigen, Herr Stemmer!«

»Bert.«

»Ach ja, Bert«, berichtigte Klara.

Stemmer nickte und erhob sich. »Ich melde mich«, sagte er, bevor er die Teeküche verließ.

»Gibt es Neuigkeiten zum Safeschlüssel?«, rief ihm Danner nach, doch Stemmer winkte nur ab, bevor er um die Ecke verschwand.

Klara wartete, bis er gegangen war, ehe sie Danner anschaute. »Was machen wir?«

»Wir fahren nach Werneck, sagte ich das nicht?«

Klinik für Psychiatrie, Schloss Werneck

»Das war eine Show, ganz alleine für Reichert«, berichtete Klara von der Pressekonferenz. »Wie ein Schulkind saß ich auf meinem Stuhl und spielte die Statistin, während der Herr Staatsanwalt vom Leder zog. Ich hasse solche Veranstaltungen. Das ist pure Zeitverschwendung.«

»Wahrscheinlich hat er Ambitionen«, bemerkte Danner und bog nach rechts auf die B 19 ab.

»Was machen wir denn jetzt in Werneck?«

»Ganz einfach«, entgegnete Danner und setzte zum Überholen eines langsam fahrenden Lasters an. »Die Maiprinzessin hat sich tatsächlich die Pulsadern aufgeschnitten. Vier Tage bevor Kästner erschlagen wurde.«

»Woher weißt du das?«

Danner blinkte rechts und scherte wieder ein. »Aus dem Tagesbericht der Kitzinger Kollegen vom vergangenen Sonntag.«

»Dürfen wir denn zu ihr?«

Danner nickte. »Ich kenne jemand aus der Verwaltung in Werneck, die Schnitte waren wohl nur oberflächlich, sie ist ansprechbar und eigentlich wieder wohlauf, was die Sache mit den Pulsadern betrifft. Das andere ist weitaus schwieriger.«

»Das andere?«, wiederholte Klara fragend.

»Sie leidet unter einem posttraumatischen Angstsyndrom«, erklärte Danner. »So ganz richtig hab ich das auch nicht verstanden. Aber es liegt wohl daran, dass es damals bei der Abtreibung Komplikationen gab.«

»Das ist eine schlimme Sache.«

»Ja, sehr schlimm, und das ist auch nicht ihr erster Selbstmordversuch«, bestätigte Danner. »Ihr Vater hat Kästner dafür verantwortlich gemacht und hat ihm aufgelauert.«

»Und du meinst, dieser erneute Versuch könnte Auslöser dafür gewesen sein …«

»Genau das meine ich«, bestätigte Danner. »Ich bin mir bei Horrheimer nicht mehr so sicher.«

»Ich auch nicht«, seufzte Klara. »Ging mir alles zu glatt.«

Sie erreichten Werneck kurz nach 14 Uhr und parkten den Dienstwagen an der Zufahrt zum Schloss. Danner positionierte die polizeiliche Anhaltekelle an der Windschutzscheibe, um allzu übereifrigen Kollegen zu signalisieren, dass es sich bei dem blauen Audi um einen Dienstwagen handelte und sie ihre Strafzettel stecken lassen konnten. Über einen mit Bäumen gesäumten Fußweg gingen sie hinüber zur Klinik. Dank Danners Beziehungen wurden sie an der Rezeption von seiner Bekannten abgeholt und in den Park geführt. Auf einer Bank an den künstlich angelegten Teichen rund um das futuristische Gebäude saß eine bleiche junge Frau mit blonden Haaren, in eine Decke gehüllt, auf einer Bank und schaute den zahlreichen Enten zu.

»Ich habe den Arzt gefragt«, sagte Danners Bekannte. »Es geht in Ordnung, aber sei behutsam.«

Danner nickte, und die Frau ging in Richtung des Verwaltungsgebäudes davon.

»Lass mich machen«, bat Klara in Erinnerung an die wenig sensible Befragung von Kästners Ehefrau kurz nach dessen Tod.

Danner lächelte. »Nur zu, ich warte hier. Aber frag sie, ob sie weiß, dass Kästner nicht mehr unter den Lebenden weilt.«

Klara nickte und schlenderte auf die Bank zu, auf der Lisa Struck, die ehemalige Kitzinger Prinzessin vom Kitzinger Bleichwasen, Platz genommen hatte.

Sie blieb stehen und nickte der jungen Frau zu, die keinerlei Notiz von ihr nahm. Wie zufällig setzte sie sich nebenan auf die Bank. Erst jetzt löste Lisa Struck ihren Blick vom Ententeich und schaute Klara fragend an.

»Ist doch okay, wenn ich hier sitze?«, fragte Klara.

Die junge Frau nickte.

»Schön hier.«

»Wie man's nimmt«, entgegnete Lisa Struck mit zarter Stimme.

Klara wies auf die beiden eingebundenen Handgelenke. »Tat es sehr weh?«

Lisa Struck schüttelte den Kopf.

»Aber gesund ist das nicht.«

»Wenn schon.«

Klara atmete tief ein. »Wie ich hörte, war das nicht das erste Mal.«

Lisa Struck warf ihr einen bösen Blick zu.

»Was sagt ihr Vater dazu?«

Die junge Frau schüttelte den Kopf. »Was wollen Sie von mir?«

Klara fasste in ihre Tasche und zog ihren Dienstausweis hervor. »Mit Ihnen reden.«

»Hören Sie, es war ...«

»Ich habe gehört, was Ihnen passiert ist«, fiel ihr Klara ins Wort. »Den Kerlen darf man einfach nicht über den Weg trauen.«

Lisa wandte den Kopf. »Was wissen Sie schon!«

»Tja, was weiß ich schon«, seufzte Klara. »Aber ich würde zumindest mein Leben wegen Kästner nicht einfach wegwerfen.«

Wenn Blicke töten könnten, wäre Klara augenblicklich von der Bank gefallen.

»Was soll das, was reden Sie ... wegen Kästner ... ich meine ... ich hab keinen Bock auf die Scheiße ...«

Klara nickte. »Ich verstehe Sie. Da gibt es einen Kerl, der

sich für einen interessiert, noch dazu ein erfolgreicher Mann, ein echter Charmeur, dann lässt man sich darauf ein, und plötzlich zeigt er einem die kalte Schulter. Das muss sehr enttäuschend gewesen sein. Noch dazu, wenn man danach ein Kind erwartet.«

»Wird das eine Moralpredigt?«, zischte Lisa.

»Ich weiß es nicht, aber ich würde es gerne verstehen. Schließlich haben Sie versucht, sich umzubringen. Und ihr Vater ist sich sicher, dass Kästner der Grund dafür ist.«

Lisa Struck machte große Augen. »Mein Vater? Lassen Sie meinen Vater aus dem Spiel.«

»Würde ich gerne, aber ...«

»Das ist Jahre her ... außerdem habe ich nur mit ihm gefickt, mehr war nicht ... ich will doch nichts von so einem alten Kerl ... das war nur, weil ...«

Sie verstummte.

»Weil?«

»Das geht Sie überhaupt nichts an! Da war nichts ...«

»Und das Kind?«

Lisa schoss von ihrem Platz hoch, sodass die Decke auf den Boden fiel.

Klara griff nach ihrer Hand. »Hören Sie, ich muss einen Abschlussbericht schreiben, schließlich haben Sie versucht, sich die Pulsadern aufzuschneiden. Ich tue das hier auch nicht gern. Jetzt beruhigen Sie sich wieder und lassen Sie uns miteinander reden, von Frau zu Frau, ganz normal. Und laufen Sie verdammt noch mal nicht immer davon, wenn es mal eng wird.«

Lisa zögerte einen Augenblick. Schließlich bückte sie sich, hob die Decke auf und nahm wieder neben Klara Platz.

»Das war damals nur eine Affäre«, berichtete Lisa. Tränen kullerten über ihre Wangen.

»Mit Kästner?«

Lisa nickte. »Julian hat mit mir Schluss gemacht und da ...«

»Ihr Freund?«

Lisa nickte. »Ich dachte ... ach, ich weiß auch nicht. Der Kerl war halt da, und dann ist es passiert. Vielleicht wollte ich Julian damit nur ... aber mehr war da nicht. Einmal, und dann war es vorbei. Ich war da nicht bei Sinnen.«

Klara runzelte die Stirn.

»Dann war das Kind gar nicht von Kästner, sondern von Julian?«

Lisa Struck wischte sich die Tränen von der Wange und nickte.

»Weiß das ihr Vater?«

Wiederum nickte Lisa unmerklich.

Klara atmete tief ein. »Ihr Vater hat damals Kästner für die Sache verantwortlich gemacht, wissen Sie das?«

»Ich weiß, aber ich habe mit ihm darüber geredet.«

»Gleich, nachdem das mit dem Eingriff ...«

Lisa schüttelte den Kopf. »Erst später«, sagte sie. »Ich konnte ihm doch nicht sagen, dass ich mit Julian ... es ist alles so verrückt, verstehen Sie?«

»Wieso konnten Sie das nicht?«

»Das ist ... das ist ... aber weswegen fragen Sie mich laufend nach diesem Kästner, das war einmal und mehr nicht.«

»Sie hatten keinen Kontakt mehr zu ihm?«

»Gott behüte!«, seufzte Lisa. »Das ist ein alter Mann, was will ich mit dem?«

»Dieser Julian«, fuhr Klara fort. »Ist der noch hier, ich meine, wohnt der noch immer in Ihrer Nähe?«

Sie schüttelte den Kopf. »Der ist weg, weit weg. Vater hat dafür gesorgt. Er ist in Australien, und er kommt auch nicht mehr wieder.«

Klara überlegte kurz, doch dann nahm sie den direkten Weg. »Wissen Sie eigentlich, dass Kästner tot ist?«

Sie beobachtete Lisa Struck genau, doch das Gesicht der jungen Frau zeigte keinerlei Reaktion. »Nein, davon weiß ich nichts«, entgegnete sie nüchtern.

Klara lächelte. »Danke«, antwortete sie. »Ich empfehle Ihnen, bringen Sie Ihr Leben wieder auf Vordermann und vergessen Sie diesen Julian. Erholen Sie sich gut und nehmen Sie etwas für sich von hier mit. Ich bin sicher, diese Leute hier wissen, was sie tun.«

Sie erhob sich und ging auf dem Fußweg zurück zu Danner, der auf einer anderen Bank Platz genommen hatte. Sie erzählte ihm, was sie gerade von Lisa erfahren hatte. »Trotzdem sollten wir uns Struck vornehmen. Wer weiß, ob er wirklich alles richtig verstanden hat, was ihm seine Tochter erzählt hat.«

»Gut, machen wir.«

Danner erhob sich und griff nach seinem Handy. Er wählte die Nummer des Kitzinger Kollegen, der Lisas Selbstmordversuch bearbeitete, und fragte ihn, ob ihm im Zuge seiner Ermittlungen ein gewisser Julian untergekommen sei. Der Kollege bat sich einige Sekunden aus, um die Akte im Computer aufzurufen.

»Hier gibt es einen Julian«, sagte er, nachdem Danner und Klara bereits wieder ihren Wagen erreicht hatten. »Julian Struck, achtundzwanzig. Hält sich in Australien auf und ist dort Agrartechniker. Das ist der einzige Julian, mit dem ich aus der Akte dienen kann.«

»Der Bruder von Lisa?«, fragte Danner vollkommen überrascht.

»Halbbruder«, berichtigte der Kitzinger Kollege. »Stammt aus Hartmut Strucks erster Ehe, wohnte aber bei der Familie und studierte in Würzburg.«

»Interessant«, bemerkte Danner. »Danke dir.«

Als er sich hinter das Steuer setzte, warf ihm Klara, die das Gespräch am Rande mitbekommen hatte, einen fragenden Blick zu.

»Das Mädchen hat recht, das ist eine verrückte Sache«, sagte Danner und startete den Motor.

18

Kriminalinspektion Würzburg,
Weißenburger Straße

Die Rückfahrt war ein wenig beschwerlicher, denn der Feierabendverkehr hatte inzwischen eingesetzt, und am Greinbergknoten stauten sich die Fahrzeuge dicht an dicht. Es hatte zu regnen begonnen, ein kühler Wind blies von Nordosten über die Stadt. Danner hatte Lust auf einen Kaffee und stoppte zuvor noch an einer Bäckerei, bevor sie in die Tiefgarage der Dienststelle fuhren.

»Dass du immer ans Essen denken musst«, tadelte Klara ihren Kollegen, der stolz mit einem Stück Linzertorte den Flur entlangging. Sehr zu ihrer Überraschung warteten Marcel und Nina noch auf der Dienststelle. Die anderen waren bereits gegangen.

»Stemmer war noch mal hier«, erklärte Nina. »Er hat uns die Anrufliste von Kästners Provider vorbeigebracht. Insgesamt sieben Telefonate. Meist mit Händlern und einmal mit seinem Chef, Dr. Wagner.«

Danner stellte seinen Kuchen auf dem Tisch ab und griff nach der Liste. »Acht Uhr zweiunddreißig, intern, Dauer vier Minuten. Zehn Uhr vierundfünfzig, BayWa, Nürnberger Straße, Dauer elf Minuten. Dreizehn Uhr vier, intern, Dauer zehn Minuten«, las Danner vor, bevor ihm Klara die Übersicht aus der Hand nahm.

»Ich kann selbst lesen«, sagte sie.

Zwei weitere Anrufe zwischen 13 und 14 Uhr waren ebenfalls Firmenkunden, doch der Anruf um 13.52 Uhr, kurz bevor Kästner die Firma verlassen hatte, stammte von einem

Prepaidhandy, bei dem kein Teilnehmer eingetragen war. Dieselbe Nummer hatte ihn noch einmal gegen 14.12 Uhr angerufen. Beide Gespräche waren nicht länger als drei Minuten gewesen. Der letzte Anruf kurz nach 20 Uhr stammte von Dr. Wagner und war von einer Leitung aus München geführt worden. Dieses Gespräch hatte siebzehn Minuten gedauert. Selbst hatte Kästner an diesem Tag mit seinem Handy niemanden angerufen.

»Wir müssen herausfinden, wem diese Prepaidnummer gehört«, sagte Danner.

»Das ist ein Telefon der Firma Infotalk«, erklärte Nina. »Die laufen im D2-Netz und werden in Billigsupermärkten angeboten. Ein einfaches Handy und die Karte mit zehn Euro Guthaben für neunzehn Euro neunzig. Manchmal machen die auch Aktionen und verkaufen an Ständen oder auf Messen. Man kriegt zwar eine E-Mail-Adresse, um sich dort anzumelden, aber wenn man das nicht tut, kann man trotzdem das Guthaben abtelefonieren.«

»Das bedeutet?«, fragte Klara.

»Wenn sich der Käufer nicht angemeldet hat, kommen wir nur weiter, indem wir den Verkäufer ausfindig machen, und das auch nur, wenn der den richtigen Namen des Käufers im Kaufvertrag eingetragen hat«, erklärte Marcel. »Deswegen werden diese Handys auch gerne von den Dealern unserer Stadt benutzt. Niemand ist darauf registriert, man kann sie nicht abhören und schon gar nicht herausfinden, wer der Besitzer ist, wenn der es nicht will.«

»Schon gut, ich hab verstanden.«

Danner hatte sich inzwischen seinem Kaffee und seinem Stück Kuchen zugewandt.

»Was sagst du dazu?«, fragte Klara.

Danner zuckte mit den Schultern. »Kümmern wir uns morgen um Struck, dann werden wir sehen.«

»Daraus wird wohl nichts«, widersprach Nina. »Der Chef war da. Horrheimer hat sich gemeldet, er will mit euch sprechen.«

»Horrheimer, alleine?«

Nina schüttelte den Kopf. »Mit seinem Anwalt. Morgen um elf in der JVA. Krug meint, der will sicher gestehen.«

Danner warf Klara einen fragenden Blick zu, doch die zuckte nur mit den Schultern.

»Ist das sicher oder nur eine Annahme von Krug?«, fragte Klara.

Nina verzog ihre Mundwinkel. »So habe ich den Chef verstanden.«

Baufirma Struck, Innopark Kitzingen

Sie hatten den Feierabend verschoben und waren noch einmal losgefahren. Sicherlich würden sie Hartmut Struck bei sich an der Wohnung antreffen. Bevor Danner morgen mit Horrheimer sprach, wollte er Gewissheit, dass er Struck von der Liste streichen konnte. Klara erging es genauso. Sie war ebenfalls überrascht, dass sich Horrheimer zur Sache äußern wollte, hatte er doch zuvor vehement die Aussage verweigert.

Am Wohnhaus in der Schillerstraße klingelten sie vergeblich, doch eine Nachbarin sagte ihnen, dass Struck wohl noch in seiner Firma sei, die im Innopark der Stadt ihren Sitz hatte.

Also fuhren sie in das Industriegebiet, das abseits der Bundesstraße südwestlich der Stadt lag.

Hartmut Struck leitete eine kleine Baufirma mit fünf Mitarbeitern, die sich hauptsächlich um Industriebauten kümmerte. Er war gerade im Büro damit beschäftigt, Abrechnungen zu schreiben. Ein Mitarbeiter aus dem Osten, unschwer an seinem Akzent zu erkennen, führte Danner und seine Begleiterin in das kleine Verwaltungsgebäude.

»Guten Abend, Herr Struck«, grüßte Danner und zeigte seinen Dienstausweis vor.

»Kriminalpolizei«, las der große und kräftige Mann mit dem etwas verwegenen Gesichtsausdruck und den wirren dunkelblonden Haaren vom Ausweis ab.

»Richtig, Kripo Würzburg«, bestätigte Klara. »Wir müssen mit Ihnen sprechen.«

Der Mann trat zur Seite, gab die Tür frei und wies in sein Büro. »Ich kann mir schon denken, weshalb Sie bei mir aufkreuzen.«

»So, weshalb denn«, fragte Danner und folgte dem Fingerzeig des Bauunternehmers.

»Warten Sie kurz!«

Struck ging in das Büro nebenan und besorgte zwei Stühle, ehe er seinen beiden abendlichen Besuchern Platz anbot.

»Ihr kommt wegen diesem fiesen Schwein, dem Kästner«, sagte er, als er sich hinter seinen Schreibtisch setzte, der voller Papiere lag.

»Woher wissen Sie das?«, fragte Klara, die mutmaßte, dass Strucks Tochter ihren Vater vorgewarnt hatte.

»Ich kann lesen«, fuhr der Mann fort. »Die Zeitungen standen ja voll davon, aber ich dachte, ihr habt den Mörder schon eingelocht.«

»Wir ermitteln in alle Richtungen«, entgegnete Klara diplomatisch.

Danner wies auf den Tisch. »Viel Arbeit.«

»Da haben Sie recht«, bestätigte der Angesprochene. »Abrechnungen, Bilanzierung. Tagsüber auf der Baustelle und am Abend hier am Schreibtisch. Das erledigt sich nicht von alleine, und Sie wissen selbst, die Lage auf dem Bau ist schwieriger geworden.«

»Keine Sekretärin?«, fragte Klara.

»Hat vor einem Monat gekündigt und arbeitet jetzt bei der Konkurrenz«, erklärte Struck. »Ich bin ihr nicht böse. Ich hätte es genauso gemacht, aber den Stundenlohn kann ich ihr leider nicht zahlen, den der Mayerhofer bietet.«

»Wie wäre es mit einer Neueinstellung?«

Struck lächelte. »Versuche gab es, aber da gibt es Leute, die können noch nicht einmal vier Zahlenreihen zusammenzählen. Andere wollen drei Stunden am Tag arbeiten, dafür aber den doppelten Lohn.«

Danner nickte. »Ihre Tochter arbeitete auch hier?«

»Was wollen Sie von meiner Tochter?«, fragte Struck scharf. »Die lassen Sie bitte in Ruhe, die hat es schon schwer genug.«

Danner runzelte die Stirn. »Sie fahren aber sehr schnell aus der Haut, wenn man von Ihrer Tochter spricht.«

Struck legte seine Handflächen auf den Schreibtisch und richtete sich auf. »Also raus mit der Sprache, was wollt ihr von mir?«

»Machen wir es kurz«, antwortete Klara. »Wo waren Sie am letzten Mittwoch zwischen zwanzig Uhr und Mitternacht?«

»Ist das die Zeit, in der dieses Schwein erschlagen wurde?«

Danner atmete tief ein. »Jetzt mal unter uns Stammtischbrüdern«, sagte er. »Sie machen es uns wirklich nicht leicht. Kommt die Sprache auf Ihre Tochter, fahren Sie aus der Haut und wenn wir von dem Toten reden, dann haben Sie nichts als übelste Beleidigungen für ihn übrig. Was sollen wir davon halten?«

»Also gut, unter uns Stammtischbrüdern«, erwiderte Struck. »Ich war hier. Die Steuer hab ich gemacht. Und erschlagen habe ich ihn nicht, auch wenn er es verdient hat.«

»Gibt es Zeugen?«, riss Klara das Gespräch an sich.

Er zuckte mit den Schultern.

»Ihre Tochter, ihre Frau?«

»Meine Tochter war nicht hier, und meine Frau ist weggelaufen. Was glauben Sie, weshalb ich mir hier in der Firma die Abende um die Ohren schlage?«

»Ihre Frau hat also hier geholfen?«

Er nickte.

»Aber an diesem Abend waren Sie allein?«

Erneut nickte er.

»Zeugen gibt es also nicht.«

Er wies nach draußen. »Vielleicht Ivan, der macht immer die Karren sauber. Ich weiß aber nicht, wann der gegangen ist. Ich war hier bis nach Mitternacht beschäftigt. Die vom Finanzamt wollen immer alles ganz genau wissen, dabei sollten doch auch die schon gehört haben, dass wir in letzter Zeit bei den Aufträgen meistens drauflegen. Es wird Zeit, dass unsere Regierung endlich was unternimmt, so kann es nicht weitergehen. Noch so ein Jahr, und ich kann hier zumachen.«

Das heißt also, Sie haben kein Alibi«, überging Danner Strucks Klagelied.

Struck lächelte. »Genau das heißt es, wollen Sie mich jetzt festnehmen?«

»Wenn man bedenkt, dass Sie damals, nachdem ihrer Tochter dieser Schicksalsschlag widerfahren ist, Kästner mehrfach verfolgt und ihm aufgelauert haben, wäre das durchaus möglich.«

Struck winkte ab. »Blödsinn!«

»Warum haben Sie damals aufgehört, Kästner nachzustellen?«, fragte Klara und beobachtete seine Reaktion.

Struck blickte aus dem Fenster. Draußen war es dunkel geworden. Der Schein einer trüben Laterne fiel in das kleine Büro.

»Herr Struck, ich habe Sie etwas gefragt.«

»Das geht euch einen Scheißdreck an!«

»Wir können uns auch auf dem Revier weiter unterhalten«, mischte sich Danner ein.

»Ich glaube, es ist besser, wenn ihr jetzt geht«, sagte Struck.

»War es vielleicht deshalb, weil Sie von Ihrer Tochter erfahren haben, dass Kästner gar nicht der Kindsvater war?«, setzte Danner nach.

Struck wurde bleich. »Woher …«

»Herr Struck, wir sind hier, um den Mord an Hans Peter Kästner aufzuklären«, versuchte Klara die Wogen zu glätten. »Was familienintern bei euch läuft, das geht uns nichts an und ist auch nicht von Interesse für uns.«

»Lassen Sie meine Tochter aus dem Spiel!«

»Würden wir gerne«, entgegnete Danner. »Aber leider ist Ihr Hass auf Kästner ein starkes Motiv. Ich kann verstehen, dass Sie wütend auf ihn sind, wäre ich auch, wenn sich ein alter Sack an meiner Tochter vergreift, aber Mord, das geht deutlich zu weit.«

Wie ein Blitz schoss Struck von seinem Stuhl hoch, eilte auf Danner zu und packte ihn am Kragen. Danner wurde hochgerissen, Struck holte aus. Plötzlich fuhr Danners rechter Arm nach oben, griff nach der Hand des wütenden Angreifers und drückte mit Kraft dessen Daumen zurück. Struck stöhnte auf, seine Ausholbewegung war wie eingefroren, als er auf die Knie ging und vor Schmerzen jammerte. Schließlich bog Danner den Arm des beinahe einen Kopf größeren Mannes auf den Rücken und zog ihn hoch.

»Bürschla, da muss schon ein anderer kommen«, zischte er und fasste den Fesselgriff enger. Struck stöhnte auf. Schließlich führte ihn Danner zurück auf seinen Stuhl, ließ den Arm los und drückte ihn nieder.

»Schön sitzen bleiben«, sagte er ruhig.

Struck rieb sich seinen schmerzenden Arm.

»So, und jetzt Tacheles!«

Klara saß noch immer mit offenem Mund auf ihrem Stuhl. Sie war von dem Angriff Strucks, aber auch von dem gekonnten Abwehrgriff ihres leicht übergewichtigen Kollegen dermaßen in den Bann gezogen, dass sie keine Worte fand.

»Ich sage nur: Julian«, fuhr Danner fort.

Struck hatte sich auf seinem Stuhl zusammengekauert und rieb noch immer seinen rechten Arm. Danner war nicht sanft mit ihm umgegangen.

Er schaute auf. Sein Gesicht war noch immer schmerzverzerrt. »Woher ...«

»Wir waren bei Ihrer Tochter und haben mit ihr gesprochen.«

Struck senkte den Kopf. »Damals hätte ich ihn erschlagen, das können Sie mir glauben. Aber als dann Lisa ... ich ... das war ein Schlag für mich. Und Julian ... ich hab ihn rausgeworfen. Wie konnte er nur ... das gehört sich doch nicht, die eigene Schwester ... das ist ... unfassbar.«

»Halbschwester, wenn ich mich nicht irre«, berichtigte Danner.

Struck saß da wie ein Häufchen Elend und schüttelte den Kopf. Danners Kreuzfesselgriff hatte ihm offenbar den Zahn gezogen.

»Lisa hat sich erneut die Pulsadern aufgeschnitten.«

»Ich weiß nicht mehr, was ich tun soll«, jammerte Struck. »Ich habe ihn fortgejagt und ihm verboten ... aber sie lässt nicht ... ich habe ihr das Telefon weggenommen.«

Klara fasste sich langsam wieder. »Herr Struck, Sie haben sicher ein Handy. Wir brauchen Ihre Nummer.«

»Ich habe ihn nicht erschlagen, ich war hier«, wiederholte er mit brüchiger Stimme.

»Das müssen wir überprüfen«, entgegnete Klara. »Sie müssen sich zur Verfügung halten.«

Er blickte auf. Seine Augen waren feucht. »Was wird jetzt mit mir?«, fragte er.

Danner klopfte ihm auf die Schulter. »Sie bleiben jetzt hier und schreiben Abrechnungen«, entgegnete er und nickte Klara zu. »Wir finden alleine hinaus.«

Sie ließen Struck im Büro zurück. Bevor sich Danner zu Klara in den Wagen setzte, fragte er noch Strucks Mitarbeiter, wann er am letzten Mittwoch das Betriebsgelände verlassen hatte. Um acht Uhr, erhielt er zur Antwort. Damit war Ivan als Alibizeuge aus dem Rennen. Bis Würzburg würde man es in einer Stunde locker schaffen.

Eine Stunde später saßen Klara und Danner im Goldenen Stern und aßen. Danner Schweinsbraten und Klara Salat. Zur Feier des Tages hatte er sie eingeladen, wenngleich die Rechnung wie immer aufs Haus ging.

19

Justizvollzugsanstalt Würzburg,
Friedrich-Bergius-Ring

Ein milchiger Schleier lag über der Stadt und verbarg das Antlitz der Festung, die auf dem Marienberg hoch über der Stadt thronte. Die Nacht über hatte es geregnet, und am Morgen waberten die Nebelschwaden durch die Straßen und Gassen. Die Temperatur war auf drei Grad gesunken. Der Herbst hatte nun wohl endgültig Einzug in der Region gehalten. Danner zog seinen Mantelkragen hoch, ihn fröstelte. Er hasste dieses nasskalte und trübe Wetter, dass ihnen laut Wetterbericht auch noch in den nächsten Tagen bevorstand. Auch Klara hatte sich in eine dicke Jacke gehüllt und einen beigefarbenen Wollschal um ihren Hals geschlungen.

Sie hatten den Dienstwagen auf dem Parkplatz vor den Mauern abgestellt und gingen über den Fußweg auf das Gefängnis zu, dessen Gebäude sich hinter einer schmutzig gelben Mauer verbargen.

Die Einlasskontrolle war lax, man kannte sich. Dennoch wanderte den Vorschriften gemäß die Dienstwaffe in eine stählerne Kassette, bevor ein Justizbeamter Klara und Danner in den Vernehmungsraum im hinteren Bereich des Westflügels brachte.

»Er und sein Anwalt warten schon«, sagte der Beamte, als er die Tür zu dem gesicherten Vernehmungszimmer aufschloss.

Danner trat ein und blieb erst einmal verdutzt stehen. Horrheimer saß in blauer Anstaltskleidung hinter dem Holztisch und wirkte ein wenig blass, ansonsten schien ihn der

Aufenthalt hier nicht sonderlich mitgenommen zu haben. Neben ihm, im teuren schwarzen Einreiher, mit goldener Brille auf der Nase und exakt gescheitelten Haaren, saß sein Anwalt, vor dem eine blaue Akte lag. Doch eher verwunderte Danner der Umstand, dass es nicht Pauly war, der dort am Tisch saß, sondern Dr. Roman Schneider von der renommierten Würzburger Kanzlei Kahlbach, Schneider und Gehlhardt, die sich ansonsten nur mit der Prominenz der Stadt abgab. Wie konnte sich Horrheimer diesen Staranwalt leisten?

»Guten Morgen, meine Dame, mein Herr«, grüßte der Anwalt und wies auf die beiden freien Stühle auf der gegenüberliegenden Seite des Tisches. »Es freut mich, dass sie beide pünktlich kommen konnten. Mein Mandant will eine Erklärung abgeben, die Sie bitte zu Protokoll nehmen.«

Danner murmelte einen unverständlichen Gruß, ehe er Platz nahm. Klara Pepperkorn hingegen begrüßte den Anwalt freundlich und legte ihren Schal und ihre Jacke ab, bevor auch sie sich setzte.

»Kurzum«, fuhr der Anwalt fort. »Herr Horrheimer bestreitet die Tat und gibt ausdrücklich an, nichts mit dem Tod Herrn Kästners zu tun zu haben. Er hatte das Gelände bereits verlassen, als das Opfer zu Tode kam.«

»Wofür es keinerlei Beweise gibt«, entgegnete Klara.

»Es gibt aber auch keine Beweise dafür, dass er zum Tatzeitpunkt vor Ort war«, antwortete der Anwalt und klopfte mit den Fingern auf die blaue Akte vor ihm auf dem Tisch. »Oder sollte ich etwas überlesen haben?«

»Herr Horrheimer hat bei seiner Vernehmung angegeben, dass er nach Hause gefahren ist, doch laut einer Zeugin …«

Der Anwalt winkte ab. »Ich habe es gelesen, und ich räume ein, dass mein Mandant zu diesem Zeitpunkt falsch handelte, indem er nicht die ganze Wahrheit sagte, jedoch hat er dafür seine Gründe.«

Danner schaute Horrheimer ins Gesicht, dem dies sichtlich unangenehm war und der daraufhin den Kopf zur Seite drehte und seinen Anwalt hilfesuchend anblickte.

Dr. Schneider öffnete die Akte und zog einen Bogen Papier hervor, den er Klara reichte.

»Was ist das?«, fragte sie, nachdem sie die Tabelle auf dem Papier betrachtete, auf der mehrere Positionen mit einem grünen Stift markiert waren.

»Das ist die Funkzellenauswertung des Handys meines Mandanten«, fuhr Dr. Schneider fort. »Wie darauf zu erkennen ist, hat Herr Horrheimer das Gelände etwa gegen zwanzig Uhr dreiundvierzig verlassen. Ich habe mir die Freiheit genommen und die einzelnen Funkzellen, auf die es in diesem Verfahren ankommt, entsprechend markiert. Ehrlich gesagt, wundert es mich, dass die Polizei diese Ermittlungsschritte nicht vollzogen hat.«

»Wo war er denn, nachdem er das Gelände verlassen hatte?«, mischte sich Danner in die Unterhaltung ein, die eher einem Monolog des Anwalts glich als einer polizeilichen Vernehmung.

»Herr Horrheimer hielt sich der Aufzeichnung nach zum angenommenen Tatzeitpunkt eindeutig in der Siedlung am Heuchelhof auf, das sehen sie selbst.«

Danner lächelte. »Sein Handy hielt sich dort auf«, berichtigte er.

Der Anwalt seufzte. »Herr Danner«, sagte er, als wäre ihm diese Belehrung eher lästig. »Sie wissen doch selbst, dass inzwischen das Handy als Instrument des höchstpersönlichen Lebensbereiches gilt. Die Gerichte heben in ihren Urteilen eindeutig darauf ab, wo das Handy ist, da ist mit an Sicherheit grenzender Wahrscheinlichkeit auch der Besitzer. Sie kennen sicherlich das BGH-Urteil vom November letzten Jahres, das Aktenzeichen lautet 24BG -JS 786437/22. Ich kann es Ihnen gerne übersenden.«

Danner winkte ab. »Mit an Sicherheit grenzender Wahrscheinlichkeit lässt aber immer noch Ausnahmen zu, deshalb wäre uns ein Name, der das Alibi bestätigen könnte, weitaus lieber.«

»Herr Horrheimer wird den Namen nicht nennen«, entgegnete der Anwalt. »Und das aus gutem Grund. Es geht hier um die körperliche Integrität oder gar um das Leben der Zeugin oder meines Mandanten selbst.«

Danner lächelte. »Das heißt also im Klartext, Ihr Mandant hat eine Affäre, und wenn der gehörnte Ehemann das erfährt, dann gibt es Ärger.«

Der Anwalt verzog die Mundwinkel. »Wenn Sie es umgangssprachlich so nennen wollen.«

»Alles klar«, sagte Danner. »Wir hätten da aber trotzdem noch ein paar Fragen.«

Der Anwalt hob abwehrend die Hände. »Mein Mandant wird über die Erklärung sowie die Beweiserhebung hinaus keine weiteren Angaben machen. Ich mache sie nur noch darauf aufmerksam, dass wir für den morgigen Tag einen Haftprüfungstermin beantragt haben. Ich denke, das dürfte von Interesse sein.«

Der Anwalt erhob sich ging an die Tür und klopfte. Die Unterredung war damit beendet.

Auf dem Rückweg zum Wagen schüttelte Danner den Kopf. »Der Robby, der alte Schlingel, hatte wieder mal recht.«

Klara schaute verdutzt. »Verstehe ich nicht, was meinst du damit?«

»Pauly wurde durch Schneider ersetzt«, erklärte er. »Schneider ist recht gut in solchen Dingen, aber er ist nicht billig. Da steckt sicher Dr. Wagner dahinter. Er will Horrheimer draußen haben, schließlich muss es bei der Klosterbräu weitergehen.«

»Das verstehe ich nicht, ich dachte, Kästner war der tolle Hecht bei der Brauerei gewesen und Wagner müsste auf Horrheimer stinksauer sein, dass er ihm das beste Pferd im Stall um die Ecke gebracht hat. Und jetzt bezahlt er ihm noch den Staranwalt?«

Danner nickte. »Da geht es in erster Linie um das Geschäft. Kästner war das Gesicht der Brauerei, aber Horrheimer ist der Geschmack, und das zählt natürlich weitaus mehr, wenn es um das Verkaufen geht.«

»Und wer ist Robby?«

»Ein guter alter Freund«, antwortete Danner, ehe er den Dienstwagen aufschloss. Nieselregen hatte eingesetzt.

Sie waren kaum losgefahren, als Klara Pepperkorns Handy klingelte. Kripoleiter Krug war am Apparat und machte ihr klar, dass Reichert augenblicklich ein Gespräch wünschte. Ein Haftprüfungstermin stehe an, und er erwarte Klara und Danner umgehend in seinem Büro in der Ottostraße. Er habe sogar die Mittagspause deswegen verschoben.

Staatsanwaltschaft Würzburg, Ottostraße

Die Staatsanwaltschaft lag in der Nähe der Residenz. Das neumodische Amtsgebäude versteckte sich hinter dem ehrwürdigen Altbau des ehemaligen Stadtgerichts aus dem frühen 19. Jahrhundert. Inzwischen regnete es Hunde und Katzen; Klara und Danner mussten sich auf dem Fußweg vom Parkplatz zur Dienststelle beeilen, um vom Regen nicht durchnässt zu werden.

Das Gesicht von Staatsanwalt Reichert hatte sich ganz eindeutig der Witterung angepasst und war ebenso finster wie der Wolkenvorhang über der Stadt.

Er saß zurückgelehnt mit seinem weißen, aufgeknöpften

Hemd hinter seinem modernen Schreibtisch aus weiß furniertem Pressspannholz und hielt eine aufgeschlagene Akte in der Hand.

»Wie konnte das passieren?«, fragte er, ohne sich an die Höflichkeitsformen einer ordentlichen Begrüßung zu halten. »Da ermittelt die Kripo, aber die Ergebnisse kommen vom Rechtsanwalt des Beschuldigten.«

»Wie meinen?«, fragte Klara, die nicht verstand, worauf Reichert hinauswollte.

»Wie ich hörte, kommen Sie geradewegs aus der JVA«, fuhr er mit lauter Stimme fort. »Dann kennen Sie sicherlich auch die Funkzellenauswertung von Horrheimers Handybewegungen am Tattag?«

Klara nickte.

»Eigentlich bin ich es gewohnt, dass mir die Polizei diese Auswertung schickt, und jetzt flattert mir das Papier von Horrheimers Anwalt auf den Tisch. Wie stehen wir jetzt da? Die Richterin signalisierte mir schon, dass unter diesen Umständen die weitere Inhaftierung nicht aufrechterhalten werden kann. Wie kann es sein, dass hier so schlampig ermittelt wird?«

»Das Handy liegt bei der IT-Abteilung zur Auswertung«, entgegnete Klara. »Das dauert eben seine Zeit.«

»Was heißt, das dauert seine Zeit?«, äffte sie der Staatsanwalt nach und hielt ein Schriftstück aus der Akte in die Höhe. »Hier halte ich die Auswertung in der Hand. Es geht offenbar auch schneller.«

»Die IT-Abteilung …«

»Jetzt hören Sie schon auf, Frau Pepperkorn!«, fiel ihr der Staatsanwalt ins Wort. »Ich wundere mich nicht, wenn es manchmal diesen Landeiern hier in der Provinz passiert, aber Sie kommen aus München, ich denke, da wird andere Arbeit erwartet …«

»Herr Reichert«, unterbrach Danner den Redeschwall des empörten Staatsanwalts. »So weit ich mich erinnere, waren doch in erster Linie Sie maßgeblich am Vollzug eines Haftbefehls interessiert. Mit Pauly werden wir schon fertig oder so ähnlich, hieß es doch. Und jetzt sieht es eben so aus, als ob Horrheimer ein Alibi hat, das er uns aber nicht explizit erklären will. Außerdem hat er einen neuen Rechtsanwalt, und der ist ein ganz anderes Kaliber als Pauly.«

»Ja, und?«, entgegnete Reichert. »Ermittlungen sind Ihre Sache, ich bewerte nur die Fakten, und ich muss mich auf diese Fakten verlassen können. Gibt es denn schon weitere Erkenntnisse?«

Klara schüttelte den Kopf. »Wir haben inzwischen einige weitere Verdächtige ausschließen können, aber zu Horrheimer gibt es bislang nichts Neues.«

»Dann haltet euch ran«, beschwerte sich Reichert. »Wir machen uns lächerlich. Gestern die Pressekonferenz, und jetzt stehen wir mit leeren Händen da. Ich erwarte, dass wir bis zum Ende der Woche handfeste Ergebnisse vorweisen können. Ich sehe schon, was am Mittwoch über unsere Arbeit in der Presse steht.«

»Wir tun, was wir können«, entgegnete Klara.

»Das reicht aber nicht, tun Sie mehr, verdammt!«

Danner wies aus dem Fenster des Büros, von dem aus man direkt in den Schlosspark auf die Orangerie blicken konnte. »Sie haben eine schöne Aussicht«, bemerkte er lakonisch.

Der Staatsanwalt runzelte die Stirn. »Was soll das?«, fragte er ungläubig.

»Ich meinte nur, dass Sie eine schöne Aussicht aus Ihrem Büro haben, die sollten Sie genießen«, sagte er und wandte sich Klara zu. »Komm, wir gehen!«

Grußlos verließ er zusammen mit Klara den Raum, während Reichert ihm eine Schimpfkanonade nachrief.

»Nimm es nicht so ernst«, sagte er, als sie die Treppe hinuntergingen. »Am meisten ärgert er sich über sich selbst.«

Klara übernahm das Steuer auf dem Weg zur Dienststelle, während Danner noch einmal mit Lydia aus der Brauerei telefonierte. Er fragte sie, ob es schon Gerüchte über die Nachfolge Kästners gebe. Doch das war bislang nicht der Fall. Dr. Wagner führte die Geschäfte kommissarisch, aber sie hatte schon gehört, dass Horrheimer bald wieder zurück in die Firma kommen würde. Und das wäre auch dringend notwendig, schließlich standen die Herbstfeste an, und da wurde jede Menge Fest- oder Bockbier benötigt. Es musste schließlich weitergehen.

Danner beendete das Gespräch, als Klara auf den Hof der Dienststelle fuhr.

»Was machen wir jetzt?«, fragte sie.

Danner schaute auf die Uhr. Inzwischen war es 16 Uhr geworden. »Ich würde sagen, jetzt machen wir Feierabend und lassen erst einmal alles sacken. Morgen besprechen wir uns, da haben wir wieder einen klaren Kopf.«

Klara stimmte Danners Vorschlag zu. Während sie in den Soko-Raum ging, um es den zugeordneten Kollegen zu sagen, ging Danner in sein Büro. Auf dem Weg dorthin lief ihm Stemmer in die Arme.

»Hey, Bert, wir haben uns gerade einen ganz schönen Anschiss von Reichert abgeholt, und daran bist du schuld.«

»Ich? Wieso ich?«

»Weil immer noch nichts mit Horrheimers Handy passiert ist«, entgegnete Danner und erzählte ihm von der Auswertung der Funkzellen, die er über Horrheimers Anwalt erhalten hatte.

»Weißt du, mit der IT bei der Polizei ist das so eine Sache«, holte Stemmer zur Erklärung aus. »Du musst dir das so vorstellen, die Verbrecher sitzen in einem Porsche, fahren an und geben Vollgas. Und wir sitzen auf einem Traktor, der zuerst von der Presse mit unserem Minister und dem hohen Polizeichef von allen Seiten fotografiert werden muss, bevor wir dann ganz allmählich die Verfolgung aufnehmen. Da gibt es wohl keine Zweifel, wer dieses Rennen gewinnt.«

»Das ist doch Quatsch«, konterte Danner. »Horrheimer hat die Liste doch auch, warum wir nicht?«

»Natürlich, über den Provider, wer gut bezahlt, dem wird geliefert. Wir sind die Polizei, wir stehen bei diesem Deal nur in der zweiten Reihe.«

Danner schüttelte den Kopf. »Das ist ...«

»Ja, genau, eine Schweinerei, aber so ist das Leben«, bemerkte Stemmer lakonisch. »Auch in einem Rechtsstaat. Und jetzt habe ich noch was zu tun. War nett, unsere kleine Unterhaltung.«

Ohne ein weiteres Wort ließ Stemmer Danner im Flur zurück und ging seines Weges. Danner atmete tief durch. Morgen war auch noch ein Tag, dachte er bei sich, nachdem er seinen Autoschlüssel aus dem Büro geholt hatte und über die Treppe hinunter zum Parkplatz ging.

20

Kriminalinspektion Würzburg,
Weißenburger Straße

Der Regen des gestrigen Tages hatte sich verzogen. Geblieben waren die Kälte und der Nebel. Als Klara nach einer unruhigen Nacht auf den Parkplatz der Inspektion fuhr, stand Danners altersschwacher Passat bereits auf seinem Parkplatz.

Klara hatte die Nacht über fast kein Auge zugetan. Der gestrige Tag hatte ihr zugesetzt. Angesichts der neuen Erkenntnisse würde Horrheimer sicherlich wieder ein freier Mann sein. Und Verdächtige gab es nicht mehr. Irgendetwas mussten sie übersehen haben.

Im Büro legte sie ihre Tasche ab und hängte den Mantel an den Kleiderhaken, bevor sie in den Soko-Raum ging. Als sie eintrat, fiel ihr zuerst die Pinnwand neben dem Konferenztisch auf, vor dem Danner zusammen mit Nina Hochland, Mario Löwe und dem erfahrenen Johannes Böhm saß. Die vier blickten nachdenklich auf die Pinnwand.

Im Gegensatz zum gestrigen Tag hatte sich etwas verändert. Auf der rechten Seite hing noch immer das Foto des Getöteten, doch der Platz darunter war leer. Die Bilder der Verdächtigen, darunter auch das Bild Horrheimers, hingen allesamt auf der linken Seite. Isabell Rauscher, die Hopfenkönigin der Hallertau, mit der Kästner ein Verhältnis unterhalten und die er den Gerüchten nach damals eiskalt abserviert hatte, lag nach Auskunft der Regensburger Kollegen zum Zeitpunkt der Tat in einem Krankenhaus, nachdem sie einen Tag zuvor einen gesunden Jungen zur Welt gebracht hatte. Außerdem war sie vor knapp zwei Monaten in den

Hafen der Ehe eingelaufen und hatte einen Ingenieur geheiratet, der sie auf Händen trug. Von Kästner und der damaligen Affäre wolle sie nichts mehr wissen, das wäre von Anfang an nur ein Ausrutscher gewesen, so hatten die Kollegen aus Regensburg berichtet. Somit gab es nur noch ein einziges Foto, das von Dr. Wagner, dem Aufsichtsratsvorsitzenden der Klosterbräu, das ziemlich weit unten in der Mitte, direkt auf der Trennlinie hing.

Stemmer betrat den Raum. »Morgen, zusammen«, murmelte er. In seiner Hand hielt er eine Akte. Er setzte sich neben Danner an den Tisch und wies auf die Papiere in seiner Hand. »Plötzlich hatte die IT Zeit für unseren Fall. Jetzt haben wir ebenfalls die Funkzellenauswertung, und es stimmt tatsächlich: Horrheimers Handy befand sich zur Tatzeit am Heuchelhof und war am Funkmast nahe der Autobahnraststätte eingeloggt. Außerdem wissen wir jetzt, dass er offenbar eine Geliebte hat. Eine gewisse Ivanka, es gibt einen Chatverlauf im SMS-Verkehr. Er hat sich wohl am Tattag gegen zwanzig Uhr dreiundzwanzig mit ihr getroffen.«

»Haben wir ihren Namen?«, fragte Danner.

»Nur noch eine Frage der Zeit.«

»Okay, was ist mit dem Schlüssel?«

Stemmer verzog die Mundwinkel und schüttelte den Kopf. »Wir sind durch damit, wir haben alle Banken und Postbanken überprüft, leider passt er nirgends. Ich hab ihn dir auf den Schreibtisch gelegt. Darum müsst ihr euch kümmern.«

Klara wartete noch ein paar Minuten, bis auch der Rest der Truppe eingetroffen war, ehe sie sich erhob und neben die Pinnwand trat.

»Wie ihr alle seht, haben wir keinen direkten Verdächtigen mehr«, sagte sie und wies auf die Tafel. »Alle haben ein Alibi, offenbar sogar Horrheimer. Ich gehe davon aus, dass er nach dem Haftprüfungstermin entlassen wird. Das heißt, wir müssen den gesamten Fall noch einmal von vorne aufrollen.«

»Wir müssen herausfinden, mit wem sich Kästner an seinem Todestag zwischen zwei und vier am Mittag getroffen hat«, entgegnete Danner.

»Er hatte offenbar Geschlechtsverkehr«, fügte Nina hinzu. »Dann wird es wohl kaum ein Mann gewesen sein.«

»Richtig«, bestätigte Klara. »Davon können wir ausgehen.«

»Ein gehörnter Ehemann?«, fragte Johannes von der Fahndung.

»Ist nicht auszuschließen.«, sagte Marcel vom Streifendienst.

»Aber auch in der Firma müssen wir noch mal alles durchchecken«, fuhr Klara fort. »Wir müssen alle Mitarbeiter befragen.«

»Haben wir doch schon«, schob Sebastian Franke ein. »Die Leiharbeiter waren um neunzehn Uhr schon weg, und der Rest der Belegschaft macht um siebzehn Uhr Feierabend. Außerdem benötigen wir bei den Leiharbeitern einen Dolmetscher …«

»Mehrere Dolmetscher«, fiel ihm Mario Löwe ins Wort. »Polen, Ukrainer, Bulgaren und zwei Rumänen. Das wird nicht einfach.«

»Niemand sagt, dass es einfach wird«, entgegnete Klara. »Wenn ich sage, alle Mitarbeiter, dann meine ich auch alle Mitarbeiter. Von der Chefetage bis zu denen, die in der Firma den Besen schwingen. Keine Kurzbefragungen, richtige Vernehmungen mit Belehrung und Unterschrift, ganz formal. Außerdem müssen wir bei allen DNA und Fingerabdrücke erheben. Freiwillig, und bei denen, die nicht mitmachen, eben mit Beschluss. Wir dürfen Reichert keinen Angriffspunkt mehr bieten.«

Klara teilte den Kolleginnen und Kollegen die Arbeit zu, und als die Reihe an Danner war, zuckte der mit den Schultern. »Ich fahre noch einmal zur Ehefrau, vielleicht hat die eine Idee, wo der Schlüssel passen könnte. Er hat ihn sicher und verschlossen aufbewahrt, zusammen mit den Fotos, das hat sicher etwas zu bedeuten.«

Klara überlegte einen Augenblick, schließlich nickte sie. »Schaffst du das alleine?«

»Klar schaffe ich das alleine«, erwiderte Danner.

Die Tür zum Soko-Raum wurde geöffnet, Kriminaldirektor Krug trat ein. Seine Miene verriet nichts Gutes.

»Tom, ich muss mit dir sprechen«, sagte er und wandte sich Klara zu. »Und später auch mit Ihnen.«

Danner erhob sich.

»Übrigens«, fuhr Krug fort. »Reichert hat mir soeben mitgeteilt, dass Horrheimer wahrscheinlich unter Meldeauflagen aus der Haft entlassen wird. Er muss sich einmal wöchentlich auf dem Revier melden und darf das Land nicht verlassen.«

Danner nickte. »Das war zu erwarten.«

Krug wies nach draußen in den Flur und wandte sich um. Danner folgte ihm hinaus und schloss die Tür.

»Reichert hat sich über dich beschwert«, sagte er mit gedämpfter Stimme. »Dein Auftritt gestern in seinem Büro hat ihm überhaupt nicht gefallen.«

»Ich habe ihm nur zu verstehen gegeben, dass er der verantwortliche Jurist bei der Haftsache war und es ihm nicht schnell genug gehen konnte«, winkte Danner ab. »Dir übrigens auch nicht, wenn ich mich recht entsinne.«

Krug verzog die Mundwinkel. »Das war ... wie soll ich sagen, wir stehen eben ganz schön unter Druck.«

»Die Fakten lagen auf dem Tisch«, fuhr Danner fort. »Und ich habe keinen sagen hören, dass es für eine Verhaftung

Horrheimers noch zu früh ist. Ganz im Gegenteil, das größte Problem war die Terminierung der Pressekonferenz, damit sich auch wirklich jeder richtig präsentieren konnte. Und jetzt muss ich los, ich habe noch zu arbeiten.«

Krug nickte. »Dennoch ist es besser, sich gut mit Reichert zu stellen. Ich bin überzeugt, der macht seinen Weg. Und ein gutes Verhältnis zwischen unseren Dienststellen macht so manches leichter.«

Danner zuckte mit den Schultern. »An mir soll's nicht liegen«, antwortete er, bevor er sich umwandte und den Flur entlangging. Krug sah ihm schweigend nach.

Arnstein bei Werneck, Wohnviertel am Weinberg

Danner hatte zuvor angerufen, um sicher zu sein, dass er Kästners Ehefrau auch wirklich zu Hause antreffen würde. Sie erwartete ihn bereits, als er an ihrem Haus eintraf, und führte ihn in das Wohnzimmer.

»Darf es etwas zu trinken sein?«, fragte sie, nachdem sie ihm auf dem weißen Sofa Platz angeboten hatte.

Danner schüttelte den Kopf.

»Wie ich hörte, haben Sie Horrheimer verhaftet.«

Es war keine Frage, es war eine Feststellung. Sie lächelte dabei.

»Haben wir, ja«, bestätigte Danner.

Sie ließ sich auf dem Sessel nieder und schüttelte den Kopf. »Horrheimer ist ein Schlappschwanz. Er ist Hap wie ein Hündchen gefolgt. Ich glaube nicht, dass der die Eier hat und sich mit Hap anlegt. Sie haben den Falschen.«

Danner nickte. »Vermutlich«, entgegnete er. »Was glauben Sie, wer es gewesen sein könnte?«

»Das haben Sie mich schon einmal gefragt, und ich habe

geantwortet, dass dafür viele Leute in Frage kommen können.«

»Ich weiß«, bestätigte Danner. »Aber Sie haben nicht gesagt, wem Sie es am ehesten zutrauen.«

»Wie wäre es mit diesem Boxer aus dem BMW, der hier vor dem Haus stand?«

»Der ist leider raus. Hat ein wasserdichtes Alibi.«

Sie atmete tief ein. »Ich fürchte, Herr Danner, dann haben Sie den weiten Weg umsonst gemacht. Ich kann leider nicht weiterhelfen.«

Danner zog den Plastikbeutel mit dem kleinen Schlüssel aus der Hosentasche und präsentierte ihn Kästners Ehefrau. »Vielleicht können Sie mir aber damit helfen?«

Er erhob sich und reichte ihr den Schlüssel. Sie betrachtete ihn eine Weile, ehe sie ihn nach einem fragenden Blick aus dem Beutel holte. »Das sieht mir nach einem Bankschließfach aus«, sagte sie.

»Richtig«, bestätigte Danner. »Den haben wir in einem Tresor Ihres Mannes in der Firma gefunden. Offenbar passt er zu keinen Bankschließfach in der Region, vielleicht haben Sie eine Idee?«

Sie steckte den Schlüssel wieder in die Tüte.

»Vielleicht hatte Ihr Mann so etwas wie einen Lieblingsort, ein Reiseziel, an dem er gerne seine Zeit verbrachte und an das er immer wieder zurückkehrte.«

Sie überlegte einen Augenblick. »Als die Kinder noch klein waren, sind wir oft an die Nordsee gefahren. Und später, als es in unserer Ehe noch funktionierte, waren wir meistens an der Riviera. Aber ob er noch dorthin fuhr, das weiß ich nicht. Wir haben nicht mehr darüber gesprochen. Jeder hatte sein Leben, und ehrlich gesagt hat mich auch nicht mehr interessiert, was er in seinem Urlaub macht. Mir war es immer am liebsten, wenn jeder seiner Wege ging.«

Danner nickte. »Schade, ich verstehe.«

Schon wollte sich Danner erheben, da ergriff die Frau noch einmal das Wort. »Da fällt mir ein, sein Vater ist vor zwei Jahren gestorben. Er hinterließ ihm sein Haus. Ich weiß nicht, ob er es inzwischen schon verkauft hat oder ob er es dafür nutzte, mit seinen Eroberungen ungestört seinen Spaß zu haben.«

»Ein Haus«, wiederholte Danner. »Wissen Sie, wo dieses Haus steht?«

»Moment«, sagte sie. »Da muss ich meinen Sohn fragen. Wie gesagt, ich habe ich nicht mehr für sein Leben interessiert.«

Danner lächelte. »Klar, ich warte.«

Sie erhob sich und verließ das Wohnzimmer. Ein paar Minuten später kehrte sie zurück. »Mein Sohn sagt, es steht in der Rhön bei Fladungen.«

»Sie wissen doch sicher, wie ihr Schwiegervater hieß?«, wagte Danner einen weiteren Vorstoß.

»Max«, entgegnete sie. »Maximilian Kästner. Er war dreiundneunzig, zweimal verheiratet und zweimal geschieden, und ich weiß auch, weshalb.«

Danner warf ihr einen fragenden Blick zu.

»Ich hätte es schon damals wissen müssen«, seufzte sie. »Der Apfel fällt nicht weit vom Stamm.«

21

Klosterbräu, Bierkontor am Klosterhof,
Würzburg-Dürrbachau

Als Danner auf dem Rückweg zur Dienststelle war, rief Klara an. Sie bat ihn, im Büro der Klosterbräu vorbeizufahren und einige ausgedruckte Listen über ehemalige Mitarbeiter und Saisonarbeiter abzuholen, die sich nicht so einfach per Mail versenden ließen. Danner schaute auf seine Armbanduhr. Es würde heute wohl wieder nichts werden mit einem pünktlichen Feierabend. Er fuhr über Güntersleben und Veitshöchheim zurück nach Würzburg und machte, wie ihm aufgetragen wurde, bei der Brauerei einen Zwischenstopp. Lydia Arzt, die Chefsekretärin, erwartete ihn bereits und hielt ein dickes braunes Kuvert in die Höhe.

»Wenn ich gewusst hätte, dass deine Chefin dich vorbeischickt, dann hätte ich uns einen schönen Kaffee gekocht und ein paar süße Stückchen besorgt«, sagte sie und reichte ihm den Umschlag.

»Was ist da genau drinnen?«, fragte Danner.

»Das, was deine Chefin wollte«, erklärte Lydia. »Ehemalige Mitarbeiter, die gegangen sind, sowie unsere Saisonarbeiter, die für uns arbeiten.«

Danner zog die Stirne kraus. »Viele?«

»Vierundsechzig, um genau zu sein. Sieben ehemalige, die uns verlassen haben, und dann eben die Saisonalen.«

»Sind das immer dieselben?«

»Das wechselt, die dürfen ja nur zwölf Wochen bleiben, so lange gilt das Visum. Aber wir haben meist die gleichen

Leute, die einen kommen, die anderen gehen. Hap legte Wert darauf, dass man sich auf die Leute verlassen kann.«

Danner nickte und nahm das Kuvert an sich. »Ich verstehe.«

»Anfangs, als das mit den Saisonalen aufkam, hatten wir öfter mal Probleme mit dem ständigen Wechsel, da gab es welche, die musste man erst mal ein paar Wochen anlernen, andere arbeiteten schlecht, und manche klauten sogar in den umliegenden Märkten. Jetzt nehmen wir immer dieselben, und die Probleme halten sich in Grenzen.«

Danner zog sich einen Stuhl heran und setzte sich nieder. »Gab es denn in der letzten Zeit Schwierigkeiten mit einem Mitarbeiter?«

Lydia zuckte mit den Schultern. »Mit den Mitarbeitern nicht. Drei gingen in Rente, einer zog der Liebe wegen hier weg, und die anderen drei fanden was Besseres.«

»Und die Saisonarbeiter?«

Lydia wiegte den Kopf hin und her. »Ja, da war was, vor zwei Monaten. Aber das war eigentlich harmlos. Ein Bulgare, der kam immer betrunken hier an. Hap hat ihn zur Rede gestellt, und als es noch mal vorkam, hat er ihn rausgeworfen.«

»Gab es da richtigen Ärger?«

»Angetan war der Mann natürlich nicht, er wurde auch laut, aber dann hat ihn Bojan einfach mit sich gezogen, zum Bahnhof gefahren und nach Hause geschickt.«

»Bojan?«

»Quasi der Boss von denen, er kümmert sich um alles und besorgt die Leute. Meistens Verwandtschaft von ihm.«

»Weißt du noch, wie der Kerl hieß, der Ärger machte?«

»Wanja Stoikov«, entgegnete Lydia. »Ich habe es auf seinem Personalbogen vermerkt.«

Danner lächelte. »Ich danke dir.

»Willst du doch noch einen Kaffee?«

Danner schaute sich im Büro um, dann nickte er. »Hast du schon eine Ahnung, wie das hier jetzt weitergeht?«

Lydia erhob sich und ging zum Kaffeeautomaten. »Jetzt ist erst mal Wagner der Boss, und Horrheimers Adlatus Fleiß kümmert sich um die Brauerei. Aber wie ich gehört habe, soll da einer aus München kommen, der Hap ersetzt. Nur hört man jeden Tag was anderes. Auf alle Fälle wird uns Horrheimer fehlen, der hatte einfach ein gutes Gespür …«

»Vielleicht nicht mehr lange«, entgegnete Danner. »Möglicherweise ist er morgen wieder raus.«

Sie stellte eine Tasse unter den Ausgießer und wandte sich mit einem Lächeln um. »Auch wenn du es vielleicht anders siehst, ich habe nie wirklich geglaubt, dass er es war.«

»Hast du vielleicht mitbekommen, dass Horrheimer ein Verhältnis mit einer verheirateten Frau hat?«

»Horrheimer?«, wiederholte sie und zog den Namen mit einem ungläubigen Unterton in die Länge. »Ich dachte immer, der geht zu den Nutten.«

»Scheint wohl so«, bestätigte Danner.

»Das mit der verheirateten Frau wäre mir neu«, entgegnete sie und nahm die volle Tasse von der Maschine, ehe sie eine zweite dort platzierte. »Dass Hap keine Gelegenheit ausließ, das wussten alle, aber Horrheimer? Der ist doch überhaupt nicht beziehungsfähig.«

Die Bürotür wurde geöffnet, und Dr. Phillip Wagner, der derzeitige Interimschef, streckte den Kopf durch den Türspalt. »Lydia, ich benötige die Verträge mit der BayWa, kannst du sie mir bis morgen um zehn zukommen lassen?«

Lydia nickte.

Erst jetzt fiel sein Blick auf Danner. »Oh, du hast Besuch«, sagte er.

»Danner von der Polizei, wegen der Personallisten«, erklärte sie.

Dr. Wagner trat ein, ging auf Danner zu und reichte ihm die Hand. »Dr. Wagner«, sagte er. »Ich bin derzeit der Interimschef, wenn man so will.«

Danner erhob sich und drückte die gereichte Hand. »Danner, Kripo Würzburg, ich weiß, wer Sie sind.«

Dr. Wagner lächelte. »Es ist nicht leicht für mich, normalerweise bin ich in München, aber solange die Brauerei ohne Führung ist, tue ich mein Möglichstes, damit der Laden läuft. Schließlich muss es ja irgendwie weitergehen.«

»Klar muss es das«, bemerkte Danner. »Soweit ich weiß, sind Sie Landtagsabgeordneter und waren zur Tatzeit in München, richtig?«

Der Angesprochene blickte Danner ein klein wenig verwirrt an. »Was wird das jetzt, wollen Sie mich etwa vernehmen?«

Danner schüttelte den Kopf. »Das dürfte ich ja gar nicht, schließlich sind Sie Abgeordneter und genießen Immunität. Nein, ich dachte nur, vielleicht wissen Sie noch etwas zu Kästner, was uns weiterhelfen könnte.«

Dr. Wagner trat einen Schritt näher und klopfte Danner freundschaftlich auf die Schulter. »Ich weiß ja, dass Sie nur Ihre Arbeit tun, und ich bin natürlich immer bereit der Polizei weiterzuhelfen«, sagte er mit väterlichem Unterton. »Mit Horrheimer haben Sie sich geirrt. Der Mann tut keiner Fliege etwas zuleide. Aber ich sagte ja schon zu Ihrer Kollegin, dass es hier mehrfach Einbrüche in der Brauerei gab …«

»Ja, das haben wir überprüft«, fiel ihm Danner ins Wort. »Leider sind wir damit nicht weitergekommen.«

»Trotzdem, ich bin sicher, hier aus der Firma hat niemand mit dem Tod Kästners zu tun. Er war beliebt, und er war ein guter Unternehmer mit einem glücklichen Händchen. Nicht wahr, Frau Arzt?«

Er wandte Lydia den Blick zu. Sie nickte nur.

»Ich für meinen Teil war nicht zugegen, als das Verbrechen geschah, und ich kann Ihnen auch leider nicht weiterhelfen.«

Er wandte sich um. »Also, Frau Arzt, die Verträge, morgen bis zehn auf meinem Schreibtisch.«

Er verließ das Büro und schloss die Tür. Lydia verdrehte die Augen, als sie die Kaffeetasse vor Danner abstellte. »Bei dem ist auch nicht alles Gold, was glänzt«, flüsterte sie.

»Inwiefern?«, fragte Danner.

»Na ja, der war früher ein kleiner Lokalpolitiker, ehe er in die reiche Verlegerfamilie Altmann einheiratete«, erklärte Lydia. »Das war das Sprungbrett zu seiner Karriere. Seine Frau, die Ramona, ist übrigens beinahe fünfzehn Jahre jünger und sieht dazu noch sehr gut aus. Ich weiß auch nicht, weshalb sie sich damals für diesen arroganten Pinsel entschieden hat. Na ja, wo die Liebe eben hinfällt.«

Danner griff nach der Kaffeetasse und trank einen Schluck. Zwanzig Minuten später fuhr er zurück auf die Dienststelle.

Kriminalinspektion Würzburg, Weißenburger Straße

Danner betrat auf der Dienststelle den dritten Stock und wunderte er sich über das Gewusel, das auf dem Gang herrschte. Kolleginnen und Kollegen in Zivil und in Uniform liefen durch die Flure. Er bog an der ersten Tür ab und betrat das Geschäftszimmer, in dem Hilde Senft hinter ihrem Schreibtisch saß. »Was ist denn hier los, Hilde?«, fragte er.

»Hast du es noch nicht gehört?«, entgegnete sie ungläubig. »Die Soko wurde auf vierzig Mann aufgestockt.« »Hier platzt bald alles aus den Nähten.«

»Weshalb?«

»Da fragst du noch, nach dieser Pleite? Horrheimer wurde vor einer Stunde aus der Haft entlassen. Wir können wieder von vorne anfangen.«

Danner nickte. »Das war zu erwarten, nachdem sein Handy zur Tatzeit im Heuchelhof registriert wurde. Aber das heißt nicht, dass alles umsonst war, schließlich gibt es noch ein paar Ansatzpunkte. Und für einen brauche ich deine Hilfe.«

»Was willst du?«

»Du musst für mich bei der Gemeinde Fladungen und den umliegenden Ortschaften nach Kästners Vater recherchieren«, erklärte Danner. »Der Mann hieß Maximilian Kästner, wurde über neunzig Jahre alt und ist vor zwei Jahren gestorben. Unser Mordopfer hat das Anwesen geerbt, aber seine Frau weiß nicht, was daraus geworden ist. Ich muss wissen, wo es liegt und ob er es noch in seinem Besitz hatte.«

Hilde wies auf die Uhr, die über der Tür hing. »Das kann ich erst morgen machen, jetzt sind die Ämter geschlossen.«

Danner lächelte. »Klar, ich verlass mich auf dich. Wo ist Klara?«

»Die ist in ihrem Büro, hast du die Listen dabei?«

Danner hob das Kuvert in die Höhe.

»Sie wartet schon auf dich.«

Danner verließ das Geschäftszimmer und ging den Flur entlang. Vor Klaras Büro blieb er stehen und klopfte.

»Herein!«, erklang ihr Ruf hinter der verschlossenen Tür.

Er trat ein. Klara saß hinter ihrem Schreibtisch und blickte auf. »Gut, dass du endlich kommst, du hast die Listen?«

Danner trat vor dem Schreibtisch und legte das Kuvert dort ab.

»Horrheimer ist frei«, sagte sie.

»Hab ich schon gehört.«

»Er hat Meldeauflagen und darf das Land nicht verlassen.«

»Weiß ich auch schon, und was ist da draußen los?«

Klara seufzte. »Ich hatte eine heftige Diskussion mit Krug und habe ihm verständlich gemacht, dass wir so nicht weiterkommen. Es hat zwar ein wenig gedauert, aber jetzt sind wir dreiundvierzig, und wir rollen alles noch mal von Anfang an auf. Außerdem hat Stemmer inzwischen das Ergebnis von der KTU. Insgesamt konnten siebzehn unterschiedliche Dann-Muster auf dem Spaten gesichert werden, und das biochemische Labor in München versucht, die weibliche DNA an der Leiche aufzubereiten. Reichert hat es autorisiert.«

»Siebzehn, das ist ja die halbe Belegschaft«, knurrte Danner.

»Fingerabdrücke auf dem Spaten sind dafür negativ, die meisten sind verwischt oder lassen sich aufgrund der Struktur im Holz nicht eindeutig sichern.«

»Schade«, bemerkte Danner. »War aber eigentlich zu erwarten.«

Klara griff nach dem Kuvert, öffnete es und zog den Inhalt hervor. »Mitarbeiter und Saisonarbeiter«, sagte sie. »Wir nehmen uns jeden Einzelnen vor. Mit Dolmetscher, Geld und Zeit spielt keine Rolle. Ich lass mir nicht noch einmal nachsagen, dass wir schlampig ermitteln.«

Danner setzte sich auf den Rand des Schreibtisches. »Okay, aber das wird eine Weile dauern. Lydia sagte, es sind über fünfzig Saisonarbeiter. Viele davon sind jetzt gar nicht hier und kommen erst im Frühjahr wieder.«

»Tja, dann dauert es eben bis zum nächsten Frühjahr«, antwortete Klara entschieden.

22

Hotel Goldener Stern, Kardinal Döpfner Platz,
Würzburg – Mitte

Danner kam spät aus dem Büro. Die Strategiebesprechung mit Klara dauerte und dauerte. Zu allem Übel sprang sein alter Passat, den er gerade aus der Werkstatt geholt hatte, wieder nicht an. Hätte er doch nur Nadines Porsche genommen, der immer noch auf dem Stellplatz vor seiner Wohnung stand!

Es war bereits dunkel, als er durch die Stadt zum Goldenen Stern lief. Zum Glück war die Küche noch nicht kalt, und er ergatterte trotz der fortgeschrittenen Stunde noch ein Tagesessen: Rindfleisch, Meerrettich und Salzkartoffeln.

Der Meerrettich war würzig und kitzelte in der Nase. Danner saß wie üblich in der kleinen versteckten Ecke am Zugang zum Nebenzimmer und wischte sich mit der Serviette eine Träne von der Wange, als just in diesem Augenblick die Tür des Nebenzimmers geöffnet wurde und Peschl, der Zeitungsfritze, herauskam. Sein Blick fiel auf Danner. Mit einem spöttischen Lächeln auf den Lippen blieb er stehen.

»Na, der Herr Kommissar ist wohl traurig?«, fragte er zynisch. »Tut weh, wenn man den Falschen verhaftet und anschließend wieder laufen lassen muss.«

Danner blickte auf. »Peschl, was willst du von mir? Lass mich in Ruhe!«

Doch den Journalisten der Main-Post schien Danners Abfuhr überhaupt nicht zu interessieren. Er zog sich den freien Stuhl heran und nahm unaufgefordert Platz.

Danner schüttelte den Kopf. »Peschl, warum störst du mich eigentlich immer beim Essen?«

»Tschuldigung, Danner, aber vielleicht isst du zu viel«, bemerkte Peschl lakonisch. »Übrigens, hast du schon gehört, was der Kurier in der Ausgabe am Samstag über euren Schlag ins Wasser in Sachen Horrheimer schreibt?«

Danner schob sich einen weiteren Bissen in den Mund und schüttelte den Kopf. »Ist mir auch egal«, entgegnete er schmatzend.

»Justizskandal in Würzburg«, fuhr er fort. »Vorschnelle Verhaftung, Anwalt erhebt schwere Vorwürfe.«

Erneut zuckte Danner mit den Schultern, griff zu seinem Bierkrug und trank einen Schluck.

»Wagner hat euch ganz schön eingeheizt«, redete Peschl unbeirrt weiter. »Er hat seinen besten Freund und Anwalt auf euch gehetzt. Der wirft euch schwere Ermittlungsfehler und die Diskreditierung eines Unschuldigen vor. Ich denke, das wird einigen in eurem Haus, bei der Staatsanwaltschaft und dem Gericht überhaupt nicht schmecken. Wahrscheinlich gibt es sogar eine Klage gegen das Präsidium. Zumindest zieht Horrheimers Anwalt so was in Erwägung. Die bringen eine ganze Seite darüber.«

Danner tat so, als würden ihn Peschls Worte überhaupt nicht berühren, doch insgeheim keimte Wut in ihm auf. Es fiel ihm schwer, seine Emotionen zu unterdrücken und den Unbeirrten zu spielen. Er aß fertig, griff zur Serviette und wischte sich den Mund ab, ehe er den Teller zur Seite schob.

Schließlich räusperte er sich. »Und was lese ich darüber in der Main-Post?«

Peschl lächelte verschmitzt. »Nur ne Viertelseite, am Samstag«, sagte er. »Horrheimer ist wieder frei, Mangel an Beweisen, Verdacht nicht bestätigt. Und so weiter und so fort. Harmlos im Vergleich zum Kurier. Unser Chefredakteur meint, wir müssen uns gut mit unserer Polizei stellen, sonst kriegen wir keine Polizeiberichte mehr.«

»Peschl kuscht vor der Obrigkeit? Das ist mir neu.«

Der Journalist beugte sich verschwörerisch vor. »Ich kann euch ja verstehen«, sagte er mit einfühlsamem Unterton. »Horrheimer war verdächtig, ihr brauchtet eine schnelle Festnahme, und der Staatsanwalt war auch nicht abgeneigt, also wanderte der arme Horrheimer erst einmal in den Knast. Aber jetzt sieht es wieder anders aus. Jetzt steht ihr mit leeren Händen da und habt auch noch dicken Ärger an der Backe. Warum sollte ich nach jemanden treten, der sowieso schon am Boden liegt?«

Danner lächelte. »Dann sollte ich dir wohl dankbar sein.«

Peschl schüttelte den Kopf. »Nicht nötig, Danner. Aber ich würde mich langsam fragen, weshalb Kästner das Zeitliche segnen musste und weswegen sich unser Landtagsabgeordneter so für Horrheimer stark macht.«

Danner runzelte die Stirn. »Hast du nicht das letzte Mal gesagt, dass Horrheimer für die Klosterbräu unverzichtbar ist?«

Peschl lächelte breit. »Ja, das habe ich, und das ist auch so. Im Gefängnis nutzt Horrheimer nichts, aber am Braukessel, da erfüllt er seinen Zweck.«

»Was willst du damit sagen?«

»Habt ihr Horrheimers Alibi schon überprüft?«

Danner hob abwehrend die Hände. »Keine Details über laufende Ermittlungen.«

»Schon klar«, entgegnete Peschl. »Ich glaube auch nicht, dass Horrheimer jemand umbringen könnte, anderseits steckt man nicht drin. Man kann nie wissen, wie weit jemand geht, wenn er in die Enge getrieben wird.«

Danner zog die Augenbrauen hoch. »In die Enge getrieben, was soll das denn heißen?«

Peschl lehnte sich auf dem Stuhl zurück. »Zuerst Kästner, jetzt Wagner. Irgendwie habe ich das Gefühl, Horrheimer ist Eigentum der Klosterbräu und jeder schiebt ihn hin und her, wie man es braucht. Vielleicht hatte er genug davon, so abhängig zu sein. Zumindest, so hörte ich, hat sein Name trotz des Verdachts noch immer einen guten Klang. Wenn er wollte, könnte er wohl bei jeder fränkischen Brauerei von Würzburg bis Bayreuth oder auch runter bis Nürnberg anfangen. Die würden sich glücklich schätzen, wenn er für sie arbeiten würde.«

»Weshalb bleibt er dann bei den Klosterbrüdern?«

Peschl zuckte mit den Schultern. »Das müsst ihr schon selbst rausfinden«, entgegnete er, ehe er sich erhob und einen Diener andeutete. »Danner, es war mir wie immer eine Freude.«

Sprach's, wandte sich um und verschwand wieder im Nebenraum.

Danner schaute ihm nachdenklich hinterher, ehe er zu seinem Glas griff und es leerte.

Was zum Teufel wollte Peschl damit andeuten? Horrheimers Alibi galt als gesichert. Er konnte nach all den neuen Erkenntnissen nicht hinter Kästners Tod stecken. Oder war tatsächlich etwas faul an der Sache?

Rosi kam an den Tisch und räumte den Teller ab. Sie wies auf den leeren Bierkrug. »Noch eins?«, fragte sie.

Danner schüttelte den Kopf. »Ich muss morgen früh raus, ist das Zimmer fertig?«

Rosi wies nach oben an die Decke. »Frische Laken und gelüftet, wie immer.«

Danner nickte ihr dankbar zu.

Kriminalinspektion Würzburg,
Weißenburger Straße

Danner war nach einer kurzen Nacht etwas früher aufgestanden, um vor Dienstbeginn noch mit seiner Werkstatt zu telefonieren. Der Mechaniker sagte zu, seinen liegengebliebenen Wagen vom Parkplatz der Inspektion abzuholen. Danner hatte noch eine ganze Weile über Peschls Worte nachgedacht, die irgendwie keinen rechten Sinn ergaben. Hatte sich der Journalist nur wichtig machen wollen?

Eigentlich war es vollkommen egal. Sie standen mit leeren Händen da, und es musste getan werden, was getan werden musste. Akribische Ermittlungsarbeit dauerte eben ihre Zeit und bedurfte eines entsprechenden Kräfteansatzes, auch wenn viel Zeit vergebens investiert werden musste. Doch nun musste er sich erst einmal beeilen, damit er gleichzeitig mit dem Abschleppdienst auf dem Polizeihof eintraf.

Der Mechaniker hatte einen Gehilfen dabei, und das Aufladen des defekten Passats, der trotz mehrmaliger Versuche nicht ansprang, ging überraschend schnell. Danner schaute dem davonfahrenden Abschleppwagen noch nach und hatte irgendwie das Gefühl, dass er sich langsam von seinem Vehikel verabschieden musste. Zweiundzwanzig Jahre hatte der Passat ihm treu gedient, doch jetzt war das Verfallsdatum wohl überschritten.

Als er das Dienstgebäude betrat, saßen im Flur vor der Zugangsschleuse bereits mehrere Männer und Frauen, die der Bekleidung nach zur Belegschaft der Brauerei gehörten.

»Da bist du ja«, begrüßte ihn Klara, die im Flur stand und eine Schreibkladde in der Hand hielt. »Hab gesehen, dass dein Wagen abgeschleppt wurde. Ist es schlimm?«

Danner nickte. »Ich fürchte, ja. Sind das die Saisonarbeiter der Brauerei?«

Klara nickte. »Wir warten noch auf die Dolmetscher.«

»Alles klar, ich brauch erst mal einen Kaffee.«

Eine Stunde später waren sämtliche Vernehmungszimmer besetzt. Danner hatte einen polnischen Saisonarbeiter namens Pawel Lesniczki vor sich sitzen, der kein Wort Deutsch verstand. Eine Dolmetscherin übersetzte seine Fragen. Er hasste diese Art der Vernehmung, weil es zu keinem direkten Gespräch kam und sich das übliche Spiel mit Fragen und Antworten scheinbar endlos in die Länge zog.

»Wo waren Sie am Tag, als Kästner ermordet wurde?«

»Gibt es dafür Zeugen?«

»Haben Sie etwas davon mitbekommen?«

»Gab es Streit zwischen Kästner und einem der Arbeiter oder Arbeiterinnen?«

Eigentlich reduzierte sich die Befragung auf einige wenige klar formulierte und verständliche Fragen, doch die Antwort war meist dieselbe. Egal, ob sie direkt vom Angehörten oder von der Übersetzerin kam.

»Ich weiß nichts. Ich habe nichts gehört. Ich kann nichts dazu sagen.«

Die Antworten waren ebenso standardisiert, doch dauerte es durch die Übersetzung eben um ein Vielfaches länger. Zumindest stimmten alle einem Speicheltest und der Abnahme von Fingerabdrücken zu. So zog der Vormittag ins Land, ohne dass Klara, Danner oder die zugeordneten Kolleginnen und Kollegen einen einzigen Schritt vorwärtskamen.

Auch der Mittag war mit weiteren Befragungen angefüllt. Einzige Abwechslung für Danner war der Anruf des Mechanikers, der sicher war, den Fehler am Wagen gefunden zu haben. Kompressionsverlust am dritten Zylinder des Motors. Mit einfachen Worten: Exitus.

»Ich glaube nicht, dass uns das auch nur einen Schritt weiterbringt«, beklagte sich Danner nach der vierten Zeugenbefragung, diesmal mit einer rumänischen Arbeiterin, die ebenfalls nichts gehört, gesehen und mitbekommen hatte.

Landläufig war bekannt, dass sich Menschen aus manchen südöstlichen Teilen der europäischen Welt mit Befragungen der Polizei schwertaten, denn dort war die Polizei lange Zeit Teil eines despotischen Unterdrückungsapparats gewesen, und das Vertrauen in die Institution war eher gering bis überhaupt nicht vorhanden.

Klara saß am Tisch in der Teeküche und seufzte. »Egal, wir ziehen das jetzt durch. Was bleibt uns anderes übrig? Zumindest kann uns dann niemand nachsagen, wir wären nicht gründlich gewesen.«

Danner schlürfte seinen Kaffee und warf einen Blick auf seine Armbanduhr. »Kommst du ohne mich klar? Ich muss mich nach einem neuen Wagen umschauen. Meiner tut es nicht mehr, und am Wochenende brauche ich einen. Meine Werkstatt hat gerade was hereinbekommen.«

»Was ist mit dem Porsche?«

»Der gehört mir ja nicht.«

»Okay, draußen sitzen nur noch zwei Bulgarinnen, ich denke, das schaffen wir auch ohne dich.«

Danner trank seine Tasse leer und stellte sie in die Spülmaschine. »Danke, dann mach ich jetzt Schluss. Wir sehen uns morgen. Vielleicht ergibt sich ja noch was.«

23

Anwaltskanzlei Kahlbach und Kollegen, Franziskanerplatz

Ein weiterer Tag war ins Land gezogen, ohne dass die Ermittlungen im Mordfall Kästner auch nur einen Schritt vorangekommen waren.

Die Befragungen der Belegschaft und Saisonarbeiter ging weiter. Gestern hatte die Ermittlungsgruppe Klosterbräu, inzwischen um mehr als die Hälfte aufgestockt, über zwanzig Vernehmungen geführt, meist mit Dolmetscher, doch niemand von den Befragten wollte etwas gesehen, bemerkt oder wahrgenommen haben. Am heutigen Freitag standen weitere Befragungen auf dem Programm.

Umso überraschter war Klara, als sie kurz nach dem Betreten der Dienststelle von Hilde Senft abgefangen wurde.

»Der Chef hat angerufen«, erklärte sie. »Du sollst mit Danner pünktlich um neun in der Anwaltskanzlei Kahlbach am Franziskanerplatz sein, Dr. Schneider will mit euch sprechen. Krug meint, es wäre wichtig für die Ermittlungen.«

»Horrheimers Anwalt?«, fragte Klara perplex.

»Richtig.«

»Was will der von uns?«

Hilde Senft zuckte mit den Schultern. »Das hat mir Krug nicht gesagt.«

Klara warf einen Blick auf ihre Armbanduhr. Es war kurz nach acht. Danner hatte ihr über SMS geschrieben, dass er wegen seines Wagens zwei Stunden später käme. Egal, dann musste eben Olaf oder Nina aushelfen.

»Alles klar«, sagte sie und verschwand in ihrem Büro. Was konnte Horrheimers Anwalt von ihr wollen?

Eine halbe Stunde später startete sie in Begleitung von Olaf Stenzel zu dem ungewöhnlichen Treffen am Franziskanerplatz. Sie war gespannt, was es dort mit Horrheimers Anwalt zu besprechen gab.

Das mehrstöckige Geschäftshaus mit der Glasfront, neben der Juristischen Fakultät der Universität gelegen, empfing Klara und ihren Begleiter mit kühler Nüchternheit. Passend zur trüben Stimmung hatte auch noch Nieselregen eingesetzt. Der Oktober zeigte sich nicht von seiner angenehmsten Seite, und auch für das Wochenende war Regenwetter vorausgesagt. Regenwetter, das traf auch Klaras Stimmung.

Die Kanzlei befand sich im vierten Stockwerk des Gebäudes; ein Aufzug brachte sie hinauf.

Nach einer Glastür wurden sie von einer jungen, gut gekleideten Frau hinter einem kleinen Pult empfangen und liefen über weichen blauen Teppichboden. An den Wänden hingen große Ölgemälde, die das Würzburg vergangener Jahrhunderte zeigten. Insgesamt hatte Klara den Eindruck, dass in dieser Kanzlei ordentlich Geld verdient wurde. Nachdem sie sich ausgewiesen und mit der jungen Frau hinter dem Pult gesprochen hatten, wurden sie in einen Raum geführt, wo sie an einem langen Tisch auf gepolsterten Lederstühlen Platz nahmen.

»Doktor Schneider kommt sofort«, sagte die junge Frau mit einem freundlichen Lächeln. »Darf ich Ihnen etwas zu trinken bringen? Kaffee, Wasser oder Cola?«

Klara und ihr Begleiter lehnten dankend ab, und die Frau verschwand aus dem Zimmer. Es dauerte beinahe zwanzig Minuten, bis der Anwalt den Raum betrat. Er war in Begleitung einer beleibten Frau, die etwas schüchtern wirkte und vor sich auf den Boden schaute.

»Frau Pepperkorn, vielen Dank für Ihr Erscheinen«, grüßte der Anwalt und warf einen kurzen Blick auf ihren Begleiter. »Herr Danner war wohl anderweitig beschäftigt, wie ich sehe.«

Er reichte ihr und ihrem Kollegen die Hand und trat neben die schüchterne Frau, die Klara so um die vierzig schätzte.

»Das ist Frau Ivanka Burakova«, stellte er seine Begleiterin vor, die nur kurz den Kopf anhob und nickte, ehe sie wieder ihre vorherige Haltung einnahm. »Sie wohnt im Heuchelhof, ein paar Häuser von meinem Mandanten Herrn Horrheimer entfernt. Und sie wird sein Alibi für die Tatzeit bestätigen. Ich hoffe, dass sie dann die weiteren Ermittlungen bezüglich meines Mandanten einstellen. Ich finde, es wurde schon genügend Porzellan zerschlagen.«

Klara zog ihre Stirn kraus.

Der Anwalt bemerkte ihren fragenden Blick und winkte ab. »Ich habe bereits mit Herrn Oberstaatsanwalt Reichert gesprochen, und er hat uns vollste Vertraulichkeit zugesichert. Im Gegenzug sehen wir von einer Klage gegen die Behörde ab.«

Der Anwalt zog einen Stuhl zurecht und wartete, bis sich Ivanka Burakova gesetzt hatte, ehe er sich selbst niederließ.

»Frau Burakova ist verheiratet; dieser Umstand erschwert die Sache. Ihr Mann ist gewalttätig, deshalb möchte Frau Burakova, dass niemand etwas von dieser Unterhaltung erfährt. Der Name wird nur verschlüsselt in der Ermittlungsakte Platz finden. Wir wissen ja, dass bei solchen Ermittlungen manchmal nicht alles im Haus bleibt. Frau Burakova hat inzwischen das Verhältnis zu Herrn Horrheimer beendet. Sie ist Mutter dreier Kinder, die in einem intakten Elternhaus aufwachsen sollen.«

Klara schüttelte den Kopf. »Moment, nicht so schnell«, hakte sie ein.

Doktor Schneider lächelte, zog sein Handy hervor, wählte eine Nummer und reichte es an Klara weiter. Oberstaatsanwalt Reichert war am Apparat.

»Hören Sie gut zu, Frau Pepperkorn«, sagte er, nachdem sich Klara gemeldet hatte. »Ich habe mit Herrn Doktor Schneider gesprochen und ihm absolute Vertraulichkeit zugesichert. Also nehmen Sie die Aussage der Frau auf, schwärzen Sie den Namen und lassen Sie mir bis Montag einen Zwischenbericht und die Vernehmung zukommen, haben Sie mich verstanden?«

»Aber ich …«

»Kein Aber!«, fiel ihr Reichert ins Wort. »Wir halten uns an die Abmachung, klar?«

»Verstehe«, gab Klara klein bei, beendete das Gespräch und reichte das Telefon an den Anwalt zurück.

Sie atmete erst einmal durch, als sie sich der Frau zuwandte. »Frau Burakova, ich bin Klara Pepperkorn von der Polizei …«

»Das ist nicht notwendig«, fiel ihr diesmal der Anwalt ins Wort und drückte auf den Knopf der Sprechanlage.

»Dürfte ich wenigstens mit Frau Burakova sprechen, wenn Sie mich schon hierher einladen?«

Der Anwalt nickte und stupste Ivanka Burakova in die Seite.

Die Frau, die noch immer wie ein Häufchen Elend ihr Haupt gesenkt hielt, richtete sich auf.

»Dieter gewesen bei mir an Mittwoch, wo ist gewesen Mord«, sagte sie in gebrochenem Deutsch.

»Wann war er bei Ihnen?«, fragte Klara.

»Gewesen ist um halb neun bis kurz nach elf am Abend, dann gegangen nach Hause.«

Die Tür wurde geöffnet, und die junge Frau vom Empfang erschien. Sie reichte dem Anwalt ein Kuvert, ehe sie den Raum wieder verließ.

»Wir waren so frei, die Angaben von Frau Burakova zusammenzufassen. Dazu liegt diesem Kuvert eine eidesstattliche Erklärung unserer Kanzlei bei, beglaubigt durch unseren Notar. Ihre Personalien liegen auf einem gesonderten Blatt. Ich denke, wir können uns weitere Befragungen zu der Sache ersparen.«

Klara schüttelte den Kopf. »Herr Doktor Schneider, das ist nicht die Art, wie ich meine Ermittlungen führe«, sagte sie entschieden.

»Da muss ich Sie berichtigen«, entgegnete der Anwalt. »Es sind nicht Ihre Ermittlungen, es sind die Ermittlungen der Staatsanwaltschaft, für die Sie quasi als verlängerter Arm dienlich sind. Oberstaatsanwalt Reichert hat hierzu keine Bedenken. Herr Horrheimer ist Kavalier und weiß um die Situation der Frau. Er hat bei Ihnen gelogen, um Ivanka Burakova zu schützen, und nicht, um seine mögliche Täterschaft zu verschleiern. Zusammen mit den bereits übergebenen Handydaten sprechen meiner Ansicht nach ausreichend Tatsachen für die Unschuld meines Mandanten. Ich denke, das genügt. Ich bitte Sie und Ihre Abteilung, nun jegliche Ermittlungen in diese Richtung einzustellen. Sie gefährden damit die körperliche Integrität sowie die Ehe und die Familie von Frau Burakova. Sollten Sie weitere Fragen haben, dann steht Ihnen unsere Kanzlei jederzeit zur Verfügung.«

Klara stieg die Hitze zu Kopf, die ihre aufkeimende Wut in einem Kessel in ihrer Magengegend zusammenbraute. Sie musste hier weg, bevor sie explodierte.

»Nix fragen Mann, er nix wissen, sonst schlagen und einfach gehen und ich da mit Kinder«, schob die verhärmte Frau nach. Ihre Augen verrieten ihre Angst.

Klara nickte, griff nach dem Kuvert und erhob sich. »Schönen Tag noch«, sagte sie und nickte dem Anwalt und der Frau zu. Olaf Stenzel musste sich beeilen, um Klara vor dem Ausgang wieder einzuholen.

»So was ist mir noch nicht untergekommen«, klagte sie, nachdem sie die Kanzlei verlassen hatten. Olaf Stenzel zog es vor, zu schweigen.

Auf dem Rückweg zur Dienststelle hielt Klara den Wagen am Mainkai an und stieg aus. Sie brauchte frische Luft und etwas Abkühlung. Doch sie wusste auch instinktiv, dass diese Frau nicht gelogen hatte. Ihre Angst hing förmlich wie ein Damoklesschwert in dem kleinen Besprechungsraum der Anwaltskanzlei, die Klara sicher so schnell nicht mehr aufsuchen würde. Erst nach einem kurzen Spaziergang am Kai kam sie zurück; Olaf hatte im Wagen auf sie gewartet.

»Geht es wieder?«, fragte er. Sie nickte nur und startete den Motor.

Kriminalinspektion Würzburg, Weißenburger Straße

Der Passat war endgültig Geschichte. Ein Austauschmotor war nicht mehr rentabel. Glücklicherweise hatte sein Mechaniker vor ein paar Tagen einen mausgrauen Tiguan auf den Hof bekommen, den er günstig anbot und der Danner ganz gut gefiel. Auch das Baujahr und die Fahrleistung waren ansprechend. Mit roter Nummer versehen, fuhr er vom Firmenhof und mit kleinen Umwegen zur Dienststelle, schließlich waren 16'000 Euro kein Pappenstiel, auch wenn der Preis beinahe 3000 Euro unter der üblichen Händlermargen im Gebrauchtwagenmarkt lag.

Nachdem er auf seinem Parkplatz im Polizeiareal geparkt hatte, lief er erst noch einmal eine Runde um den Wagen, bevor er das Dienstgebäude betrat.

Im Flur begegnete ihm Hilde Senft, die gerade auf dem Weg in ihr Schreibzimmer war.

»Morgen, Hilde«, begrüßte er sie. »Weißt du, wo Klara ist? Ich kann sie nirgends finden.«

»Tja, wer zu spät kommt ...«, bemerkte sie schnippisch.

»Ich hab eine Entschuldigung.«

»Klara ist auf Krugs Befehl bei Horrheimers Anwalt.«

Danner runzelte die Stirn. »Was macht sie denn da?«

»Da musst du sie selbst fragen«, antwortete sie. »Krug bindet mir auch nicht alles auf die Nase.«

»Weißt du, wann sie wiederkommt?«

Hilde zuckte mit den Schultern. Danner nickte und wollte schon weitergehen, da hielt sie ihn zurück.

»Ich habe heute Nachricht aus Fladungen gekriegt«, sagte sie.

Danner blieb stehen und wandte sich zu ihr um.

»War nicht ganz einfach«, fuhr Hilde fort und forderte ihn zum Mitkommen auf. In ihrem Büro setzte sie sich hinter den Schreibtisch und nahm eine Akte aus einem der vielen Postkörbe.

»Im Grundbuchamt wusste man nichts, da steht Kästner nicht mehr drin, weil er alles verkauft hat, nachdem er seinen Erbschein hatte«, erklärte sie und schlug die Akte auf. »Ein Gehöft in Hausen, Bauernhof mit Nebengebäude, mehrere Hektar Ackerland und sieben Bauplätze in Frankenheim.«

»Das ist eine ganze Menge.«

»Ja, stimmt. Ich habe mit einer Frau vom Liegenschaftsamt in Frankenheim telefoniert, allein die Bauplätze dürften ihm dreihunderttausend Euro eingebracht haben. Dazu Ackerland und ein Gehöft, das erst vor vier Jahren grundsaniert wurde, also, ich würde mal schätzen, das ist rund eine Million, die er dabei verdient hat. Wahrscheinlich sogar mehr.«

Danner stieß einen Pfiff aus. »Hat er das selbst verkauft?«

»Er hatte wohl einen Makler an der Hand. Aus Frankfurt am Main, meinte die Dame vom Amt. Sie will noch mal nachschauen, ob sie die Maklerfirma irgendwo in den Akten haben. Bestimmt weiß der Notar, welche Firma die Verkäufe tätigte.«

Danner lächelte. »Gute Arbeit, Hilde«, lobte er die Frau, die ihm mit stolzem Lächeln die Akte reichte. »Bleib bitte am Ball und versuch herauszufinden, welcher Notar es war.«

Nachdem er in seinem Büro angekommen war, rief er Stemmer an und fragte, ob sie die Konten bereits ausgewertet hatten. Auf einem Girokonto bei der Santanderbank befanden sich knapp dreitausend Euro, auf einem Anlagekonto bei der Deutschen Bank hatte er Fonds im Wert von knapp dreihunderttausend Euro. Dazu gab es Sparbriefe für die Kinder und die Ehefrau, insgesamt nochmals rund einhunderttausend Euro. Doch auf ein Millionenkonto waren Stemmer und sein Team nicht gestoßen. Wo war das Geld? Hatte es vielleicht sogar etwas mit seinem Tod zu tun.

Kästners Ehefrau wusste nichts davon und hatte sich auch gar nicht mehr darum gekümmert, wenn man ihren Angaben trauen durfte. Aber eine Million Euro war ein verdammt guter Grund für einen Mord.

Hatte sie doch gewusst, zu welchem Reichtum ihr Nochehemann durch den Verkauf gekommen war?

Danner wartete auf Klara, doch sie kam und kam nicht. Langsam ging es aufs Mittagessen zu. In der Kantine nebenan gab es heute Backfisch und Kartoffelsalat. Als er über den Parkplatz lief, blieb er kurz stehen und betrachtete nochmals aus der Ferne den neuen Wagen. Bis nächste Woche hatte er Zeit, sich zu überlegen, ob der den Kauf abschließen wollte, doch schon heute war er geneigt, seinem Mechaniker zuzusagen. Er wollte gerade weitergehen, als sein Handy klingelte. Er zog es aus der Tasche und blickte auf das Display. Nein, es war nicht Klara, sondern Pelle, sein alter Fußballkumpel, der bei einer großen Versicherungsgesellschaft arbeitete. Er nahm das Gespräch an.

»Hallo, Pelle, es ist Freitag und du bist noch im Büro, was ist los mit dir«, meldete er sich. Er wusste, dass Pelle seine Arbeitszeit reduziert hatte und sonst nie freitags arbeitete.

»Quatsch, ich bin in Fürth und ruf über die Zentrale mit meinem Handy an«, entgegnete Pelle. »Das ist für mich billiger. Mein Datenvolumen neigt sich dem Ende zu. Hast du nächsten Mittwoch schon was vor?«

»Mittwoch, wieso?«

»DFB-Pokal, hast du die Auslosung nicht gesehen? Wir gegen Greuther Fürth, und ich stehe direkt vor der Geschäftsstelle. Soll ich dir eine Karte mitbringen?«

»Mittwoch, wann?«

»19. 30 Uhr, wann sonst. Auswärtsspiel«

»Okay, ich bin dabei.«

»Also gut, dann bis Mittwoch. Kostet sechsundvierzig Euro.«

»Du kriegst dein Geld schon.«

»Alles klar«, sagte Pelle und legte auf.

Mittwoch, Kickers gegen Fürth, hoffentlich klappte das und er hatte Zeit dafür. Mal wieder Fußball statt Überstunden. Zufrieden steckte er sein Handy ein und ging weiter.

24

Ristorante Bella Napoli, Würzburg,
Neubaustraße

Klara war nicht sofort wieder zurück zur Dienststelle gefahren. Warum passierte es immer ihr, warum musste immer nur sie allein die Suppe auslöffeln, die ihr andere eingebrockt hatten?

Danner war später zu Arbeit gekommen, saß nun mit seinem dicken Po am Schreibtisch und ließ den Tag an sich vorbeiziehen, während sie dem Anwalt hilflos ausgeliefert war und wieder einmal die Kröte schlucken musste. Inzwischen kam sie ganz gut mit Danner zurecht, manchmal hatte sie sogar das Gefühl, dass es immer besser zwischen ihr und ihrem manchmal ein klein wenig zu lethargischen Kollegen wurde, doch immer, wenn es eng wurde, war er nicht da, und sie musste alles alleine ausbaden. Beim Staatsanwalt war es so gewesen, und auch bei Krug hatte sie das Gefühl, dass er sie skeptisch beäugte, während sich Danner beinahe alles erlauben konnte. Dieser Termin war ein erneuter Tiefschlag für ihr Ehrgeizkonto, und sie hatte das Gefühl, dass immer mehr von ihrer anfänglichen Reputation verloren ging. Dabei war sie extra von München, wo sie von ihrem damaligen Dienststellenleiter offen gemobbt worden war, nach Würzburg gekommen, um hier zu zeigen, dass sie eine gute und erfolgreiche Ermittlerin war. Doch gleich ihr erster großer Mordfall war das reinste Fiasko. Und jetzt war mit dieser Aussage der untreuen Ehefrau ihr einziger Hauptverdächtiger endgültig aus dem Schneider, und sie stand mit leeren Händen da.

Die Demütigung in dieser Anwaltskanzlei musst erst einmal mit einem heißen Cappuccino heruntergespült werden. Sie schickte Stenzel schon mal zurück auf die Dienststelle und sagte ihm, dass sie noch etwas zu erledigen hatte und später nachkommen würde. Außerdem ging es langsam auf Mittag zu, und ein leichtes Hungergefühl breitete sich in ihrem Magen aus.

Ganz in der Nähe der Kanzlei gab es ein italienisches Restaurant, das geöffnet hatte. Sie betrat den Gastraum und wurde von einem Kellner freundlich empfangen und an einen freien Tisch in der Ecke geführt.

Aus dem Cappuccino wurde erst einmal ein Ramazotti, und zum Essen bestellte sie Spaghetti alla Carbonara von der Tageskarte.

Der erste Schluck des eiskalten Aperitifs tat gut, doch taugte er nicht dazu, ihre Gedanken von der unbefriedigenden Gesamtsituation zu lösen. Neun Tage waren seit dem Mord vergangen, und noch immer tappten sie im Dunkeln. Es gab jede Menge Verdächtige, und eines war klar: Nur wenige Menschen weinten dem Opfer eine Träne nach. Doch noch immer gab es nichts Konkretes, nichts Greifbares, nichts, was die Ermittlungen tatsächlich voranbrachte. Dabei konnte es doch gar nicht so schwer sein! Kästner war ein übler Mensch gewesen, nach all dem, was sie bislang über ihn erfahren hatten. Ein Geschäftsmann, der über Leichen ging, ein Schwerenöter, dem offenbar nichts und niemand heilig war und der auch vor mehrfachem und wiederholtem Ehebruch nicht zurückschreckte.

Der Kellner kam an den Tisch und servierte ihre Mahlzeit. Sie bestellte ein Wasser, obwohl ihr der Sinn eigentlich nach einem schweren und trockenen Weißwein stand, doch sie durfte nicht übertreiben. Eigentlich war der Ramazotti schon zu viel des Guten, schließlich hatte sie noch einige

Stunden Dienst vor sich und brauchte alle ihre Sinne, denn hier auf dieser Dienststelle gab es sehr oft unliebsame Überraschungen, und Krug schlich tagtäglich durch die Büros der Mordkommission und suchte immerzu das Gespräch.

War es ein Fehler gewesen, sich von München nach Würzburg in die Provinz versetzen zu lassen? Oder hatte sie sich und ihre Fähigkeiten am Ende überschätzt?

Sie aß von ihren Spaghetti, doch irgendwie schmeckten sie genauso fade, wie ihr Leben gerade verlief. Hatte sie zu viel erwartet?

Lustlos rührte sie in den Nudeln herum.

»Schmeckt, isse recht so?«, fragte der Kellner freundlich, als er an ihrem Tisch vorbeiging, um am Nebentisch die Getränke zu servieren. Dort herrschte ausgelassene Stimmung. Die Männer und Frauen lachten und scherzten. Seit beinahe zehn Monaten war sie nun hier in der Stadt. Sicher, im Fitnesscenter war sie auf Bea gestoßen, und sie waren inzwischen dicke Freundinnen geworden, doch ansonsten fühlte sich das Leben leer und manchmal ein wenig trist an. Und jetzt ging auch noch im Büro alles schief. Warum in aller Welt hatte sie der großen, bunten und lebhaften Stadt im Süden den Rücken gekehrt und sich auf die ausgeschriebene Stelle beworben?

Sie versuchte ein Lächeln, obwohl ihr überhaupt nicht danach war. Ein schwaches *Danke* reichte aus, und der Kellner ging seines Weges.

Danner, immer wieder Danner! Sie wurde nicht schlau aus ihm. Sicher, seit sie auf Beas Rat gehört hatte und ihm eine lange Leine gönnte, war die Zusammenarbeit besser geworden, dennoch galt es zweifellos noch an der Kommunikation zu arbeiten. Irgendwie wurde sie das Gefühl nicht los, dass er alles auf die leichte Schulter nahm und nicht wirklich ernsthaft bei der Sache war. Manchmal war er einfach nicht präsent. Fast so wie ein Ferienjobber, der einfach nur an seinem Geld und dem großen Hallo interessiert war, aber nicht an der Firma selbst. Oder lag es an ihr, sah sie alles zu verbissen, fehlte ihr der notwendige Abstand zur Arbeit, weil die Arbeit das Einzige war, was ihr Leben zu einem erfüllten Leben machte?

Lustlos schob sie einen weiteren Bissen in den Mund. Sie warf einen Blick auf ihr Handy. Schon kurz nach eins. Verdammt, sie musste zurück ins Büro. Die Mittagspause war längst überstrapaziert. Obwohl ihr Teller erst zu Hälfte geleert war, rief sie nach dem Kellner und verlangte sie Rechnung. Das Wasser trank sie leer.

»Oh, scusi Signora, war nicht gut Essen?«, fragte der Kellner bestürzt.

»Doch, doch, nur … es war ein wenig zu viel«, entschärfte sie die Situation. Fünf Minuten später machte sie sich auf und ging zu Fuß zurück zur Dienststelle. Ein leichter Nieselregen fiel aus den dunklen Wolken, und sie war froh, als sie die Dienststelle erreichte, bevor der Wolkenbruch über die Stadt kam und es wie aus Eimern regnete.

Kriminalinspektion Würzburg, Weißenburger Straße

Die junge Kollegin, die an der Tür geklopft und anschließend Danners Büro betreten hatte, war ihm gänzlich unbekannt. Sie gehörte zu der Verstärkung, die Krug der Ermittlungsgruppe zugeteilt hatte, und arbeitete normalerweise bei der Verkehrspolizei.

»Ich bin auf der Suche nach Frau Pepperkorn«, sagte sie nach einem kurzen Smalltalk.

»Ist sie nicht in ihrem Büro?«

»Ich habe sie dort nicht gefunden, und offenbar weiß niemand, wo sie gerade steckt.«

»Und Stenzel?«

»Der ist seit über einer Stunde wieder zurück.«

Danner zuckte mit den Schultern. »Komisch, das kenne ich gar nicht von ihr.«

»Ich kann auch noch ...«

»Um was geht es denn?«, fiel ihr Danner ins Wort.

»Sie wollte umgehend informiert werden, wenn sich bei der Befragung der Saisonarbeiter etwas ergibt«, erklärte die junge Kollegin. »Wir haben gerade Frau Scharakowa bei uns, eine Bulgarin, und sie meint, sie hätte in Bezug auf das Mordopfer etwas beobachtet.«

Danner erhob sich. »Ich komme«, sagte er.

Gemeinsam suchten sie das Untergeschoss auf, in dem zwei Vernehmungszimmer für die Ermittlungsgruppe reserviert worden waren, um zu verhindern, dass es in den oberen Stockwerken zu umtriebig wurde. Gabriela Scharakowa saß auf einem Stuhl und blickte auf, als Danner mit der Kollegin das Zimmer betrat.

Die Frau war Mitte dreißig, trug Jeans und einen hellblauen Pulli mit dem Aufdruck eines Süßwarenherstellers, den es seit über zehn Jahren nicht mehr gab. Ihr Kurzhaarschnitt und ihre strengen Gesichtszüge ließen sie eher maskulin erscheinen. Danner zog sich einen Stuhl heran und setzte sich.

»Also, Frau Scharakowa, was wollen Sie uns erzählen?«, begann er die Unterhaltung.

Die Frau warf einen fragenden Blick auf Danners Begleitung.

»Das ist der Kommissar, Sie können ihm ruhig alles sagen«, bemerkte die Kollegin.

Danner wandte kurz den Blick, ehe er die Bulgarin wieder ins Visier nahm.

»Ich arbeiten Klosterbräu«, entgegnete die Frau nach kurzem Zögern. »Zehn Jahre, immer kommen und gehen.«

»Gut, Frau Scharakowa, aber Sie wollten uns etwas über Herrn Kästner erzählen«, strebte Danner eine Beschleunigung der Unterhaltung an.

»Ich hier, September, gekommen zu Anfang. Gehen wieder in zwei Wochen, Bulgaria.«

»Verstehe«, knurrte Danner.

»Gegangen kaufen in Rewe, war vier, nein drei Wochen an Dienstag«, fuhr die Frau fort. »Brauche Pizza und Wurst und bin gelaufen mit Fuß.«

Danner überlegte einen Augenblick. »Sie meinen den Rewe in der Dürrbachau?«

Die Frau runzelte die Stirn. »Ich gelaufen Straße, dann komme Parkplatz linke Seite, dann Rewe. Nicht weit gelaufen, zehn Minute.«

»Der Rewe in der Dürrbachau«, bestätigte Danner.

»Gelaufe Parkplatz, komme Taxi gefahre und ich sehe, Kästner ist gestiegen aus Auto, gegangen über ganze Parkplatz, dann gestiegen in Taxi und weg war.«

Danner kratzte sich am Kinn. »Das heißt, er war mit seinem Auto dort und ist in das Taxi umgestiegen?«

»Gewesen mit Auto von Firma, blaue Auto, dann gestiegen in Taxi.«

»Wann war das?«

»Drei Woche, ich sage, Dienstag.«

»Nein, ich meine, um wie viel Uhr das war?«

Die Frau überlegte eine Weile. »War gemacht Frühschicht, ist Ende um zwei in die Mittag, dann gewese auf Bett, geschlafe, und dann Rewe.«

»Also um drei am Nachmittag«, versuchte Danner, die Antwort der Frau zu deuten.

»Drei, vier aber nix fünf, fünf ich fahre mit Bus in Stadt.«

»Okay, also zwischen drei und vier Uhr, und er war mit einem Firmenwagen dort?«

Die Frau nickte.

Danner zog seinen Dienstkalender aus dem Ausweisetui. »Das muss dann der zwanzigste September gewesen sein«, murmelte er.

Die Frau nickte erneut. »Ich gefragt mich, warum fahre Auto und dann fahre Taxi, warum nicht gleich fahre Taxi?«

Danner lächelte und nickte beipflichtend. »Das ist eine sehr gute Frage, Frau Scharapowa…«

…kowa, Scharakowa«, verbesserte die Zeugin.

»Ja, sicher, Frau Scharakowa«, antwortete Danner. »Können Sie mir etwas zu diesem Taxi sagen?«

»War Taxi, mit Schild auf Dach.«

»Farbe?«

»War Farbe von Taxi wie ist in Deutschland, in Bulgaria ist Taxi weiß, schwarz, silbern, alle Farben.«

»Das heißt, es war beige.«

»Beige-gelb«, bestätigte die Zeugin.

»Und es war ein Auto, kein Bus, richtig?«

»War Mercedes-Auto. Gute Auto, Mercedes.«

»Haben Sie ein Kennzeichen oder vielleicht die Nummer des Taxis?«, fragte Danner interessiert. »Die Nummer steht immer auf einem Schild an der Heckscheibe, hinten.«

Die Frau lachte. »Ich nix wie Adler, ich laufen und Taxi ist weit … keine Nummer … aber gesehen, Chef eingestiegen und Frau hinten in Auto, haben geküsst.«

»Eine Frau?«

»Gesehen schwarze lange Haare, ist schöne Frau und junge Frau, gewesen jünger wie Chef und gewesen elegant, wie Italienerin, du verstehen?«

Danner warf der jungen Kollegin einen kurzen Blick zu. »Das ist ja interessant. Können Sie die Frau beschreiben?«

Diesmal lachte die Frau laut heraus. »Ich sagen, nix Adler bin, weit weg war, aber gesehen Frau weil gebeugt aus Wagen, gesehen lange Haare und gesehen, Haut ist braun wie Frau aus Italien, du gehört, ich schon sagen. Haben elegant Kleid, gewese schwarz, ich sehen, aber nix können malen Bild, wenn meinen.«

»Schade«, erwiderte Danner. »Und dann sind sie weggefahren, richtig?«

Gabriela Scharakowa nickte. »Gestanden Minute, dann fahren Parkplatz und fahren Straße.«

»Rechts oder links?«

Die Frau runzelte die Stirn und schaute Danner fragend an.

»Fuhr das Taxi auf der Straße nach ...«

»Ah, jetzt, fahre rechts, dann weg. Ich kaufe und komme Parkplatz und Auto von Chef immer noch steht Parkplatz.«

»Ein Taxi, am zwanzigsten September, zwischen drei und vier«, wiederholte Danner und wandte sich der Kollegin zu. »Schreiben Sie die Vernehmung nieder, lassen Sie die Frau unterschreiben, und vergessen Sie die Handynummer nicht. In ein paar Tagen ist sie wieder weg, aber es könnten sich noch Fragen ergeben. Und dann nehmen Sie sich eine Kollegin oder einen Kollegen zu Hilfe und telefonieren die Taxizentralen von hier bis Kitzingen ab. Wenn wir herausfinden, wer das Taxi gefahren hat, wissen wir vielleicht auch, wer hinten in dem Taxi saß.«

Die Kollegin warf Danner einen verdutzen Blick zu. »Aber ich hätte noch drei Vernehmungen ...«

Danner schnitt ihr mit einer eindeutigen Geste das Wort ab. »Das hier hat absoluten Vorrang, die Vernehmungen soll jemand anders durchführen. Die sollen morgen wiederkommen, wir müssen versuchen, herauszufinden, wer die Frau an Kästners Seite war.«

25

Kriminalinspektion Würzburg,
Weißenburger Straße

Der viele Kaffee, den Danner am Nachmittag getrunken hatte, zeigte seine Wirkung. Schon das zweite Mal innerhalb der letzten halben Stunde suchte er die Toilette auf. Klara war noch immer nicht auf die Dienststelle zurückgekehrt. Als er die Toilette verließ und auf den Flur hinaustrat, blieb er überrascht stehen: Lydia Arzt, Kästners Sekretärin kam ihm in Begleitung einer Kollegin entgegen.

»Lydia, was machst du denn hier?«, fragte er erstaunt.

»Na, was schon«, entgegnete sie. »Ihr habt mich doch vorgeladen. Ich soll meine Aussage zu Protokoll geben, und außerdem wollt ihr DNA und Fingerabdrücke von mir.«

Danner runzelte die Stirn. »Ich wusste gar nicht…«

»Deine Chefin hat meine Vorladung unterschrieben«, fiel sie ihm ins Wort. »Sprecht ihr denn nicht miteinander?«

»Ich hatte keine Ahnung.«

»Dann solltet ihr wohl dringend euere Kommunikation verbessern.«

Danner zuckte entschuldigend mit der Schulter. »Na ja, tut ja nicht weh, ist reine Formsache und gehört eben dazu.«

Lydia lächelte. »Zahnarzt ist schlimmer.«

Er erwiderte ihr Lächeln und nickte ihr zu, als Lydia und die Kollegin weitergingen. Erneut suchte er Klaras Büro auf, doch noch immer war die Tür abgeschlossen. Wo mochte sie sich nur herumtreiben, dachte er sich, als er weiterging und den Soko-Raum aufsuchte. Zum zweiten Mal blieb er überrascht stehen, denn Klara saß auf dem Konferenztisch und hatte die Beine auf einen Stuhl gestellt. Sie blickte nachdenklich auf eine Fotografie in ihrer Hand. Es war das Bild von Dieter Horrheimer.

»Hier bist du«, sagte Danner. »Ich habe dich schon gesucht, keiner wusste, wo du abgeblieben bist.«

»Ging mir heute früh genauso«, entgegnete sie bissig.

Ihre schlechte Laune war kaum zu überhören. Er wusste, worauf sie anspielte. »Tut mir leid, der Wagen … du weißt doch …«

»Ja, ich weiß«, seufzte sie. »Komisch nur, immer wenn es Ärger gibt, dann stehe ich allein da. Du hast ja dann keine Zeit.«

Sie erhob sich, trat vor den Mülleimer, zerriss das Foto und warf die Schnipsel hinein.

»Ist wohl nicht so gut gelaufen, was?«, versuchte Danner mit mitfühlendem Unterton, die Spannung aus dem Gespräch zu nehmen.

»Bin mir vorgekommen wie eine Grundschülerin, die vor den Direktor zitiert wird. Jetzt warte ich noch auf Krugs Einlauf, und dann will ich erst mal nach Hause. Ich möchte unbedingt ein heißes Bad nehmen und einfach nur abschalten.«

Danner atmete tief ein. »Es tut mir leid, ich wollte dich nicht im Stich lassen.«

Sie trat einen Schritt auf ihn zu und blickte ihm ins Gesicht. »Manchmal glaube ich, dass ich hier ganz allein bin. Du gehst und kommst, wann immer du willst. Sprichst nichts mit mir ab und schreibst höchstens mal kurz eine SMS, wenn es bei dir nicht passt. So kann das nicht weitergehen. Wir müssen dringend unsere Kommunikation verbessern.«

Danner konnte sich ein Lächeln nicht verkneifen. »Das habe ich heute schon mal gehört.«

»Danner, ich meine es ernst.«

»Ich auch. Mit Krug habe ich vorhin telefoniert, der hält sich erst mal zurück und lässt uns machen. Wenn wir noch Personal brauchen, dann sollen wir uns melden.«

Klara schaute verdutzt. »Auf einmal? Wie hast du das geschafft?«

»Ich habe ihn nur an seine Rolle erinnert und ihm gesagt, dass er als Abteilungsleiter die Verantwortung trägt. Fehlendes Personal, vorschnelle Verhaftungen und eine Blockadehaltung können in seiner Lage sicher nicht förderlich sein.«

Klara machte große Augen. »Das hast du ihm gesagt?«

Danner lächelte. »So in etwa«, bestätigte er. »Außerdem habe ich ihm erzählt, dass ich El Gringo und seinem Sohn zwei Karten für das Pokalspiel der Kickers organisiert habe, und ihn gefragt, ob er auch welche will.«

»El Gringo?«, fragte Klara verwundert.

»Na, Brunner, unserem Präsidenten. El Gringo, du weißt schon, das Habaneros.«

Klara nickte, ehe sie sich umwandte und erneut auf die Pinnwand starrte. Inzwischen war die Seite mit den Verdächtigen leer. »Weißt du, dass wir derzeit vollkommen blank sind, was die Verdächtigen angeht.«

Danner trat an ihre Seite.

»Landwirt Stoll, Hopfenkönigin Rauscher, diese kleine Psychotante und ihr Vater, die Polin, Kästners Ehefrau, der Kronenwirt aus Rottendorf und jetzt auch noch Horrheimer. Wir sind komplett blank«, seufzte sie, trat zurück und setzte sich wieder auf die Tischkante.

»Jetzt erzähl, was war bei Horrheimers Anwalt?«

Klara berichtete von dem Treffen mit Horrheimers Geliebten und der eidesstattlichen Erklärung, die sie abgegeben hatte. Horrheimer schied damit aus, er war zur Tatzeit mit dieser verheirateten Frau zusammen und log nur deshalb, um sie zu schützen.

»Gut, dann ist es eben so. Aber wegen der Fotos mit den beiden Mädchen wird er Probleme kriegen.«

»Auch das kannst du vergessen, die Ermittlungen werden eingestellt.«

Jetzt blickte Danner konsterniert drein. »Wie kann das sein?«

»Die Opfer sind nicht greifbar, der Fall könnte schon verjährt sein, und außerdem ist es nicht gesichert, wie alt die beiden Mädchen tatsächlich waren und ob Horrheimer über ihr Alter Bescheid wusste.«

Danner nickte anerkennend. »Sein Anwalt muss gut sein. Gut und teuer.«

Klara pflichtete ihm bei. »Und gründlich ist er, sehr gründlich.«

Danner trat an die Pinnwand heran und deutete auf das Bild von Dr. Phillip Wagner. »Aus ihm werde ich nicht schlau«, sinnierte Danner. »Zuerst tut er sehr interessiert daran, dass Kästners Mörder so schnell wie möglich gefunden wird, dann stellt er dem Hauptverdächtigen höchstpersönlich seinen Anwaltsfreund zur Verfügung. Wenn Pauly Horrheimer vertreten hätte, würde er wohl heute noch sitzen.«

»Als kommissarischer Geschäftsführer muss man eben flexibel sein«, entgegnete sie. »Kästner ist tot und Horrheimer lebt. Und Bier braut sich nicht selbst.«

Danner kratzte sich am Kopf. »Wahrscheinlich hast du recht, er war ja auch in München und hat von dort aus knapp zwei Stunden vor dem Mord telefoniert. So schnell ist nicht mal der ICE.«

»Bist du verrückt!«, sagte sie erschrocken. »Er ist Abgeordneter, schon alleine darüber nachzudenken, ohne vorher seine Immunität aufzuheben ist ein Dienstvergehen.«

»Die Gedanken sind frei.«

Sie schüttelte den Kopf. »Danner, uns sind die Verdächtigen ausgegangen, wir müssen wieder von vorne anfangen. Irgendwas haben wir übersehen.«

Danner setzte sich neben Klara auf den Tischrand. »Noch haben wir nicht alles Pulver verschossen«, sagte er. »Da sind noch der Schließfachschlüssel und das fehlende Vermögen, außerdem hat eine der Saisonarbeiterinnen Kästner gesehen, als er zu einer hübschen Frau in ein Taxi stieg. Ganz in der Nähe der Brauerei und mitten am Tag auf dem Rewe-Parkplatz, keine fünfhundert Meter von der Brauerei entfernt. Das heißt, er wollte nicht gesehen werden, und auch den Firmenwagen, den er auf dem Rewe-Parkplatz stehen ließ, sollte niemand dort entdecken, wo er mit der Frau im Taxi hinfuhr. Es scheint noch einen weiteren Gehörnten zu geben, von dem wir bislang nichts wissen.«

Klara wurde hellhörig. »Ein Taxi, sagst du? Da müssen wir die Taxizentrale …«

Danner winkte ab. »Läuft«, sagte er und streckte den Daumen nach oben.

»Und eine zweite Sache läuft auch noch, davon hat mir Lydia erzählt, als ich die Unterlagen bei ihr abholte.«

»Das wäre?«

»Es gab vor einiger Zeit Streit zwischen Kästner und einem Saisonarbeiter, weil der meistens betrunken war, wenn er zur Arbeit kam. Kästner hat ihn kurzerhand rausgeworfen. Nina ist da dran und versucht herauszufinden, wo sich der Kerl aufhält und wo er zur Tatzeit war. Also haben wir noch zwei Eisen im Feuer.«

Klara atmete auf. Vielleicht war doch noch nicht aller Tage Abend.

Kriminalpolizeiinspektion Aschaffenburg, Lorbeerweg

Sieben Minuten nach sechs, wieder mal ein langer Tag mit viel mehr Tiefen als Höhen. Klara hatte sich bereits verabschiedet und freute sich auf ein heißes und ausgedehntes Entspannungsbad. Danner griff nach seiner Jacke, die am Kleiderständer hing, und freute sich auf eine kleine Ausfahrt mit dem neuen Wagen. Doch dann klingelte sein Diensttelefon, und er hängte die Jacke wieder zurück.

»Wer ruft denn jetzt noch an?«, murmelte er mit einem Blick auf seine Armbanduhr, ging zum Schreibtisch und nahm den Hörer ab.

»Zum Glück ist noch jemand im Haus«, vernahm er Hagners Stimme. »Dachte schon, ich erreiche niemanden mehr. Bist du eigentlich noch an der kleinen Irina interessiert?«

»Habt ihr sie?«

»Deswegen rufe ich an.«

»Auf dem Autobahnparkplatz?«

»Nein, da arbeitet sie schon lange nicht mehr«, entgegnete Hagner von der Sitte. »Wenn du mit ihr sprechen willst, dann musst du schon nach Aschaffenburg zur KI kommen. Beeil dich, die bereiten nämlich so schnell wie möglich die Abschiebung vor. Ich kann dir nicht sagen, wie lange sie noch hier ist.«

»Ich komme«, knurrte Danner und legte auf. Eilends erhob er sich, griff nach seiner Jacke und verließ das Büro. Er war gespannt, was Irina zu berichten hatte und wer hinter den Fotoaufnahmen und der Erpressung Horrheimers steckte.

Die Fahrt über die Autobahn dauerte eine halbe Stunde. Er fuhr mit seinem neuen Wagen und war über die Beschleunigung und den Fahrkomfort trotz der hohen Geschwindigkeit sehr erfreut. Gar nicht mit dem alten Passat zu vergleichen.

Als er von der Großostheimer Straße in den Lorbeerweg abbog, fuhr er an einem verwaisten Parkplatz direkt vor dem Dienstgebäude der Kriminalinspektion vorbei. Ein einziger Wagen war darauf geparkt.

»Da sieht man mal wieder, nach siebzehn Uhr und an Samstagen und Sonntagen gibt es offenbar keine Polizei mehr«, unkte er, als er in eine Parklücke einparkte, ausstieg und den Wagen verriegelte. Er trat den Weg zum Dienstgebäude an, nicht ohne sich vorher noch einmal zufrieden mit seinem neuen Gefährt umzuschauen. An der Pforte saß ein uniformierter Beamter, der ihn einließ, nachdem er seinen Dienstausweis vorgezeigt hatte.

Hagner erwartete ihn bereits. »Drei Monate haben die Kollegen zusammen mit uns und der Fahndung ein Haus in Goldbach überwacht«, erklärte er. »Ein illegales Bordell, betrieben von einem Albaner und einem Türken. Den Türken und acht Frauen haben wir festgenommen, der Albaner ist noch flüchtig. Und plötzlich steht sie vor mir, deine Irina. Ein wenig älter und fülliger geworden, aber zweifellos eines der Mädchen auf den Fotos, die ich von dir habe.«

»Hast du schon mit ihr über die Fotos gesprochen?«

Hagner schüttelte den Kopf. »Nein, das wollte ich dir überlassen. Sie heißt übrigens tatsächlich Irina. Irina Bonew, und sie kommt aus Karlowo, das liegt etwas einhundertdreißig Kilometer östlich von Sofia. Und sie hält sich so wie die anderen illegal hier auf. Pass, Visa und Aufenthaltstitel sind längst abgelaufen. Studentin will sie angeblich sein.«

»Sie weiß, was ihr blüht?«

Hagner schüttelte den Kopf. »Wir müssen ihr doch nicht alles auf die Nase binden«, sagte er mit einem Lächeln. »Raum zwei, den Gang hinunter. Eine Kollegin von der

Streife sitzt bei ihr. Sie spricht gut Deutsch und versteht alles.«

»Alles klar«, entgegnete Danner und klopfte Hagner auf die Schulter. »Danke dir dafür.«

»Keine Ursache, aber kann ich außen mithören? Vielleicht bringt uns euer Gespräch in unseren Ermittlungen gegen diese Zuhälterbande weiter.«

Danner lächelte. »Damit habe ich kein Problem.«

26

Kriminalinspektion Würzburg,
Weißenburger Straße

Das Badewasser dampfte, und eine wohlige Wärme breitete sich im Badezimmer aus. Noch dazu duftete es nach Lavendel und Mandelöl. Klara war gerade im Begriff, ihren Bademantel auszuziehen, als ihr Handy klingelte. Ein junger Kollege, der vom Streifendienst der Ermittlungsgruppe zugeordnet worden war, meldete sich schüchtern.

»Frau Hauptkommissarin, Polizeiobermeister Held am Apparat, ich störe nur ungern, aber ich habe mit dem Kollegen Stenzel gesprochen, und der meinte, ich solle Sie informieren.«

Klara verdrehte die Augen. »Schon gut, um was geht es?«

»Ich habe hier einen Saisonarbeiter zur Vernehmung sitzen, einen gewissen Marek Bielek, und er hat an dem Tag, als Herr Kästner ermordet wurde, eine Beobachtung gemacht, die wichtig sein könnte.«

»Heraus damit«, knurrte Klara ungeduldig.

»Er war im Sudhaus, wo auch Kästner zugange war«, fuhr der junge Beamte fort. »Da kam dann die Sekretärin dazu, diese Lydia, und es gab einen heftigen Streit zwischen ihr und dem Kästner. Sie hat ihn sogar geohrfeigt.«

»Und das hat dieser Bielek gesehen?«

»Ja, er war im hinteren Bereich und lud Säcke auf einen Transportwagen. Sie haben ihn offenbar nicht bemerkt, und er hat sich dann auch versteckt, weil es ihm peinlich war und er keine Schwierigkeiten bekommen wollte.«

»Kann er sagen, um was es in dem Streit ging?«

»Er hat nur ein paar Wortfetzen verstanden«, fuhr der Beamte fort. »Irgendwie ging es um Geld, das verschwunden ist und das sie zurückgeben soll.«

»Sie?«

»Ja, die Sekretärin.«

»Alles klar, halten Sie den Mann fest, ich komme.«

Aus dem Bad wurde nichts, dafür gab es eine neue, vielversprechende Spur. Sie überlegte kurz, ob sie Danner informieren sollte, doch dann steckte sie ihr Handy ein. Danner und diese Lydia waren viel zu eng miteinander, er würde kaum objektiv bleiben können. Nein, das war nun ganz allein ihr Part, und eine zu nahe Bekanntschaft war kaum förderlich, wenn es darum ging, eine Verdächtige – um es genauer zu sagen, eine neue Hauptverdächtige – zu befragen.

Sie kleidete sich an und fuhr zurück auf die Dienststelle. Zuvor rief sie Bea an: Aus dem geplanten Frühstück im Caféhaus Michel am Marktplatz würde wohl nichts werden. Sie musste erst einmal sehen, wie sich die Dinge entwickelten.

Als sie auf der Dienststelle ankam, wurde sie bereits von Obermeister Held erwartet, einem jungen Burschen, dem kaum ein Bart gewachsen war. Held war nervös und schien erleichtert, dass Klara ihm die Bürde der förmlichen Vernehmung des Belastungszeugen abnahm.

Marek Bielek war Mitte zwanzig, kräftig gebaut und lächelte freundlich, wobei er seine Zahnlücke präsentierte, denn einer seiner Schneidezähne fehlte. Im Zimmer saß noch eine junge Frau, die als Dolmetscherin fungierte. Auf dem Tisch lag ein Blatt Papier mit handschriftlichen Notizen.

»Ist das die Vernehmung?«, fragte Klara.

Held nickte. »Ich mache es zuerst handschriftlich und schreibe dann das Protokoll, so ist es einfacher, finde ich.«

Klara griff nach dem Blatt und überflog die Zeilen, die überraschend gut zu lesen waren. Schließlich nickte sie. »Ich mache hier weiter«, sagte sie und wandte sich der Dolmetscherin zu. »Ich hoffe, Sie haben noch etwas Zeit mitgebracht.«

Die Dolmetscherin nickte. »Ich werde nach Stunden abgerechnet«, antwortete die junge Frau, die so wie der Zeuge wohl aus Polen stammte.

Etwa zehn Minuten später traf Hildegard Senft ein, die von Klara angerufen wurde, um das Protokoll zu führen.

»Herr Bielek, Sie sind damit einverstanden, dass wir die Vernehmung aufzeichnen?«

Bielek nickte, er hatte kein Problem damit. Nach knapp zwei Stunden unterzeichnete er seine Angaben und war froh, dass er endlich gehen konnte.

Klara las die Zeilen noch einmal durch. Der Streit zwischen Kästner und Lydia Arzt hatte sich kurz vor siebzehn Uhr im Sudhaus zugetragen. Und tatsächlich ging es wohl um Geld der Firma, das aufgrund ihrer *Blödheit* – dieser Begriff war laut Bieleks Aussage so gefallen – abhandengekommen war und dass sie nun aus eigener Tasche zurückzahlen sollte. Unmittelbar nachdem das Wort gefallen war, hatte sie Kästner mit der flachen Hand ins Gesicht geschlagen. Dann hatte sie ihn einfach stehen lassen und war davongegangen.

Klara lächelte zufrieden. Laut ihrer Erfahrung wurde nicht zum ersten Mal die zu Beginn am unverdächtigsten erscheinende Person später zur Hauptverdächtigen. Und Firmengeld war immer ein großes Motiv, schließlich standen dabei immer Existenzen auf dem Spiel.

Klara griff zum Telefon. Es war kurz nach 22 Uhr, doch das war ihr egal. Sie brauchte Stemmers Unterstützung. Und Danner durfte zunächst nichts davon erfahren. Nicht, dass sie ihm misstraute, aber das Verhältnis zu der jungen Frau, die als Sekretärin in der Klosterbrauerei arbeitete, bot genügend Konfliktpotenzial. Sie hielt es für das Beste, dass er von der neuen Entwicklung der Lage erst erfuhr, wenn diese Spur durchermittelt war.

»Stemmer«, meldete sich die verschlafene Stimme des Spurensicherungsbeamten.

»Klara Pepperkorn hier am Apparat. Ich brauche ihre Hilfe.«

»Jetzt?«

»Ja, genau, jetzt!«

Kriminalpolizeiinspektion Aschaffenburg, Lorbeerweg

Sie war tatsächlich etwas fülliger geworden, und ihre Gesichtszüge wirkten ein klein wenig verlebt, obwohl sie gerade erst dreiundzwanzig Jahre alt war. Doch das lag wohl an ihrem Lebenswandel; die sieben Jahre, die sie sich als Prostituierte verdingt hatte, hinterließen nun mal leider ihre Spuren. Sie blickte auf, als Danner das Vernehmungszimmer betrat. Er nickte der jungen Kollegin zu, zog sich einen Stuhl zurecht und nahm auf der gegenüberliegenden Seite des Tisches Platz. Bevor er sich Irina zuwandte, stellte er sein Diktiergerät auf den Tisch und schaltete es ein.

»Guten Abend, Irina«, begrüßte er die Festgenommene, die ihn mit ängstlichen Augen musterte. »Mein Name ist Danner von der Mordkommission aus Würzburg. Ich hätte ein paar Fragen.«

»Mord?«, antwortete sie bestürzt. »Ich niemand ermordet!«

Danner lächelte. »Das hat ja auch niemand behauptet.«

Er griff in seine Jackentasche und zog die Fotos hervor. Er erhob sich und trat an ihre Seite. Eines nach dem anderen Foto breitete er vor ihr aus.

Sie beobachtete ihn dabei aus verengten Augenschlitzen. Schließlich senkte sie den Blick.

»Schauen Sie sich die Bilder an!«

Demonstrativ wandte sie den Blick ab.

»Hören Sie, Irina«, fuhr Danner mit sanftem Tonfall fort. »Ich weiß nicht, was man Ihnen vorwirft, und ich habe auch keine Ahnung, ob Sie ins Gefängnis kommen oder ob sie gleich nach Bulgarien abgeschoben werden. Ich weiß nur, dass Sie das auf den Fotos sind und dass Sie damals noch minderjährig waren. Sie können mir helfen, einen Mordfall zu klären, in dem Sie mir erzählen, wie diese Bilder zustande gekommen sind.«

Sie atmete tief ein, ohne den Blick auf die Bilder zu richten.

»Ich bitte Sie, helfen Sie mir!«

Sie kniff die Augen wieder zusammen und seufzte; schließlich betrachtete sie die Fotos, eines nach dem anderen.

»Ich wusste, er macht Fotografie«, sagte sie.

»Wer? Wer hat die Fotos gemacht, und wie kam es dazu?«

Sie überlegte einen Augenblick, schließlich gab sie sich einen Ruck und zeigte auf das andere Mädchen auf dem Foto. »Das ist Maja, eigentlich Maria. Sie kommt von Solnik und ist wieder nach Hause gegangen. Ist Mutter jetzt, verheiratet und drei Kinder. Sie kaufen kleine Pension an Schwarzmeerküste. Wäre besser gewesen, ich damals mitgegangen. Wieder zurück Bulgaria.«

»Wollen Sie zurück nach Bulgarien?«

Sie nickte kurz.

»Wenn Sie mir helfen, dann würde ich mich dafür einsetzen, dass Sie zurückkönnen.«

»Kein Gefängnis?«

»Ich kann nichts versprechen, aber ich werde tun, was ich kann.«

Unruhig rutschte sie auf dem Stuhl hin und her, schließlich nahm sie eines der Bilder in die Hand. »Wir sind gewesen sechzehn«, sagte sie. »Gekommen nach Deutschland. Kein Geld, kein Essen, kein Haus und Wohnung. Haben gelebt auf Straße und dann wir verkauft Sex für Geld. Lastwagenfahrer in Parkplätzen. Dann haben wir getroffen eine Mann, Noll hat geheißen. Er hatte Gasthaus, und wir dort wohnen und ab und zu haben Sex. Nicht oft.«

»War das in Ochsenfurt in einem Gasthaus namens Hahn?«

»Weiß nicht, wie Stadt geheißen. War kleine Stadt mit Fluss, wir gewohnt neben Kirche in Gasthaus.«

»Okay, und weiter?«

»Dann kam anderer Mann, war Freund von Noll, und hat gefragt ob wir haben Sex für Geld. Fünfhundert, war viel Geld. Wir gesagt Ja.«

»Wer war dieser Freund, wie hieß er und wie sah er aus?«

Danner griff in seine Jackentasche und zog sein Handy hervor. Er rief im Display ein Bild von Kästner auf. »War es vielleicht dieser Mann?«

Sie schüttelte den Kopf. »Nein, Mann sagte, heiße Charly, war Mitte von die Zwanzig, klein und dick und habe runde Kopf mit Gebiss wie Pferd. Er sagt uns, er Detektiv und er wolle überführen verheiratete Mann wo betrügen seine Frau. Wenn alles gut, wir fünfhundert für jede bekommen.«

Enttäuscht steckte Danner das Handy wieder ein. Wäre auch zu einfach gewesen. Wenn Kästner hinter der Sache steckte, dann trat er sicherlich nicht selbst in Erscheinung, sondern bediente sich eines Helfers, dem er entweder vertraute oder der ihn niemals zu Gesicht bekam.

»Also gut. Dieser Charly, war das ein Deutscher?«

Sie nickte. »Er hat uns mitgenommen in Auto. Wir gefahren nach Würzburg. Sind gewesen in Industriegebiet. Er sagen, wenn blaue Auto kommen, wir gehen an Straße und winken.«

»Wissen Sie noch, wann das war?«

Sie überlegte kurz, ehe sie den Kopf schüttelte. »Ist Jahre her, war Sommer, muss gewesen sein sechzehn oder siebzehn. Wir fast ein Jahr bei Noll, dann er hat uns hinausgeworfen. Maja wieder zurückgegangen, und ich dumme Gans bleiben. Dann treffe Ismail und dann alles Scheiße …«

Sie sank zusammen und massierte sich die Stirn.

»Auf dem Parkplatz habt ihr damals also den Mann auf dem Foto getroffen?«, lenkte Danner die Vernehmung zurück auf das, was für ihn von Interesse war.

Irina nickte. »Gewesen mehrmals dort auf Parkplatz. Getroffen erst bei vierte, fünfte Mal. Er gehalten und wir gefragt ob haben will Sex. Wir gesagt, sind achtzehn.«

»Und er hat euch mitgenommen?«

»Wir gesagt hundert für beide, und er hat genickt. Hat gesagt, er heißt Dieter. Dann gefahren aus Stadt, wollte Sex in Auto, blasen und so, aber wir gesagt, besser in Zimmer in Hotel und ihm gegeben Zettel mit Adresse.«

»Dann seid ihr mit ihm nach Ochsenfurt gefahren, richtig?«

»Er gefahren, wir in Auto und Charly uns folgen mit andere Auto. Ich gesehen.«

»Was fuhr denn Charly für ein Auto?«

Erneut überlegte sie kurz. »Gewesen kleine Fiat, rot, alt schon, alt und klapprig.«

»Ich weiß, es ist lange her, aber das Kennzeichen habt ihr euch nicht zufällig gemerkt?«

Irina lächelte. »Lange Zeit, nicht Kennzeichen, aber gesehen in Auto eine Ausweis und Charly heiße Belz mit Nachname, war dort gestanden und Bild. Karl Georg Belz, ich mir gemerkt Namen.«

Diesmal griff Danner in seine Jackentasche, zog ein Notizbuch hervor und notierte den Namen. Welch glückliche Fügung des Schicksals!

»Dann wir gemacht Sex mit Mann auf Zimmer in Hotel, halbe Stunde, dann er wieder gegangen. Mann war freundlich und nett, ihm gefallen. Er legen hundertfünfzig Euro auf Tisch. Das alles gewesen.«

»Und die Bilder?«

»Ich nicht wissen wegen Bilder, aber Charly in Zimmer und auch gekommen, als Mann mit Namen Dieter ist gegangen. Er sich gefreut und gegeben Geld, das alles.«

»Habt ihr euch noch einmal mit Dieter getroffen?«

Sie schüttelte den Kopf. »Er nicht mehr gekommen. Aber Noll haben Freunde, die machen Sex mit uns und bezahlen und dann irgendwann sagen Noll, wir müssen gehen. Er muss verkaufen Wirtshaus.«

»Ist damals jemals der Name Kästner gefallen oder hast du … ihn irgendwann mal irgendwo aufgeschnappt?«

Sie runzelte die Stirn. »Nie gehört diese Name.«

Danner unterhielt sich noch ein paar Minuten mit ihr, bevor er sich erhob, die Bilder einsteckte und den Raum verließ.

»Was passieren mit mir?«, fragte sie noch.

»Du musst noch eine Weile hier bleiben, aber ich bin sicher, dass du in den nächsten zwei, drei Wochen wieder in Bulgarien bist. Du musst zu meinen Kollegen nur genauso ehrlich sein, wie zu mir.«

Als er in den Flur trat, kam Hagner aus dem Nebenzimmer. Er hatte alles mitgehört.

»Bringt dich das weiter?«, fragte er.

»Ich hoffe schon«, entgegnete Danner. »Was macht ihr jetzt mit ihr?«

»Wir bringen sie erst mal irgendwo unter und hoffen, dass sie gegen Ismail und Berisha aussagt, und dann übergeben wir sie der Stadt, die sorgen dann für ihre Heimreise nach Bulgarien.«

»Das heißt, kein Knast?«

Hagner schüttelte den Kopf. »Sie ist eher Opfer als Täterin, so wie die anderen auch. Ach übrigens, KaGeBe, der wohnt in Sommerhausen. Ist ein Freak und uns sowie der Streifenpolizei bestens bekannt. Verdingt sich tatsächlich als Detektiv, im Kaufhaus. Also nicht ganz die gleiche Liga wie Detektiv Rockford. Gibt eine Akte über ihn. Fährt gerne mal betrunken.«

»KGB?«

»Ka Ge Be. Klaus Georg Belz, wie Pelz, nur hat es zu einem echten Pelz nie gereicht. Der Typ ist etwas sonderbar, aber das wirst du schon selbst merken, wenn du mit ihm redest.«

27

Klosterbräu, Bierkontor am Klosterhof,
Würzburg-Dürrbachau

Der Streit, eine mögliche Unterschlagung von Firmengeldern und noch dazu die räumliche Nähe und ein fehlendes Alibi reichten Oberstaatsanwalt Reichert aus, um einen Durchsuchungsbefehl auszustellen. Dr. Wagner, der von Klara höchstpersönlich über die Durchsuchung informiert wurde und pünktlich beim Eintreffen der Durchsuchungskräfte auf dem Firmengelände war, zeigte sich bestürzt.

»Ich hoffe, Sie wissen, was es bedeutet, dass Sie den Mörder noch immer bei uns suchen«, mahnte er. »Zuerst Herr Horrheimer, und wer ist jetzt an der Reihe? Ich hoffe nur, Sie wissen, was Sie tun.«

Klara präsentierte den Durchsuchungsbefehl. »Wie immer in solchen Fällen dient eine Durchsuchung auch der Entlastung der Verdächtigen.«

Dr. Wagner lächelte. »Ich kenne die Gepflogenheiten in einem Rechtsstaat, nur machen Sie sich keine Vorstellung davon, wie es nach außen hin wirkt, wenn sich die Polizei bei einer Brauerei beinahe täglich die Klinke in die Hand gibt. Ich muss auch an den Ruf der Firma denken.«

»Natürlich«, bestätigte Klara. »Aber ich muss einen Mord aufklären, und dazu gehört nun einmal, dass wir gründlich sind. Aber das verstehen Sie ja sicher. Wenn ich mich nicht irre, dann waren auch Sie an einer schnellen Aufklärung des Mordes interessiert.«

Dr. Wagner verbeugte sich leicht. »Sicher, der arme Hans

Peter. Ich weiß nicht, wie wir diesen Verlust kompensieren sollen. Und jetzt muss ich mich auch noch um jede Kleinigkeit kümmern. Zum Glück wurde ich bis Ende des Monats freigestellt, um mich um die Firma und die notwendigen Schritte zu kümmern. Aber das ist nicht einfach, glauben Sie mir. Gerade jetzt, wo wir jeden brauchen, verursachen Sie mit diesem Schritt nur weitere Unruhe.«

»Es liegt mir fern, in firmeninterne Angelegenheiten einzugreifen, ich mache nur meine Arbeit«, konterte Klara. »Bei der Gelegenheit würde mich interessieren, ob Sie bei der Geschäftsführung irgendwelche Unregelmäßigkeiten festgestellt haben.«

»Unregelmäßigkeiten, wie meinen Sie das?«

»Falsche Buchungen, fehlende Gelder, Gewinnrückgang bei gleichem Umsatz, so etwas in dieser Art.«

»Eine Unterschlagung, glauben Sie?«

Klara wiegte abschätzend den Kopf hin und her. »So weit würde ich nicht gehen, bleiben wir einfach bei Unregelmäßigkeiten.«

Dr. Wagner ging in sich und kratzte sich am Kinn. »Wenn Sie so fragen, in der Tat. Ich habe bei der Durchsicht der Unterlagen tatsächlich einen Gewinnrückgang festgestellt. Mein Gott, manche Dinge haben sich sicher in den letzten Monaten verteuert, aber einige Posten sind selbst mir ein Rätsel.«

»Welche zum Beispiel?«

»Jetzt im Einzelnen ... also, Ausgaben für Flaschen, die irgendwie nicht vorhanden sind, oder auch ein Posten bei der Hefebestellung und den Reinigungsmitteln leuchten mir nicht ganz ein.«

»Wer ist oder war in der Firma dafür verantwortlich?«

Dr. Wagner überlegte einen Augenblick. »Kästner natürlich. Er wies die Gelder an, und unser Sekretariat führte aus.

So ist das nun einmal in einer Firma. Der Geschäftsführer hält alle Fäden in der Hand. Logistik, Produktion und Personal. Alles in einer Hand. So groß ist unsere Brauerei nicht, dass wir auch noch wie beim Staat einzelne Abteilungen daraus schustern können. Letztlich muss bei einem Wirtschaftsbetrieb mehr herauskommen, als hineingesteckt wird.«

»Das ist mir schon klar«, entgegnete Klara.

Dr. Wagner wies auf die beiden VW-Busse, die hinter Klaras Dienstwagen standen und darauf warteten, dass endlich das Tor zur Einfahrt geöffnet wurde. »Veranstalten Sie deshalb das Theater?«

Klara lächelte. »Wir durchsuchen, Theater spielen andere.«

Dr. Wagner winkte ab. »Das hätten Sie mir aber gleich sagen können. Die relevanten Ordner finden Sie in meinem Büro. Ich habe alles herausgelegt und wollte am Montag mit der Überprüfung fortfahren. Unsere Sekretärin sollte mir dabei helfen und die Firmen, um die es geht, abtelefonieren.«

»Dann wäre es nett, wenn Sie uns bei der Sache unterstützen könnten«, sagte Klara. »Und ihre Sekretärin würde ich erst mal aus der Sache heraushalten. Sie ist, wie Sie mir ja selbst sagten, eine der Beteiligten, die Möglichkeiten zur Manipulation hatten.«

Dr. Wagner überlegte einen Augenblick. Schließlich fuhr er sich über seine gescheitelten grauen Haare. »Ja, Sie haben recht, daran habe ich noch gar nicht gedacht. Steht sie denn unter Verdacht?«

»Jeder steht unter Verdacht, solange wir den Täter noch nicht überführt haben«, wich Klara diplomatisch aus. Schließlich wollte sie den Gegenstand der neuerlichen Ermittlungen nicht preisgeben und vor allem nicht vor ihm, bevor erneut dieser scheinheilige Anwalt um die Ecke kam und plötzlich die Interessen von Lydia Arzt vertrat. Eine Zurechtweisung in der Kanzlei reichte ihr.

»Dann gehöre wohl auch ich zum Kreis der Verdächtigen«, entgegnete Dr. Wagner mit einem Schmunzeln auf den Lippen.

»Sie waren ja in München, richtig?«

Dr. Wagner nickte.

»So einen langen Arm traue ich selbst Ihnen nicht zu«, fuhr Klara fort. »Und jetzt wäre es schön, wenn Sie uns einlassen. Und vielen Dank für Ihre Mithilfe.«

»Keine Ursache, des braven Bürgers Pflicht«, rief er und eilte davon, um das Tor zu öffnen.

Sommerhausen bei Würzburg, Casparigasse

Noch am gestrigen Abend war Danner auf der Dienststelle vorbeigefahren und hatte sich alle Daten besorgt, die er über Kagebe oder besser gesagt Karl Georg Belz wissen sollte. Der Mann hatte tatsächlich schon mehrere Fälle auf dem Kerbholz. Meist einfache Vergehen wie Hausfriedensbruch, Beleidigung oder üble Nachrede, aber auch mit dem Autofahren hatte er offensichtlich wenig Glück. Zweimal hatten ihn die Kollegen inzwischen bei Trunkenheitsfahrten erwischt, sein Führerschein war eingezogen worden. Außerdem war er wegen Verstoßes gegen das Urheberrecht und gegen das Luftverkehrsgesetz zur Anzeige gebracht worden und hatte 1000 Euro Geldstrafe bezahlen müssen. Offenbar hatte er mit einer Drohne ein fremdes Grundstück gefilmt und unerlaubt Fotos von mehreren Personen angefertigt. Zuletzt, und das könnte sehr förderlich für die Befragung sein, war er ohne Führerschein kurz vor Würzburg erwischt worden und wegen der Fülle seiner bislang meist nur monetären Strafen vom Amtsgericht in Würzburg zu einer Freiheitsstrafe von zwölf Monaten auf Bewährung verurteilt worden. Und diese Bewährungsfrist lief noch.

Offenbar war Kagebe eine ganz besondere Marke. Er hatte mehrere Ausbildungen, unter anderem die zum Fotografen, abgebrochen und hielt sich offenbar für die leibliche Inkarnation von James Bond. Er verdingte sich mehr schlecht als recht als Detektiv in mehreren Würzburger Kaufhäusern.

Er wohnte in einem alten, windschiefen Häuschen mitten in der verwinkelten Altstadt von Sommerhausen, und er war an diesem Samstagmorgen zu Hause, denn sein Mofa, mit dem er sich derzeit zwangsläufig fortbewegen musste, stand neben seinem abgemeldeten roten Fiat Panda, der nur noch vom Rost zusammengehalten wurde.

Es war kurz nach neun Uhr an diesem Samstagmorgen, als Danner in Ermangelung einer Klingel gegen die Wohnungstür klopfte, doch nichts regte sich. Er nahm die Faust und hoffte, dass die alte Holztür das Martyrium überleben würde; trotzdem tat sich nichts. Nur ein Vorhang am Fenster direkt neben der Tür bewegte sich leicht. Wohl nicht durch den Wind, eher durch eine Berührung. Offenbar hatte Belz keine Lust auf Gesellschaft am frühen Morgen. Danner ging zurück zu seinem neuen Wagen, stieg ein und fuhr los. Doch nicht weit; gleich an der nächsten Ecke blieb er stehen, stieg aus und lief zurück zum Anwesen, wo er sich in eine dunkle Ecke drückte. Irgendwann würden die Ratten schon das sinkende Schiff verlassen, dachte er bei sich.

Er sollte sich nicht täuschen. Genau siebenundzwanzig Minuten dauerte es, bis sich die Haustür öffnete und Kagebe mit einem roten Motorradhelm in der Hand das Haus verließ. Er sah genauso aus wie auf den letzten Bildern, die bei seiner erkennungsdienstlichen Behandlung vor drei Monaten gefertigt wurden. Danner trat aus dem Schatten der Hausecke.

»Kagebe!«, rief er laut. »Wir müssen miteinander reden!«

Erschrocken wandte sich der Angesprochene um. »Was wollt ihr Polypen denn schon wieder« knurrte er, als er Danner erblickte.

Danner lächelte, den Ausdruck Polypen hatte er schon seit mehreren Jahren nicht mehr gehört. Die Schmiere, Cops oder Bullen, das war geläufig, aber der Begriff Polypen stammt aus einer längst vergangenen Zeit.

»Wir können es hier und jetzt hinter uns bringen, oder wir warten auf eine Streife und unterhalten uns auf der Dienststelle, deine Entscheidung!«

Kagebe seufzte, hängte seinen Helm an den Lenker des Mofas und streckte beide Arme aus, so als wollte er sich ergeben. »Ich habe doch schon gesagt, ich bin nicht gefahren, das auf dem Bild bin ich nicht.«

Danner schüttelte den Kopf. »Was immer das auch bedeutet, es geht mir nicht ums Fahren«, entgegnete er. »Es geht um Förderung der Prostitution und um Beihilfe zur Unzucht mit Minderjährigen. Alles in allem so um die fünf Jahre Knast.«

»Hä? Was soll der Scheiß, damit habe ich nichts am Hut!«, antwortet Belz ungläubig.

»Das Hahn in Ochsenfurt, Horrheimer, Noll und die kleine Irina, klingelt es jetzt?«

Danner trat an seine Seite, zog ein Bild aus seiner Tasche und reichte es ihm.

»Die kleine Irina sitzt gerade im Knast und würde gerne eine Aussage machen, damit sie weiter in Deutschland bleiben kann«, fuhr Danner fort.

Kagebe wurde kreidebleich. »Ich … ähm … das ist schon lange her … ich … das war … ein Auftrag …«, stammelte er.

Danner wies auf das Haus. »Ich denke, wir sollten uns drinnen weiter unterhalten.«

Kagebe nickt und ging voraus. Er führte Danner durch einen düsteren und zugemüllten Flur in eine Bude, in der es nicht viel besser aussah. Auf dem Boden lagen Zeitungen verstreut, auf dem Tisch mehrere zerlegte Fotoapparate, daneben eine Drohne, an der ein Flügel fehlte, und in der Ecke lag eine Matratze mit einem schmutzigen Leinentuch bedeckt. Offenbar hauste er ausschließlich in diesem Raum. Es stank nach ranzigem Fett und nach allerlei anderen Ausdünstungen.

»Mach mal das Fenster auf, hier stinkt's«, sagte Danner, während Kagebe ihm einen Stuhl freischaufelte und die darauf liegenden Werkzeuge achtlos zu Boden warf.

Artig folgte der Hobbydetektiv Danners Befehl, ehe er sich auf der gegenüberliegenden Seite auf einen Fußschemel setzte.

»Ich will wissen, wer den Auftrag für die Bilder gab und weshalb Horrheimer von dir überwacht wurde.«

Kagebe atmete tief ein. »Das ist Jahre her«, seufzte er.

»Ich weiß, und jetzt raus mit der Sprache, wer gab den Auftrag?«

Hilflos blickte Kagebe zur Tür.

Danner erkannte seinen Blick. »Versuch es erst gar nicht!«, mahnte er.

Schuldbewusst schüttelte Kagebe den Kopf. »Ich bin da einfach nur so reingerutscht«, sagte er kleinlaut.

»Ich höre!«

Kagebe fuhr sich über seine speckigen Haare. »Ich war früher oft im Hahn, das war so was wie meine Stammkneipe«, begann er zögerlich zu erzählen. »Am Stammtisch, da saß auch Bojan, der war Vorarbeiter bei der Klosterbräu. Eines Tages fragte er mich, ob ich einen Job für ihn übernehmen könnte. Er zeigte mir ein Bild von Horrheimer und sagte mir, sein Boss möchte alles über ihn wissen. Was er den ganzen Tag so treibt, welche Hobbys er hat, welche Vorlieben und so. Er sagte mir, sein Boss würde gut dafür bezahlen, aber alles müsste diskret ablaufen. Fünftausend Euro und noch mal so viel, wenn es am Ende zu einem erfolgreichen Abschluss mit ihm kommt. Horrheimer arbeitete für die Konkurrenz und hatte offenbar einige Preise eingeheimst.«

»Und du bist darauf angesprungen«, fügte Danner hinzu. Bojan, den Namen hatte ihm Lydia schon einmal genannt. Ein Vorarbeiter, der sich in erster Linie um die Saison- und Leiharbeiter kümmerte.

»Das war gutes Geld, und ich war klamm«, fuhr Kagebe fort. »Zwölf Wochen bin ich ihm gefolgt. Er ging zu den Nutten in die Gattinger Straße. Manchmal sogar zweimal in der Woche, um mal einen wegzustecken.«

»Und du hast diesem Bojan davon erzählt?«

Kagebe nickte. »Ein paar Tage später kam er an und sprach von einem Bonus, wenn es mir gelingt, Horrheimer irgendwie über den Tisch zu ziehen, damit er seinen Job verliert.«

»Du hast dich darauf eingelassen?«

»Noch einmal zehntausend waren ein Wort, und wie gesagt, ich war klamm zu der Zeit.«

»Hast du ihm die Venusfalle oben im Zimmer gestellt?«

Kagebe atmete tief ein. »Das war Nolls Idee. Die beiden Bordsteinschwalben aus Bulgarien waren zufällig bei ihm gestrandet, und er hat sie bei sich untergebracht, natürlich nicht umsonst.«

»Du hast gewusst, dass die minderjährig sind?«

Kagebe seufzte. »Minderjährig … Das waren Nutten, und als sie von dem Geld hörten, waren die sofort dabei.«

»Wie ging es dann weiter?«

Er räusperte sich. »Wir warteten auf eine Gelegenheit. Ich hatte eine Wildkamera im Zimmer präpariert, das hat alles wunderbar geklappt. Die Mädchen kriegten ihr Geld, ich bekam mein Geld und Bojan die Fotos. Ein paar Wochen später arbeitete Horrheimer für die Klosterbräu, und alles war gut. Niemanden wurde wehgetan und die beiden Mädchen sind irgendwann auch weitergezogen. War alles paletti, deswegen versteh ich nicht, was das hier soll.«

»Steckte Kästner hinter der Sache?«

Kagebe zuckte mit den Schultern. »Ich hab nur mit Bojan gesprochen.«

Danner lächelte. »Komm, ein guter Privatdetektiv wie du wird doch gefragt haben.«

Er schüttelte den Kopf. »Ich habe nicht gefragt, ich weiß nur, dass der Auftrag aus der Chefetage kam, von ganz oben, und er wurde gut bezahlt.«

»Also keine Namen?«

Abwehrend hob Kagebe die Hand. »Fragen Sie Bojan, der arbeitet noch immer in der Brauerei.«

»Das werde ich tun«, entgegnete Danner. »Habt ihr noch Kontakt?«

Kagebe fasste sich an den Kopf. »Wir trafen uns dort noch ein paar Mal, aber dann ist der Noll ja gestorben und die Kneipe war zu. Seit drei Jahren ist da Sendepause.«

Danner nickte und erhob sich. »Alles klar. Die Unterhaltung bleibt erst mal unter uns, verstanden?«

Verdattert schaute Kagebe auf. »Was wird jetzt mit mir?«

»Ich sagte schon, das bleibt vorerst unter uns, ich würde mich aber in der nächsten Zeit nicht all zu weit aus dem Fenster lehnen, klar?«

Kagebe beeilte sich zu nicken und hob seine rechte Hand. »Versprochen!«, sagte er.

Nachdem Danner das Haus verlassen hatte und wieder in seinem Wagen saß, dachte er nochmals über die Aussage des windigen Detektivs nach. Sollte tatsächlich Kästner hinter der Sache gesteckt haben, dann hätte er es Belz sicherlich nicht auf die Nase gebunden. Blieb also nur Bojan, wenn er mehr darüber erfahren wollte.

28

Kriminalinspektion Würzburg,
Weißenburger Straße

Es war Sonntag geworden, vor elf Tagen war Hans Peter Kästner ermordet worden, doch noch immer führte keine Spur zum Mörder. Horrheimer war inzwischen frei, und der Verdacht gegen ihn hatte sich in Wohlgefallen aufgelöst. Das bedeutete weitere Überstunden für die Ermittlungsgruppe.

Und so wie in jedem Betrieb traf das meist nur einige, während alle anderen, vor allem aber die Chefs, ihre Freizeit genossen. Natürlich waren sie erreichbar, sollte sich etwas Wesentliches ereignen, doch erreichbar zu sein war etwas ganz anderes, als den heiligen Sonntag im Büro verbringen zu müssen. Klara Pepperkorn hatte ihre Handynummer hinterlegt, Danner war nicht da, einzig und allein sieben junge Kolleginnen und Kollegen hielten Stallwache und arbeiteten an dem Fall, weil sie an den letzten Tagen nicht weitergekommen waren oder manche Leute eben nur den Samstag oder den Sonntag Zeit hatten.

Die junge Kollegin vom Streifendienst, Sara Bogner war ihr Name, war dennoch zufrieden. Im Gegensatz zu manchem altgedienten Kollegen, der mürrisch den Tag anging, fand sie die Arbeit aufregend. An einer Mordermittlung teilhaben zu dürfen, war etwas ganz anderes, als täglich Verkehrssündern nachzujagen oder Ehestreitigkeiten zu schlichten und geschlagene Ehefrauen zu betreuen. Noch dazu, wenn man Erfolg hatte. Die Taxizentrale in der Innenstadt hatte ihr den Fahrer benannt, der damals die Fuhre zum Rewe-Markt in die Dürrbachau tätigte, nur leider arbeitete der Mann und hatte nur sonntags Zeit. Nachdem sie den Namen des Taxifahrers erfahren hatte, überlegte sie kurz, ob sie dem Oberkommissar Bescheid geben sollte, doch dann verwarf sie den Gedanken. Schließlich war es ihr zu verdanken, dass der Mann ausfindig gemacht worden war. Nun würde sie auch die Ermittlungen bis zum Ende führen und dem Oberkommissar das fertige Ergebnis auf den Tisch legen.

Ihr Telefon klingelte. Als sie den Hörer abnahm, meldete sich der Kollege von der Pforte. »Hier ist ein gewisser Luigi Carrelli, der will zur Kriminalpolizei.«

»Der kommt zu mir, ich hole ihn ab«, entgegnete sie aufgeregt. Jetzt nur keinen Fehler machen. Es ging um die Identität der Frau und den Ort, wohin sie der Taxifahrer gefahren hatte. Noch einmal schaute sie in ihrer Akte, ob sie auch wirklich Kästners Bild hineingelegt hatte. Inständig hoffte sie, dass sie keinen Dolmetscher brauchen würde. Nach einem kurzen Kontrollblick schloss sie die Akten. Es war alles dabei, was sie zur Anhörung brauchte. Zufrieden atmete sie durch und machte sich auf den Weg.

Carrelli war groß, hager und sah aus wie ein Italiener, doch er begrüßte sie in fließendem Deutsch mit unterfränkischem Akzent. Sehr zu ihrem Glück war er in Würzburg geboren und aufgewachsen.

Als er ihr gegenübersaß und sich in dem kargen Vernehmungsraum umsah, kam dennoch der typische Italiener in ihm durch, und er machte ihr ein Kompliment nach dem anderen.

»Herr Carrelli es geht …«

»Ich weiß, worum es geht. Meine Zentrale hat es mir gesagt. Also, ich habe diese Frau am Bahnhof aufgenommen und direkt zum Parkplatz gefahren. Dort ist dann der Herr zugestiegen, und wir fuhren wieder zurück zum Bahnhof. Er bezahlte und gab gutes Trinkgeld, das war auch schon alles.«

»Haben Sie mit der Frau oder dem Mann gesprochen?«
Er zuckte mit den Schultern. »Das Übliche. Über das Wetter, den schönen Tag und so, aber die Frau war ruhig.«
Sara Bogner zog das Bild Kästners aus den Akten. »War das der Mann?«
Carrelli nahm das Foto in die Hand, warf einen kurzen Blick darauf und nickte. »Das war er, ganz sicher.«
»Und die Frau, kannten Sie sie?«
Er schüttelte den Kopf. »Habe ich noch nie gesehen, und wenn, dann hätte ich es sicher nicht vergessen«, antwortete er mit Feuereifer und einem breiten Grinsen auf den Lippen.
»Wir soll ich das verstehen?«
Carrelli geriet ins Schwärmen. »Diese Frau war eine Granate. Groß, dunkle lange Haare, hübsches Gesicht, ausgesprochen gute Figur und elegant gekleidet. Eine echte Granate eben. Sie hat mich irgendwie an Romina Power erinnert, und ich glaube, sie war keine Deutsche. Italienerin vielleicht, oder Spanien, auch Portugal. Braune Haut und dezent geschminkt. Eine echte Granate eben.«
»Romina Power?«, fragte die Kollegin, die ab und zu Notizen machte. »Wer ist das?«
»Kennen Sie nicht mehr. Al Bano und Romina Power, Felicitá«, sagte er und stimmte das Lied an.
»Ach so«, entgegnete die junge Kollegin, die wohl eher Pink, Amy Macdonald oder Lady Gaga wiedererkannt hätte. »Würden Sie eine Beschreibung abgeben können, aus der ein Zeichner ein Bild erstellen kann?«
»Sicher könnte ich das«, entgegnete Carrelli. »Lassen Sie den Zeichner kommen, ich bin bereit.«
Sara Bogner atmete tief durch. Ein Zeichner war heute sicher nicht im Haus, aber die Kollegen vom Kriminaldauerdienst kannten sich bestimmt mit dem Programm zur Erstellung eines Phantombildes aus.

»Einen Augenblick bitte«, sagte sie, ehe sie den Vernehmungsraum verließ.

Als Carrelli kurz nach Mittag die Dienststelle verließ, atmete Sara Bogner zufrieden auf. Sie nahm das Phantombild der Frau noch mal in die Hand.

Der Kollege vom Kriminaldauerdienst schüttelte den Kopf. »Ich glaube, der hat uns ganz schön verarscht«, sagte er.

»Wieso?«, fragte Sara.

»Wenn du mich fragst, dann ist das diese italienische Sängerin«, sagte er und stimmte »Felicitá« an.

Hotel Goldener Stern, Kardinal-Döpfner-Platz, Würzburg-Mitte

Das Gespräch mit Kagebe hatte Danner nicht wirklich weitergebracht. Zwar war nun bestätigt, was er von Anfang an vermutet hatte: Jemand hatte Horrheimer in eine Venusfalle gelockt und ihn dabei fotografiert, um ihn hinterher erpressen zu können. Doch die Geschäftsleitung oder »die ganz oben«, wie Kagebe sich auszudrücken beliebte, das konnte eigentlich nur Kästner gewesen sein. Er hatte kurz zuvor die Geschäftsleitung übernommen, als es der Klosterbräu nicht wirklich gut ging. Jetzt noch einen preisgekrönten Braumeister in die Firma zu holen, sah ihm absolut ähnlich. Dennoch, Danner wollte Gewissheit, also telefonierte er mit Lydia, die sich am Handy wortkarg gab, weilte sie doch gerade bei einer guten Bekannten in Erlangen. Danner wusste um ihre sexuelle Orientierung, und die Bekannte war sicher ein neuer heißer Flirt, bei dem man gerne ungestört bleiben wollte. Dennoch nannte sie ihm Bojans Adresse, und siehe da, er wohnte gar nicht weit von Horrheimer entfernt, ebenfalls im Heuchelhof.

»Du triffst ihn aber meistens sonntags im Sportheim vom SC beim Frühschoppen mit seinen Kumpels«, sagte sie noch, ehe sie das Gespräch beendete. Und sie hatte recht. Als Danner am Samstag an seiner Wohnungstür klingelte, blieb alles stumm. Er war nicht zu Hause, und das Sportheim hatte geschlossen. Also versuchte er es am Sonntag und hatte Glück. Ilja Borjan, von allen nur Bojan genannt, saß mit Freunden am runden Tisch direkt neben dem Eingang. Danner hatte sein Foto auf der Homepage der Brauerei im Zusammenhang mit einem Firmenjubiläum entdeckt. Der Mann war Mitte der Fünfzig, gebürtiger Russe und lebte schon seit mehr als zwanzig Jahren in Deutschland. Er war ein paar Mal mit dem Gesetz in Konflikt geraten, doch der letzte Fall, eine Körperverletzung, lag schon mehr als fünf Jahre zurück. Offenbar war er ruhiger geworden, denn seiner Akte nach war er früher wohl kaum einem Konflikt ausgewichen.

Er schnappte ihn sich, als Borjan auf die Toilette ging, und sprach ihn an. Zuerst reagierte der Russe nicht, doch als Danner ihm von den Mädchen, dem Hotel Hahn in Ochsenfurt und von Kagebe erzählte, blieb er stehen.

Auch hier schüchterte Danner Borjan damit ein, dass er sich möglicherweise eines Verbrechens schuldig gemacht hatte. Das der Staatsanwalt an der Sache kein Interesse hatte, musste er dem großen und kräftigen Mann nicht gleich auf die Nase binden. Danner bat ihn nach draußen, und Borjan folgte ihm artig und kleinlaut, denn er wusste wohl, was eine Anzeige für ihn bedeutete.

»Das ist lange her, das ist längst verjährt«, versuchte Borjan die Wogen zu glätten.

»Irrtum, mein Freund, Verbrechen verjähren erst nach fünfzehn Jahren«, setzte ihn Danner unter Druck.

»Die Mädchen wollten es.«

»Horrheimer wollte es nicht. Weiß er, dass Sie dahintersteckten?«

»Ich sage nichts mehr!«

»Gut, dann sehen wir uns morgen um zehn auf der Dienststelle, und wenn Sie nicht kommen, dann lass ich Sie abholen, direkt vom Betrieb und mit einem gültigen Haftbefehl.«

Borjan lief eine Schweißperle über die Stirn.

»Andererseits habe ich eigentlich kein Interesse an der Sache, ich will nur wissen, wer den Auftrag dazu gab, Horrheimer diese Falle zu stellen. War es Kästner?«

Borjan beugte sich verschwörerisch vor. »Was habe ich davon, wenn ich es sage?«

Danner zuckte mit den Schultern. »Tja, die kleine Irina wird möglicherweise morgen oder übermorgen abgeschoben, wenn ich das Verfahren nicht stoppe. Und ihre kleine Freundin ist bereits weg.«

»Wenn ich es sage, kann ich mich darauf verlassen, dass es niemand erfährt?«

»Das weiß ich nicht, aber Sie können sich darauf verlassen, dass Sie nicht ab dem morgigen Tag im Knast sitzen. Drei bis fünf Jahre gibt es dafür. Erpressung und Unzucht mit Minderjährigen ist keine einfache Sache.«

Borjan überlegte kurz, schließlich flüsterte er einen Namen den Danner nicht erwartete hatte.

»Dr. Wagner, ist das sicher?«

»Er hat das Geld gegeben, und er hat gesagt, wir müssen den Kerl zu uns in die Firma kriegen, ganz egal, wie.«

»Was war mit Kästner?«

»Er war nicht dabei. Vielleicht hat er es hinterher erfahren, ich weiß es nicht. Ich habe nur mit dem Boss, mit dem Wagner geredet.«

Danner klopfte dem Mann auf die Schulter. »Ich hoffe, dass das auch die Wahrheit ist.«

»Das ist die Wahrheit«, bestätigte Borjan.

Als Danner das Sportheim verließ, kreisten seine Gedanken einzig und allein um Wagner.

Den Mittag verbrachte er dann im Kickers-Stadion, wo es erneut eine knappe Niederlage für die Kickers gegen den SC Verl gab. Wenn das so weiterging, dann war die Liga kaum zu halten. Danners Stimmung verschlechterte sich zusehends. Erst Wagner und jetzt auch noch das verlorene Spiel! Wagner konnte nicht hinter dem Mord stecken, er hatte knapp zwei Stunden vor der Tat aus München mit der Brauerei telefoniert. Das hatte Lydia selbst bestätigt. Erneut eine Spur, die im Nichts endet, und einen Abgeordneten wegen einer möglichen Erpressung zu belangen, die auf wackeligen Füßen stand, war ein abenteuerliches Unterfangen. Irgendwie drehte sich alles im Kreis.

Im Sportheim trank er noch ein Bier, schließlich bekam er Hunger und fuhr in den Stern. Zuvor warf er einen Blick auf sein Handy und sah, dass er von der Dienststelle aus angerufen worden war. Doch während des Trubels beim Spiel oder der Kulisse im Sportheim hatte er das Klingeln wohl überhört. Ein Rückruf war jetzt sinnlos, der Anruf war beinahe drei Stunden her.

Doch dann entdeckte er die SMS. Mit dem Namen Bogner konnte er zuerst nichts anfangen, doch als er las, dass der Taxifahrer ermittelt worden war und es überdies ein Phantombild der unbekannten Frau aus dem Taxi gab, kehrte seine Zuversicht zurück. Die Frau sah aus wie Romina Power, hatte die junge Kollegin geschrieben. Danner musste nicht zweimal überlegen, was damit gemeint war. Er selbst hatte früher in den Tanzclubs bei »Felicitá« oder »Sempre, sempre« mitgeschmettert. Das Bild der hübschen Sängerin hatte er noch immer vor Augen. Und dazu noch ein Phantombild, das war mehr, als er erwartet hatte.

Ein paar Stunden später, er hatte gut zu Abend gegessen und sich glänzend mit einem seiner Bekannten, einem Lehrer am Siebold-Gymnasium unterhalten, trank er gerade sein Bier leer, als sich Peschl von der Main-Post zu ihm an den Tisch gesellte.

»Kein Wunder, dass ihr den Mörder von Kästner noch nicht gefunden habt, wenn du die meiste Zeit hier in der Kneipe verbringst«, unkte er.

Danner lächelte. »Kein Wunder, dass in der Zeitung nur noch Schrott steht, wenn sich die Journalisten Tag und Nacht durch die Theken saufen«, konterte er. »Sag mal, verfolgst du mich?«

Peschl winkte ab. »Quatsch, ich wohn hier um die Ecke, das weißt du doch. Aber sag mal, weshalb ist heute noch mal euer Rollkommando in der Brauerei angerückt? Gibt es etwa eine neue Spur?«

Danner war für einen Augenblick verunsichert. Was meinte Peschl damit? Wenn sich etwas Neues ergeben hätte, dann hätte ihn Klara sicherlich informiert. Er überspielte seine Unsicherheit und versuchte, sich nichts anmerken zu lassen.

»Kommt nun mal vor bei einem Mordfall, dass wir öfter kommen«, wich er aus.

»Na ja, vielleicht findet ein blindes Huhn ja auch mal ein Korn. Aber sag mal, Horrheimer ist ja jetzt raus aus der Nummer, wie ich gehört habe. Gibt es einen neuen Verdächtigen?«

»Selbst wenn, würde ich es dir nicht auf die Nase binden.«

Peschl zog sich einen Stuhl heran und wollte sich setzen, doch Danner winkte ab. »Lohnt sich nicht, ich bin auf dem Sprung.«

Peschl ignorierte die Geste. »Ich will auch gehen, es reicht für heute. Die Kickers haben auch wieder verloren. In der letzten Zeit läuft sehr viel quer.«

Danner nickte. Was hatte Peschl mit dem Rollkommando gemeint?

»Na ja, der arme Wagner, jetzt muss er die Firma führen, der Parteivorstand ist nicht gut auf ihn zu sprechen, weil er gegen die Südlink-Streckenführung ist, und seine Alte hockt in der Klapse. Unangenehme Zeiten sind das für ihn, für dich und für mich.«

»Wieso für dich, und wieso hockt die Frau in der Klapse?«

»Hast du das nicht mitbekommen? Die Frau hatte einen Nervenzusammenbruch, vor einer Woche etwa, und das ist nicht das erste Mal. Die kleine Altmann war ja auch schon früher ganz zerbrechlich. Vielleicht hat sie nicht verkraftet, dass ihr Alter sie damals wie ein Stück Vieh an den alten Sack verscheuert hat. Tja, Politik trifft Business, da muss man Opfer bringen.«

»Du meinst Wagner?«

»Klar, der war damals schwer im Kommen, und das Altmann-Konsortium musste sich neu orientieren. Du weißt schon, beim Adel war das früher nicht anders.«

»Bei der Gelegenheit, kennst du Romina Power?«

»Willst du mich verarschen?«

Danner hob entschuldigen die Hände. »Nein, keineswegs. Aber wer würde dir am ehesten einfallen, wenn ich sage, hier in Würzburg und der Umgebung läuft eine Frau herum, die der jungen Romina von damals ähnlich sieht?«

Peschl kratzte sich an seinem Kinn. »Du willst mich wirklich verarschen. Ramona Wagner sieht tatsächlich so aus, weil ihre Mutter Italienerin war. Wirklich eine Schönheit, wenn sie nicht laufend ihre Anfälle hätte. Die Psyche sagt man. Möglicherweise auch deshalb, weil sie als Studentin nichts anbrennen ließ. Wahrscheinlich waren damals auch Drogen im Spiel, deswegen ist sie heute so labil.«

Danner erhob sich, klopfte Peschl auf die Schulter und griff nach seiner Jacke. »Dann mach es mal gut, bis zum nächsten Mal«, sagte er ohne weiteren Kommentar, ehe der das Gasthaus verließ.

29

Kriminalinspektion Würzburg,
Weißenburger Straße

Nach dem Sondieren der sichergestellten Unterlagen im Zuge der Durchsuchung in der Brauerei, bei der Dr. Wagner tatkräftig unterstützte, hatte Klara am Sonntag einen Homeofficetag eingelegt. Sie hatte die Unterlagen mit nach Hause genommen, um sie ungestört durchsehen zu können. Es waren insgesamt acht Ordner, die nach Dr. Wagners Meinung relevant waren und in denen vor allem Quittungen und Belege über Ausgaben durch Einkäufe, Instandhaltungs- und Instandsetzungskosten sowie Nebenausgaben und Spesen abgerechnet worden war. Auffällig an der Gesamtkonstellation der Ausgaben war, so hatte Dr. Wagner berechnet, dass die Ausgabensumme vor drei Jahren um sieben, vor zwei Jahren um elf und im letzten Jahr um siebzehn Prozent gestiegen war. Vor allem im Bereich Service, Beratung und Instandhaltung war ein kräftiger Anstieg zu erkennen. Sicher wurde alles teurer, und die Preise stiegen eher, als dass die fielen, doch im Durchschnitt waren zwei bis vier Prozent üblich und nicht ein derart hoher Anstieg, zumal es dafür eigentlich keinen Grund gab. Die neue computergestützte Anlage war erst vor fünf Jahren eingebaut worden, die Kessel und Rohrsysteme waren kaum mehr als sieben Jahre alt, und auch an den Gebäuden, dem Grundstück und dem Fuhrpark hatte es in den letzten Jahren keinen größeren Reparaturbedarf gegeben. Kurzum, für einen solch hohen Anstieg der Kosten gab es keinen ersichtlichen Grund.

Dr. Wagner war aufgefallen, dass es ein paar dubiose Überweisungen in den letzten beiden Jahren an eine spanische Firma namens Bierkönig SL. gegeben hatte, die wohl vor allem im Servicebereich und in der Instandhaltung tätig waren. Schon der Name wies darauf hin, dass es sich um eine mallorquinische Firma mit Sitz auf der berühmten Baleareninsel im Mittelmeer handelte. Als Firmensitz war Palma de Mallorca eingetragen. Doch aus Klaras Recherchen im Internet ging nicht hervor, wer sich hinter dieser Firma verbarg. Es würde wohl nichts weiter übrigbleiben, als eine offizielle Anfrage an die spanischen Behörden zu stellen in der Hoffnung, dass die Übermittlung der Daten recht zügig vonstatten ging und nicht, wie oft üblich, mehrere Wochen in Anspruch nahm.

Langer Rede kurzer Sinn: Nach Durchsicht der Unterlagen und dem langen Gespräch mit Dr. Wagner war klar, dass in der Firma Geld unterschlagen wurde. Im ersten Jahr knapp dreißigtausend Euro, ein Jahr später waren es schon einhunderttausend, und im Vorjahr waren beinahe zweihunderttausend Euro in Richtung Spanien überwiesen worden.

Nur zwei Leute in der Firma kamen dafür in Frage: Hans Peter Kästner, der ermordet im Braukessel gelegen hatte, und Lydia Arzt, die als Chefsekretärin Zugriff auf das Konto hatte und die angewiesenen Überweisungen ausführte.

Lydia Arzt, die sich noch am Tage von Kästners Tod mit ihm über Geld gestritten hatte, wie der Zeuge zweifelsfrei angab. Danner hatte damals über drei Stunden mit Lydia Arzt gesprochen, nachdem sie an den Tatort gerufen worden waren. Jedoch hatte er darüber lediglich eine Kurznotiz angefertigt. Demnach hatte Lydia Arzt das Büro so gegen sieben Uhr am Abend verlassen und war nach Hause gefahren. Dort hatte sie den Rest des Abends allein verbracht. Somit hatte sie kein Alibi für den Rest der Nacht. Es wäre für sie also ein Leichtes gewesen, ungesehen zurück in die Brauerei zu fahren, um Kästner zur Rede zu stellen. Zumal sie ja wusste, dass Kästner in der Firma übernachten würde und dort auf alle Fälle anzutreffen war.

Klara nickte. Genau so musste es gewesen sein. Kästner war ihr bei ihren dubiosen Geschäften auf die Schliche gekommen und hatte sie zur Rede gestellt. Möglicherweise hatte er noch überhaupt keine Ahnung vom Ausmaß der Unterschlagung gehabt, denn nach Zeugenaussagen ging es in dem Streit wohl um eine kleinere Summe, die angeblich falsch überwiesen worden war. Wollte Lydia Arzt mit dem Mord an Kästner verhindern, dass das gesamte Ausmaß ihrer Betrügereien ans Tageslicht gekommen wäre?

Der Anruf Semmlers am späten Nachmittag bestätigte den Verdacht. Am Spaten, mit dem Hans Peter Kästner getötet worden war, befand sich auch DNA von Lydia Arzt.

Draußen wurde es bereits dunkel, als sie trotz des Sonntags auf die Dienststelle fuhr, Oberstaatsanwalt Reichert informierte und ihm ihre neuen Erkenntnisse mitteilte. Kurz vor zehn Uhr ging auf dem Faxgerät der gerichtliche erlassene Haftbefehl nebst der Durchsuchungsanordnung ein. Noch vor Mitternacht organisierte sie eine Überwachung der Wohnung von Lydia Arzt und trommelte aus der Ermittlungsgruppe einen Festnahme- und Durchsuchungstrupp zusammen. Danner ließ sie bewusst außen vor. Kurz vor dem Morgengrauen rückten dann die Einsatzkräfte vor Lydias Haus an. Nachdem mehrfach an ihrer Wohnungstür geklingelt und geklopft worden war, öffnete die Sekretärin verschlafen und im Morgenmantel die Tür.

»Was ist denn hier los?«, fragte sie und hielt sich die Hand vor den Mund, weil sie gähnen musste.

Klara trat vor und hielt ihr den Haftbefehl unter die Nase. »Frau Arzt, ich verhafte Sie wegen dringenden Tatverdachts im Mordfall Kästner«, sagte sie bestimmt und schob die junge Frau zurück in die Wohnung.

Rosengarten – Klinikum, Bad Kissingen, Bismarckstraße

Peschls Bemerkung über Ramona Wagner, geborene Altmann, hatte ihm keine Ruhe mehr gelassen. Unmittelbar nachdem Peschl das Lokal verlassen hatte, zog er sich auf sein Zimmer zurück und rief ein paar alte Bekannte an, die sich ausgesprochen gut mit der Prominenz rund um Würzburg auskannten. Vor allem Tante Marga aus Veitshöchheim, bekennende Queen-Anbeterin und immer gut informiert, was die Oberen Zehntausend der Stadt und der Region anging, konnte ihm dabei gut weiterhelfen. Peschl hatte nicht übertrieben. Ramona Wagner, die junge Ehefrau von Dr. Phillip Wagner, Landtagsabgeordneter und Aufsichtsratsvorsitzender der Klosterbräu AG, hatte tatsächlich einen Nervenzusammenbruch erlitten. Ganze drei Tage nach dem Tod von Hans Peter Kästner, der ein paar Wochen zuvor zu ihr in ein Taxi gestiegen war. Und da eins und eins immer noch zwei ergibt, war Danner sofort klar, was dies zu bedeuten hatte. Es dauerte noch bis kurz vor Mitternacht, bis er herausbekam, dass sie derzeit abgeschirmt von der Außenwelt als Privatpatientin des leitenden Professors höchstpersönlich in einem Sanatorium in Bad Kissingen weilte und dort ihr Burnout-Syndrom behandeln ließ.

In diesem Zusammenhang erfuhr Danner, dass die kleine Ramona offenbar als Jugendliche und junge Frau, sehr zum Leidwesen Ihrer Familie, einem ganz durchtriebenen Lebenswandel gefrönt hatte. Partys bis zum frühen Morgen, Alkohol und Sex und sogar Rauschgift sollten im Spiel gewesen sein. Eines Tages habe man sie nackt und bis unter die Schläfen zugedröhnt in einem heruntergekommenen Hotel bei Zwickau aufgegriffen. Schwanger solle sie gewesen sein, doch das Kind habe sie verloren, wusste Tante Marga zu berichten. Und dann kehrte Ruhe um die junge Frau ein. Schlagzeilen gab es erst wieder, als sie den weitaus älteren Abgeordneten Dr. Wagner ehelichte und so zu einem wertvollen Mitglied der hohen Gesellschaft Unterfrankens wurde. Oft habe man sie allerdings nicht auf der Straße gesehen. Sie leide noch immer unter einer depressiven Grundstimmung, habe es geheißen, weshalb sie den Abgeordneten nur recht selten bei offiziellen Anlässen begleitete.

Eine sehr interessante Frau, dachte sich Danner. Ein Gespräch mit ihr würde sich sicherlich lohnen, denn sollte Dr. Wagner etwas von ihrer Affäre mit Kästner erfahren haben, so gab es durchaus auch andere Möglichkeiten, einen unliebsamen Nebenbuhler aus dem Weg zu schaffen, ohne selbst Hand anlegen zu müssen.

Kurz bevor er ins Büro fuhr, rief er in der Klinik in Bad Kissingen an und gab sich als naher Verwandter von Ramona Wagner aus. Er fragte nach, ob man ihr einen Besuch abstatten könne. Natürlich wurde dies angesichts ihres Gesundheitszustands abgelehnt, doch als er fragte, ob er ihr denn ein Präsent vorbeibringen könne, klang die Dame am Telefon schon weitaus freundlicher und aufgeschlossener.

Danner fuhr auf die Dienststelle. Der Parkplatz war bereits überfüllt; auch Klaras Beetle stand bereits auf seinem Platz. Er warf einen Blick auf seine Armbanduhr und überlegte angestrengt, ob er nicht einen Termin vergessen hatte, denn es war kurz vor acht, und alle waren schon da. Als er den dritten Stock betrat, herrschte Stille. Nur ab und an war

Tippen auf einer Computertastatur aus dem Geschäftszimmer zu hören.

Zuerst suchte er den Soko-Raum auf, doch der war verwaist. Auch Klaras Büro war abgeschlossen. Er klopfte an dem Zimmer einer Kollegin, doch auch hier war nichts zu hören. Nur der Vernehmungsraum war mit einem jungen Kollegen besetzt, der gerade eine junge Saisonarbeiterin vernahm.

»Wo sind die anderen?«, fragte er, doch er erntete nur ein lahmes Schulterzucken. Er ging zurück zum Geschäftszimmer, wo Hilde Senft hinter dem Schreibtisch saß und ein paar Zeilen in den Computer tippte.

»Wo ist Klara?«, fragte er.

»Die sind bei einer Durchsuchung«, entgegnete sie kurz angebunden und blickte auf.

»Durchsuchung, weswegen?«

Sie zuckte mit den Schultern. »Offenbar hat jemand Geld in der Brauerei unterschlagen, aber mir sagt man ja nichts. Ich habe keine Ahnung, wo sie sind und wie lange es noch dauert.«

Danner nickte. »Okay, hast du schon was zu den Konten vom alten Kästner herausgefunden?«

»Wenn ich Glück habe, meldet sich heute noch ein Bankangestellter aus Fladungen, aber die fangen erst um zehn Uhr an.«

»Wäre wichtig«, entgegnete Danner. »Ich fahr dann mal nach Bad Kissingen, kann sein, dass ich erst spät zurückkomme. Klara soll *bitte* auf mich warten.«

»Ich richte es aus«, antwortete die Sekretärin, ehe sie sich wieder ihrer Arbeit zuwandte.

Danner ging in die Tiefgarage und nahm einen Dienstwagen. Kurz vor zehn Uhr parkte er in der Nähe der Spielbank. Nachdem er im Kurpark einen großen Blumenstrauß nebst

Grußkarte besorgt hatte, setzte er sich auf eine Bank in der Nähe der Klinik und zückte seinen Kugelschreiber.

Gute Besserung, Frau Wagner, mein Name ist Danner von der Kripo Würzburg, ich muss unbedingt mit Ihnen sprechen, schrieb er in die Karte und darunter seine Telefonnummer, ehe er die Grußkarte zurück in das Kuvert schob und es dann verschloss. Er steckte die Karte in den Strauß, erhob sich und betrat die Klinik. Hinter dem Empfangspult saß ein grobschlächtiger Mann in weißer Pflegerkluft mit einem kantigen, geröteten Kopf und einem Kurzhaarschnitt. Der Pfleger musterte ihn skeptisch.

»Wir haben noch keine Besuchzeit«, sagte er ohne Gruß.

»Ein Präsent für Frau Wagner«, erklärte Danner. »Ich soll es persönlich übergeben.«

Sein Versuch scheiterte kläglich. »Hier kann nicht jeder herumspazieren, wie er will, und jetzt schon gar nicht«, blaffte ihn der Grobschlächtige an.

»Können Sie dann bitte dafür sorgen, dass die Frau diesen Strauß erhält?«

Das Gesicht des Mannes blieb abweisend, dennoch zog er der die Tastatur des Computers zu sich heran. »Wie ist der Name?«

»Wagner, Ramona Wagner, sie ist Privatpatientin, wurde mir gesagt.«

Er tippte den Namen ein. »Wagner, ja, habe ich hier. Keine Besuche ohne Zustimmung, steht hier.«

»Es ist ja nur ein Blumenstrauß.«

Der Pfleger erhob sich und griff durch die halb geöffnete Scheibe seines Glasverschlages. »Geben Sie her, ich sorge dafür, dass sie ihn bekommt.«

»Danke«, entgegnete Danner. »Ähm, da steht nicht zufällig, wie lange sie noch bleiben wird?«

Der Mann setzte sich wieder und deponierte den Blumenstrauß neben seinem Schreibtisch. »Dazu kann ich nix dazu sagen, das ist Patientengeheimnis.«

»Verstehe.«

Danner blieb noch einen Augenblick stehen, doch der Mann schenkte ihm keinerlei Beachtung mehr. Schließlich wandte er sich um und ging. Er hoffte darauf, dass Ramona Wagner rege genug war, um die Nachricht zu lesen und sich bei ihm zu melden. Er war sehr gespannt, was sie zu sagen hatte.

30

Kriminalinspektion Würzburg,
Weißenburger Straße

Danner kam erst nach Mittag auf die Dienststelle zurück. Unterwegs hatte er Hunger verspürt und eine kleine Mahlzeit eingenommen. Sein Handy lag während der Fahrt griffbereit auf dem Beifahrersitz, doch Ramona Wagner hatte bislang noch nicht angerufen.

Als er in den dritten Stock kam, herrschte dort geschäftiges Treiben. Kolleginnen und Kollegen bevölkerten den Flur, Akten wurden auf kleinen Schiebewagen herumgefahren, und am Ende des Flures sah er gerade noch Oberstaatsanwalt Reichert in Klaras Büro verschwinden.

»Was ist denn hier los?«, fragte er Nina Hochland, die Kollegin, die vom Streifendienst der Ermittlungsgruppe zugeordnet worden war.

»Hast du es noch nicht gehört, wir haben Kästners Mörderin festgenommen«, verkündete sie stolz und widmete sich wieder ihrem kleinen Schiebewagen, den sie um die Ecke bugsierte.

Danner griff an ihre Schulter und hinderte sie am Weitergehen. »*Was* habt ihr?«, fragte er.

»Die Chefsekretärin soll es gewesen sein, die hat offenbar Gelder aus der Firma veruntreut, und Kästner ist ihr auf die Schliche gekommen. Jetzt müssen wir sämtliche Abrechnungen bis ins Jahr 2015 durchgehen. Das ist eine Menge Arbeit.«

»Ist Reichert deswegen hier?«

»Reichert ist bei Klara, sie ist im Büro.«

Danner richtete sich auf. Lydia festgenommen, Gelder veruntreut, was wurde hier gespielt?«

Er ließ Nina stehen und eilte zu Klaras Büro. Ohne anzuklopfen trat er ein. Klara saß hinter ihrem Schreibtisch, während Reichert vor dem Fenster stand und hinaus auf die Straße blickte.

»Was habe ich gehört, ihr habt Lydia festgenommen«, sagte Danner aufgeregt.

Klara blickte auf. Sie erkannte Danners Erregung in seinem Gesicht. »Komm erst mal runter«, versuchte sie ihn zu beruhigen.

»Ihr nehmt Lydia fest und sagt mir nichts!«

»Herr Danner«, mischte sich Reichert in die Unterhaltung ein. »Wie ich hörte, stehen Sie Frau Arzt sehr nah. Sie sind somit befangen, und es ist besser, wenn Sie sich aus den weiteren Ermittlungen heraushalten.«

»Aber ... Klara, was soll denn das ...?«, stammelte Danner fassungslos.

Sie erhob sich und ging auf ihn zu. »Es ist leider so, wie der Oberstaatsanwalt sagt. Es ist besser, du hältst dich da raus. Sie ist dringend tatverdächtig, und du kennst sie schon seit der Kindheit, hast du mir einmal gesagt.«

»Weshalb denn, sie hat damit nichts zu tun!«

»Sagst du, ohne zu wissen, was gegen sie vorliegt.«

»Richtig, und das zeigt eindeutig, dass Sie sich aus dem Fall heraushalten müssen, Herr Danner«, pflichtete Reichert Klara bei.

»Wo ist sie denn?«

»Nicht hier«, entgegnete Danner.

»Lydia, so ein Blödsinn, die tut keiner Fliege was zuleide, und Geld unterschlagen, das macht sie schon gar nicht, hast du gehört!«

Klara kratzte sich am Kopf. »Tom, glaub mir, ich weiß, was du jetzt denkst ...«

»Du hättest mit mir darüber reden müssen!«

»Du bist befangen und kannst in dieser Sache nicht klar denken …«

»Ich und befangen? Nein, ihr seht den Wald vor lauter Bäumen nicht. Lydia hat nichts mit der Sache zu tun. Sie ist eine Seele von Mensch, ihr kennt sie doch überhaupt nicht.«

»Eben deshalb sind wir objektiv«, meldete sich erneut der Oberstaatsanwalt zu Wort. »Die Beweise sind erdrückend, sie hatte ein starkes Motiv, zudem befindet sich eine DNA-Spur an dem Spaten, mit dem Kästner getötet wurde. Die Frau ist Sekretärin, und das Sudhaus gehört bestimmt nicht zu ihrem Arbeitsbereich. Über ein Alibi verfügt sie auch nicht. Zudem hatte sie ihr Handy am Abend abgeschaltet, sodass wir keine Ortungsdaten erheben können. Nein, es gibt eindeutige Tatsachen, die eine Täterschaft wahrscheinlich machen.«

Danner winkte ab. »Das stimmt nicht, kann ich mit ihr sprechen?«

Bevor Reichert oder Klara antworten konnten, klopfte es an der Tür. Ehe jemand »Herein« sagen konnte, ging die Tür auf, und Kriminaldirektor Krug betrat den Raum. Er blickte sich fragend um. Mit Reichert hatte er wohl nicht gerechnet.

»Guten Tag«, sagte er mit sonorer Stimme. »Herr Oberstaatsanwalt, ich wusste gar nicht, dass Sie hier sind.«

Reichert nickte freundlich und blickte auf die Armbanduhr. »Tja, ich dürfte eigentlich auch gar nicht mehr hier sein. Meine Dame, meine Herren. Ich erwarte den Bericht, so schnell es geht.«

Er verbeugte sich und lächelte Krug freundlich zu, ehe er das Büro verließ und die Tür hinter sich schloss.

Krug seufzte, ehe er sich Klara und Danner zuwandte. »Auf wessen Mist ist das wohl wieder mal gewachsen?«, sagte er. »Ich gehe davon aus, dass du dahintersteckst, Tom.«

Danner runzelte die Stirn.

»Vor zehn Minuten rief mich Dr. Phillip Wagner an und beschwerte sich offiziell mit einer Dienstaufsichtsbeschwerde gegen dich.«

Danner zuckte mit den Schultern.

Krug wandte sich Klara zu und wies auf Danner. »Ich gehe davon aus, dass Sie nicht mit ihm unter einer Decke stecken.«

Klara warf Danner einen fragenden Blick zu, der Krug nicht verborgen blieb. »Das dachte ich mir«, knurrte er. »Was ist bloß in dich gefahren, Wagners Frau in der Klinik zu besuchen und ihr die Nachricht zukommen zu lassen, dass du dringend mit ihr sprechen musst?«

Danner blies die Luft durch die Backen. »Ich wollte nur wissen, ob Wagner von ihrem Verhältnis zu Kästner weiß.«

Krug schüttelte den Kopf. »Du ermittelst hinter dem Rücken und ohne Ermächtigung gegen einen Landtagsabgeordneten, gegen den Ermittlungen nur zulässig sind, wenn der Landtag diesen auch zustimmt. Das ist absolut rechtswidrig, aber das brauche ich dir ja nicht zu sagen.«

»Was hast du gemacht?«

Danner fuhr sich über das Kinn. »Die Wagner und Kästner hatten ein Verhältnis. Ich finde, das ist ein gutes Motiv für den gehörnten Ehemann, meinst du nicht auch?«

»Mensch, Tom, wir haben erst vorgestern darüber gesprochen, dass es nicht möglich ist. Niemand fährt in zwei Stunden von München nach Würzburg, das ist dir doch wohl klar.«

»Er könnte jemanden beauftragt haben ...«

»Erzähl keinen Schwachsinn, du weißt, das ist ein Holzweg!«

»Vollkommen egal«, mischte sich Krug ein. »Die Beschwerde ist offiziell, sie liegt schon beim Polizeipräsidenten.

Mir bleibt nichts weiter, als dich vom Dienst zu suspendieren und ein Disziplinarverfahren gegen dich einzuleiten. Du bist ab sofort von dem Fall entbunden und gehst jetzt besser nach Hause. Ich will dich bis zum Abschluss des Verfahrens nicht mehr hier auf der Dienststelle sehen. Hast du mich verstanden!«

Danner atmete tief ein und nickte. Heute schien einfach alles schiefzulaufen. Wortlos wandte er sich zur Tür.

»Moment«, hielt ihn Krug zurück. »Deine Dienstwaffe und den Ausweis!«

Danner wandte sich um, trat an Klaras Schreibtisch heran und legte Ausweis und Dienstwaffe nebst Ersatzmagazin darauf ab. Schließlich wandte er sich noch einmal Klara zu. »Lydia hat nichts mit der Sache zu tun«, sagte er, ehe er ohne ein weiteres Wort das Büro verließ.

Als die Tür geschlossen war, schüttelte Krug den Kopf. »Er kann sich einfach nicht an Regeln halten. Und wie läuft es hier? Ich hörte, Sie haben heute Morgen eine dringend Tatverdächtige verhaftet?«

Klara nickte. »Lydia Arzt, die Chefsekretärin«, bestätigte sie. »So wie es aussieht, hat sie Geld der Firma unterschlagen. Kästner scheint ihr auf die Schliche gekommen zu sein.«

»Wie sicher ist die Täterschaft?«, fragte Krug. »Wir brauchen keinen zweiten Fall Horrheimer.«

»Sehr sicher«, entgegnete Klara.

Krug nickte und wandte sich um. »Wenigstens etwas«, seufzte er. »Bringen Sie Danners Waffe und den Ausweis zu meiner Sekretärin, die wird dafür sorgen, dass sie in Verwahrung genommen werden.«

»Mach ich«, antwortete Klara.

Rottendorf, Grüner Hase, Zehntplatz

Danner war nach Hause gefahren. Er schwankte zwischen absoluter Niedergeschlagenheit und grenzenloser Wut. Das war ein gebrauchter Tag, und er war noch lange nicht zu Ende. In seiner Wohnung lief er auf und ab wie ein Tiger in seinem Käfig. Zu allem Überfluss rief ihn dann auch noch sein Kumpel Pelle an, der die Karte für das Pokalspiel am Mittwoch besorgt hatte. Aber jetzt stand ihm absolut nicht der Sinn nach Fußball.

»Kannst sie weitergeben, wenn nicht, zahle ich sie dir.«
»Was ist los mit dir? Du hörst dich gar nicht gut an.«
»Alles okay«, log Danner.
»Dann gebe ich sie Didi, der wollte auch mit, wenn es noch Karten gibt.«
»Gute Idee«, antwortete Danner kurz angebunden, ehe er das Gespräch beendete.

Noch immer schwankte er zwischen Niedergeschlagenheit und Wut, doch jetzt kam zunehmend Ärger hinzu. Ärger darüber, dass ihn Klara nicht über die Festnahme Lydias informiert hatte, Ärger darüber, dass er so ungeschickt gewesen war und Wagner einen deftigen Grund für diese unselige Dienstaufsichtsbeschwerde geliefert hatte, und Ärger darüber, dass er suspendiert worden war und nicht weiter an dem Fall mitarbeiten konnte.

Er hielt es zu Hause nicht mehr aus, verließ seine Wohnung und suchte das nächstgelegene Lokal auf. Im Grünen Hasen trank er schnell zwei Bier, sodass sich seine Stimmung ein klein wenig aufhellte. Nach dem dritten Bier atmete er durch und bestellte ein weiteres.

Zwei weitere Biere später klingelte erneut sein Handy. Diesmal war Hilde Senft die Sekretärin der Dienststelle am Apparat.

»Du hast es wohl noch nicht gehört, Krug hat mich suspendiert«, antwortete er, nachdem sie sich mit Namen gemeldet hatte.

»Habe ich wohl, nur habe ich keine Ahnung, wem ich die Info über die Bank weitergeben soll«, fuhr Hilde fort. »Ich habe schon Olaf gefragt, aber der wusste es auch nicht.«

»Was ist mit der Bank?«

»Deine Anfrage in Fladungen.«

»Ich weiß«, entgegnete Danner, der schlagartig wieder nüchtern war. »Erzähl schon!«

»Also, Kästner hat dort die Konten seines Vaters und seiner ehemaligen Lebensgefährtin aufgelöst und zur N26-Bank verlegt. Das ist eine Online-Bank, die Zentrale ist in Hamburg.«

»Was heißt hier Lebensgefährtin?«

»Eine gewisse Maria Harbinger«, erklärte Hilde. »Sie hat bis vor ihrem Tod vor vier Jahren mit Kästners Vater zusammengelebt und ihn als Alleinerben eingesetzt. Die muss wohl auch sehr vermögend gewesen sein. Hatte wohl eine Firma.«

Danner biss sich auf die Lippen. Das war keine gute Nachricht. Bei einer Online-Bank kam er ohne richterliche Genehmigung nicht weiter. Und die würde er in seiner Lage wohl kaum erhalten. Außerdem unterhielten solche Banken keine Filialen, sodass die Herkunft des Schließfachschlüssels wohl ungeklärt bleiben würde.

»Sonst noch was?«, fragte Danner, weil Hilde noch immer in der Leitung blieb.

»Er hat wohl noch ein Sparkonto bei der Targobank in Fulda«, fuhr Hilde fort. »Da gingen aber nur Kleinbeträge auf das Konto. Die hat aber noch eine Filiale in Fulda in der Bahnhofstraße, ich habe nachgeschaut.«

Danner lächelte zufrieden. »Okay, gute Arbeit, Hilde. Leider umsonst, so wie es aussieht. Du hast es ja mitbekommen, der Fall hat sich inzwischen in eine andere Richtung entwickelt. Leg mir die Info mal auf den Schreibtisch. Ich glaube nicht, dass ich lange weg sein werde.«

»Du, es tut mir leid, was dir passiert ist«, entgegnete Hilde. »Ich habe mit Maier vom Betrug darüber gesprochen. Du weißt doch, der ist Chef der Gewerkschaft und meint, du sollst dir sofort einen Anwalt nehmen. Wenn du Gewerkschaftsmitglied bist, dann wird der sogar bezahlt.«

Danner lächelte. »Danke für den Tipp«, sagte er.

»Ich wünsch dir alles Gute!«

»Danke.«

Er beendete das Gespräch und steckte das Handy ein. Es war Zeit, nach Hause zu gehen und sich auszunüchtern. Er hatte morgen noch viel vor.

31

Targo – Bank, Fulda, Bahnhofstraße

So einfach würde er sich nicht abspeisen lassen. Klara war auf dem Holzweg, Lydia hatte nichts mit dem Tod Kästners zu tun, und das würde er beweisen. Hilde hatte ganze Arbeit geleistet. Die Targobank in Fulda war eine vielversprechende Spur, und er war voller Tatendrang, als er an diesem verregneten Dienstagmorgen in seinen neuen Wagen stieg und die Autobahn A7 ansteuerte. Seinen Kater am frühen Morgen hatte er mit starkem Kaffee und einer Aspirin bekämpft; jetzt war er gespannt, was ihn in der Bank in Fulda erwartete.

Der neue Wagen schnurrte wie ein Kätzchen, und die einhundertfünfzig PS beschleunigten die Fahrt rasant auf beinahe zweihundert Sachen. Doch schon nach nicht einmal drei Kilometern auf der A7 musste er wieder abbremsen. Eine Baustelle lag vor ihm, und der Verkehr wurde einspurig an den Bauarbeitern vorbeigeleitet. Es ging nur im Stopp and Go, und so zogen sich die Kilometer, denn kaum hatte er die Baustelle hinter sich gelassen, folgte die nächste. Beinahe an jeder Brücke wurde herumgebastelt, und der Höhepunkt war kurz vor Fulda, als der Verkehr erneut auf eine Spur verengt wurde. Diesmal zog sich die Baustelle beinahe über sieben Kilometer hin, doch außer einem grünen VW-Bus mit einem rotierenden gelben Blinklicht war auf der gesamten Strecke kein einziger Arbeiter zu sehen. Danner fluchte, als er ein paar Mal bis zum Stillstand abbremsen musste. Offenbar hatte man die Fernstraßen in den letzten

Jahren derart verkommen lassen und kaputtgespart, dass eine Reise durch die Republik für die Autofahrer zur reinen Nervensache und obendrein vermutlich teurer wurde, als wenn man damals gleich Hand angelegt hätte. Manchmal war Politik eben nicht weitsichtig und zielorientiert, sondern engstirnig und von Sparwut geprägt.

Er war gottfroh, als er die Ausfahrt Fulda erreichte und dieses ewige Hin und Her endlich hinter sich hatte. Sieben Baustellen hatte er gezählt, und das auf nicht einmal 120 Kilometern Strecke.

Die Targobank lag in einer Fußgängerzone, fußläufig vom Bahnhof etwa 300 Meter entfernt. Danner hatte seinen Wagen am Bahnhof abgestellt, seinen alten Dienstausweis und den Schließfachschlüssel eingesteckt und war zur Bank gelaufen. Es handelte sich um eine kleinere Filiale. Er blieb vor dem Schaufenster stehen und warf einen Blick in den Schalterraum. Zwei der Schalter waren besetzt, ein junger Mitarbeiter nahm sich gerade einer älteren Kundin an und füllte ein Überweisungsformular aus. Am Schalter daneben saß eine junge Frau, eher noch ein Mädchen, vermutlich eine Auszubildende. Das war einen Versuch wert. Er trat ein und hielt auf den Schalter zu. Die junge Frau blickte ihn mit einem freundlichen Lächeln an.

»Guten Tag, was kann ich für Sie tun?«, fragte sie.

Danner fasste in seine Hosentasche und zog seinen Dienstausweis hervor. Gleichzeitig legte er den Schlüssel auf den Tresen.

»Kriminalpolizei Würzburg«, sagte er. »Ich gehe davon aus, mein Büro hat Sie verständigt!«

Die junge Frau schaute verwirrt und schüttelte den Kopf. »Tut mir leid ...«

»Ja, kann man sich denn auf niemanden mehr verlassen?«, entgegnete er mit gespielter Erregung. »Ich fahre hierher, stehe im Stau, und die haben wieder mal nichts anderes zu tun, als Maulaffen feil zu halten. Es geht um das Schließfach.«

»Schließfach?«, wiederholte die junge Angestellte.

»Kästner«, erklärte Danner. »Er hat hier ein Schließfach, und ich habe den Auftrag, den Inhalt mitzunehmen.«

Die junge Frau zog die Stirne kraus.

»Ach so, Hans Peter Kästner«, präzisierte Danner seine Aussage. »Er wurde ermordet. Stand in allen Zeitungen, bestimmt auch hier. Ich ermittle in diesem Fall.«

Die Angestellte atmete tief ein. »Tut mir leid, ich ... warten Sie, da muss ich meinen Vorgesetzten holen.«

Bevor Danner antworten konnte, war sie auch schon verschwunden. Ein paar Minuten später kehrte sie in Begleitung eines jungen Mannes zurück, der kaum älter war als sie.

»Guten Tag, der Herr ...«

Erneut zeigte Danner seinen alten Ausweis. »Oberkommissar Danner, Kripo Würzburg. Ich muss einen Blick in das Schließfach werfen, zu dem dieser Schlüssel passt. Es geht um ein Kapitaldelikt. Der Inhaber des Schließfaches wurde vor zwölf Tagen ermordet, und wir gehen davon aus, dass der Inhalt des Schließfaches mit dem Mord im Zusammenhang steht.«

Der Angestellte hatte einen prüfenden Blick auf den Ausweis geworfen und setzte sich an den Schalter. »Wie lautet der Name des Besitzers?«, fragte er.

»Kästner, Hans Peter Kästner.«

Er aktivierte den Computer, warf einen langen Blick auf den Bildschirm und schüttelte den Kopf. »Tut mir leid, einen Herrn Kästner haben wir nicht.«

Diesmal war es an Danner, verwundert die Stirn zu runzeln. »Haben Sie nicht?«

Der junge Mann schüttelte den Kopf. »Er hat zwar ein Konto bei uns, aber kein Schließfach.«

»Ein Maximilian Kästner auch nicht?«

»Wir haben niemand mit dem Namen Kästner, der ein Schließfach bei uns angemietet hat«, erklärte der Bankbeamte.

»Und Maria Harbinger, hat eine Frau Harbinger ein Schließfach?«

Der junge Mann gab den Namen in den Computer ein und schüttelte erneut den Kopf. »Tut mir leid.«

Danner war am Verzweifeln. »Aber der Schlüssel, der gehört doch zu Ihrer Bank, richtig?«

Der Angestellte nahm den Schlüssel in die Hand und nickte. »Wir haben solche Schlüssel, das ist korrekt, aber wir vermerken keine Nummern darauf. Falls er verloren geht, ist das eine Sicherheitsreserve, Sie verstehen?«

»Ich verstehe, aber er ist von hier?«

»Er könnte auch von jeder anderen unserer Filialen sein.«

Danner nickte. »Dann sollten wir schauen, ob er hier passt.«

Der junge Mann atmete tief ein. »Unter diesen Umständen kann ich leider ohne Anordnung unserer Geschäftsleitung ...«

»Ich kann auch den Richter anrufen«, fiel ihm Danner ins Wort und griff zum Handy.

»Tut mir leid, das geht nur über die Geschäftsleitung. Herr Harms, unser Filialleiter, ist morgen wieder hier.«

So eine Pleite! Danner steckte den Schlüssel wieder ein und wandte sich um. Dann kam ihm die Idee. »Ach, ich vergaß«, sagte er, ehe er sich noch einmal umwandte. »Das Schließfach könnte auch auf dem Namen Ramona Wagner eingetragen sein.«

Der junge Mann, der sich bereits erhoben hatte, setzte sich noch einmal auf den Stuhl und gab den Namen ein. Doch auch diesmal schüttelte er nur den Kopf. »Wagner haben wir ebenfalls nicht, nur eine Ramona Altmann ist bei uns eingetragen.«

»Altmann, natürlich, der Mädchenname«, sagte Danner und klatschte sich mit der Hand gegen die Stirn.

»Das ist Nummer zweiundzwanzig, aber ich muss Sie begleiten!«

Der junge Mann führte Danner in den Keller und begleitete ihn in einen Raum, in dem sich die Schließfächer befanden. Er nahm den Schlüssel an sich, steckte ihn in das Schloss und öffnete problemlos das Schließfach. Danner blickte ihm über die Schulter. Seine Nerven waren zum Zerreißen gespannt, doch er ließ sich nichts anmerken. Der Bankangestellte zog eine lange schwarze Schatulle aus dem Fach und legte sie auf einen Tisch in der Ecke des Raumes.

»Wir müssen den Inhalt genau protokollieren«, sagte er.

»Sicher!«, stimmte Danner zu.

Der junge Mann öffnete die Schatulle. Darin lagen mehrere Dokumente. Das erste Dokument war die Gewerbeanmeldung einer Firma in Spanien, genauer gesagt auf der Insel Mallorca, mit dem Namen Bierkönig SL. Inhaberin der Firma war Maria Harbinger. Das zweite, mehrseitige Dokument steckte in einer eigenen Mappe. Es war auf Englisch abgefasst, und es handelte sich um einen notariell beglaubigten Kaufvertrag über eine Brauerei nebst Gebäuden, Fuhr- und Maschinenpark in Perth, Australien. Käuferin: Ramona Altmann.

Das letzte Dokument war ein Partnerschaftsvertrag, ebenfalls auf Englisch und von einer australischen Behörde beglaubigt. Es regelte die Zusammenarbeit zwischen der Eigentümerin der Kangoo Brewery in Perth und dem bestellten Geschäftsführer Hans Peter Kästner.

Danner stand da und bekam den Mund nicht mehr zu.

Landgericht Würzburg, Ottostraße

Lydia Arzt saß im dritten Stock des Würzburger Landgerichts und schüttelte entnervt den Kopf. Neben ihr saß ihr Anwalt, ein junger Mann aus Randersacker, der erst vor ein paar Monaten in die Anwaltskanzlei eingetreten war und mit Lydia Arzt gerade seinen dritten Fall bearbeitete. Beim ersten Verfahren war er als Pflichtverteidiger bei einem jugendlichen Schwarzfahrer bestellt gewesen, und das zweite Verfahren, eine Anklage wegen Nötigung und Hausfriedensbruchs im Rahmen eines Erbschaftsstreits in der Familie, war ohne sein Zutun eingestellt worden. Diesmal hatte er es nun also mit Mordverdacht zu tun. Eine ganze Nummer zu groß, doch kein anderer in der Kanzlei hatte an diesem Vormittag Zeit gehabt.

Hinter Lydia saßen Klara Pepperkorn und ihr Kollege Olaf Stenzel, die Lydia aus dem Arrest in Handschellen vorgeführt hatten. Oberstaatsanwalt Reichert war nicht anwesend, dafür lag der Antrag auf Untersuchungshaft und eine mehrere Seiten lange Begründung vor.

»Ja, was glauben Sie denn?«, sagte Lydia erbost. »Denken Sie, ich sitze den lieben langen Tag auf meinen vier Buchstaben im Büro?«

»Mäßigen Sie Ihre Ausdrucksweise«, wandte die Richterin ein.

»Ich entschuldige mich für meine Mandantin«, sprang der Anwalt Lydia zu Hilfe. »Sie war noch nie in einer solchen Situation.«

»Ich bin nicht nur im Büro, manchmal muss ich auch runter ins Sudhaus oder ins Lager. Kann sein, dass ich da diesen verdammten Spaten mal aufgehoben und weggestellt habe. Die lassen ja alles stehen und liegen. Kästen, Sackkarren, Spaten oder Rechen, gerade so, wie es ihnen beliebt. Vor allem, wenn es auf Feierabend zugeht.«

Richterin Sonntag machte Notizen auf einem Bogen Papier. »Also gut, kommen wir zu diesem Streit zwischen Ihnen und dem Opfer im Sudhaus …«

Lydia schüttelte den Kopf. »Auch das habe ich der Kommissarin längst erklärt. Da ging es um eine Überweisung, die zweimal ausgeführt wurde. Ich habe das bemerkt und wollte es mit Hap besprechen, aber der wurde gleich ausfällig, von wegen Schlamperei und so. Ich solle mich mehr auf den Betrieb konzentrieren und mir nicht die Nägel lackieren. So was kann ich nicht gebrauchen, schließlich hat er den Fehler gemacht und nicht ich. Dann nannte er mich eine dumme Kuh, und mir ist die Hand ausgerutscht. Das war alles.«

»Der Zeuge will aber gehört haben, dass es um den Vorwurf der Unterschlagung ging«, entgegnete die Richterin. »Er ist sich sehr sicher, dass der Vorwurf seitens Herrn Kästner auf Sie bezogen war.«

»Blödsinn!«

Die Richterin zog den Aktenordner zu sich heran und las die entsprechende Passage der Aussage laut vor.

»Es kann sein, dass Hap was von Unterschlagung sagte, aber er meinte damit nicht mich. Sie müssen doch nur den Beleg dazu ansehen, die Unterschrift ist doch eindeutig. Wieso sollte er mir Unterschlagung vorwerfen, wenn er zweimal gezahlt hat? Er sagte, es war ein Versehen, aber deshalb muss er mich doch nicht so doof anmachen. Meine Buchhaltung stimmt. Ich rechne nur die Posten zusammen. Ob der Preis dem Markt entspricht oder wir die Posten überhaupt brauchen, darüber entscheide nicht ich, das hat … ähm, hatte Hap zu verantworten.«

Erneut machte sich die Richterin Notizen, ehe sie die Seite in der Akte umblätterte. »Herr Doktor Wagner ist davon überzeugt, dass es Unregelmäßigkeiten bezüglich der Abrechnungen gab«, sagte sie.

Lydia kniff die Lippen zusammen. »Dann hätte er mit Kästner darüber reden müssen und nicht mit mir.«

»Er sagt, dass sie oft in Kästners Namen Überweisungen tätigten und er Ihnen das sogar ausdrücklich gestattete.«

Lydia rollte mit den Augen. »Auch das sagte ich schon. Kleine Posten unter tausend Euro, das war so abgesprochen. Er sagte, dass ich ihn damit entlaste. Also habe ich es getan, aber das ist so üblich. Das habe ich auch schon früher bei meinem alten Arbeitgeber so gemacht.«

»Kommen wir noch einmal zu Ihrem Alibi«, sagte die Richterin und schloss die Akte. »Sie sind unmittelbar nach der Arbeit nach Hause gefahren, sagten Sie bei der polizeilichen Vernehmung. Jetzt geben Sie an, dass Sie zuvor noch bei einem Dönerladen eingekauft haben …«

»Im Main-Döner in der Friedrich-Spee-Straße, der liegt auf meinem Heimweg …«

»Würden Sie mich bitte aussprechen lassen«, rügte die Richterin die Unterbrechung.

Lydia nickte.

»Wir haben die Quittung über einen Dönerteller zum Mitnehmen vom fünften Oktober um zwanzig Uhr vierunddreißig zu Protokoll gegeben«, schob der junge Anwalt nach.

»Herr Kollege«, sagte die Richterin entnervt. »Ich habe die Quittung gesehen. Welch ein Glück, dass sie noch im Wagen lag. Aber lassen Sie mich bitte erst einmal ausreden!«

»Entschuldigung.«

»Gut, meine Frage ist, holen Sie dort öfter etwas zu essen oder ist das eher die Ausnahme?«

Lydia zuckte mit den Schultern. »Eigentlich nur, wenn es spät wird, so wie an diesem Tag. Mal einen Döner oder auch mal eine Pizza im Mediterraneo, mal so, mal so. Ansonsten koche ich selbst, aber um neun in der Nacht ist es mir dafür zu spät.«

Erneut fertigte die Richterin Notizen an. Schließlich lehnte sie sich in ihrem Stuhl zurück und überflog ihren Aufschrieb.

»Alles klar«, sagte sie schließlich. »Dann ergeht hier folgender Beschluss. Der hier vorgelegte Antrag der Staatsanwaltschaft wird abgewiesen. Das Gericht sieht nach Aktenlage einen Tatverdacht für gegeben, jedoch ist er weder dringend noch ausreichend und hinlänglich begründet. Die Beschuldigte wird mit sofortiger Wirkung auf freien Fuß gesetzt, der Haftbefehl wird aufgehoben. Allerdings ergeht die Auflage, die Beschuldigte darf bis zur weiteren Entscheidung des Gerichts nicht verreisen und das Land verlassen, außerdem hat sie sich zweimal wöchentlich, jeweils montags und freitags, um siebzehn Uhr dreißig bei der Polizeiinspektion in der Weißenburgstraße zu melden. Bei Verstößen gegen die Auflage kann der Haftbefehl wieder aufleben. Haben Sie mich verstanden, Frau Arzt?«

Lydia blickte hilfesuchend ihren Anwalt an, der ihr die Entscheidung des Gerichts noch einmal mit einfachen Worten erklärte.

»Das heißt, ich kann gehen?«

Der Anwalt nickte.

Lydia atmete tief durch.

»Damit ist diese Anhörung geschlossen«, beendete die Richterin die Vorführung.

Klara schaute ihren Kollegen an, der hilflos mit den Schultern zuckte. Schließlich erhob sich die Richterin. Auch der Anwalt, Lydia, Klara und Olaf Stenzel standen auf und warteten, bis die Richterin den Raum verlassen hatte.

»Ich sagte es schon, ich war es nicht«, sagte Lydia zu Klara gewandt.

»Wir werden sehen«, entgegnete diese, ohne auch nur die Spur einer Regung zu zeigen.

32

Kriminalinspektion Würzburg,
Weißenburgstraße

Sie hatte sich in ihr Büro zurückgezogen und die Tür geschlossen. Sie wollte nicht gestört werden. Die zweite Verhaftung und die zweite Niederlage. Erst Horrheimer und jetzt Lydia Arzt. Ihr erster großer Mordfall, nachdem sie aus München nach Würzburg versetzt worden war, und nichts als Pleiten. Dabei hatte sie gehofft, hier in der Provinz auf der Karriereleiter ein ganzes Stück voranzukommen. Doch weit gefehlt! Was würde Krug nun von ihr halten? Welche Karriere war für eine Polizistin vorgesehen, die eine Niederlage nach der anderen einfuhr?

Vielleicht war es ein Fehler gewesen, Danner von den Ermittlungen auszuschließen. Zwar kannte er Lydia Arzt, die neue Hauptverdächtige, sehr gut, doch seine Einschätzung und seine Art, mit den Dingen umzugehen, hatten etwas für sich.

Es war wie verhext. Irgendwie fehlte ihr der nicht allzu groß gewachsene und pummelige Kollege, den sie zu Beginn der Ermittlungen am liebsten zum Mond geschossen hätte.

In dubio pro reo hatte Richterin Sonntag entschieden, die Untersuchungshaft abgelehnt und den Haftbefehl gegen Auflagen außer Vollzug gesetzt. Im Zweifel für die Angeklagte. Sicher, es gab in diesem Fall keinen schlagenden, absoluten und unfehlbaren Beweis für die Täterschaft, doch gab es durchaus eine Indizienkette, die dafür sprach, dass Lydia Arzt als Täterin sehr wahrscheinlich in Frage kam.

Dennoch war die Richterin der Argumentationskette der

Staatsanwaltschaft nicht gefolgt und hatte alle Indizien in Zweifel gezogen.

Auch wenn Olaf Stenzel meinte, dass man eben weitergraben müsse und die Aufhebung des Haftbefehls keine Bedeutung habe, war dies nur ein schwacher Trost. Nachdem Lydia Arzt noch vor ihr das Zimmer des Landgerichts ohne Handschellen und Polizeibegleitung verlassen durfte, empfand sie dies nun einmal als persönliche Niederlage. Da halfen auch Olafs Worte nicht.

Sie erhob sich und trat vor das Regal in der Ecke, in der die Leitz-Ordner des Falles, neun inzwischen und allesamt prall gefüllt, fein säuberlich aufgereiht waren.

Spurenlage stand auf dem Rücken eines Ordners. Sie griff danach, zog ihn hervor und nahm ihn mit zu ihrem Schreibtisch.

Hatte Sie irgendetwas übersehen?

Horrheimer war aus dem Rennen, er hatte ein Alibi. Dr. Wagner, der Abgeordnete, befand sich in München und hatte knapp zwei Stunden vor Kästners Tod von dort aus in der Firma angerufen. Niemand konnte die Strecke von München in zwei Stunden schaffen. Weder mit dem Auto, noch mit dem ICE, denn innerhalb von zwei Stunden reichte es gerade mal von Bahnhof zu Bahnhof. Kästners Ehefrau hatte ebenfalls ein Alibi für die Tatzeit, so wie auch alle anderen Tatverdächtigen, die sie bislang überprüft hatten.

Einzig und allein Lydia Arzt blieb übrig, denn sie hatte kein Alibi. Lediglich eine Rechnung eines Dönergrills, der in ihrem Wagen gelegen hatte, ließ die Richterin an der Indizienkette zweifeln.

Sie schlug den Ordner auf. Die ersten hundert Seiten umfasste der Spurensicherungsbericht nebst den dazugehörigen Fotoaufnahmen vom Tatort und der näheren Umgebung. Eines der Bilder, großformatig, in Farbe und mit dazugehörigem Maßstab, zeigte den kleinen Metallring, der am Tatort gefunden worden war. Knapp drei Millimeter groß und aus Messing. Ein Nietenring, wie er in der dazugehörigen Beschreibung bezeichnet worden war. Von einer Tasche, einem Handschuh oder auch einer Regenjacke könnte er stammen, hatte Stemmer unter dem Bild auf der dazugehörigen Sachbeschreibung vermerkt. Allerdings war nicht gesichert, dass der kleine Messingring wirklich zur Tat gehörte, er konnte auch schon dort gelegen haben.

Klara blätterte weiter. Es folgten mehrere Kopien sogenannter Droh- und Schmähbriefe, allesamt an Kästner gerichtet. Einige waren eher beleidigenden Inhalts, in einem hieß es, *früher hätte man dir in der Nacht einen Sack über den Kopf gestülpt und einfach draufgehauen …*

Wie ernst dieser Inhalt zu nehmen war, das lag in Auge des Betrachters. Die Originale befanden sich noch immer beim Landeskriminalamt, wo sie spurentechnisch untersucht worden waren. Auf einigen hatte man Fingerabdrücke und auch DNA gefunden, doch die Auswertung hatte keinen Treffer ergeben.

Auf den weiteren Seiten waren die Telefonprotokolle von Kästners Handy, aber auch vom Hausapparat der Brauerei hinterlegt. Klara blätterte weiter und betrachtete sich die Auswertung des Hausanschlusses. Die meisten Anrufe stammten von Kunden, Lieferanten und Geschäftspartnern. Um 9.20 Uhr war die Münchner Nummer hinterlegt, die dem Bayerischen Landtag zugeordnet werden konnte. Das war Wagners erster Anruf an diesem Tag gewesen. Das Gespräch hatte drei Minuten gedauert. Um 19.17 Uhr war eine weitere Münchner Nummer hinterlegt, der Anruf stammte ebenfalls aus dem Landtag und dauerte zwei Minuten. Das war der Anruf Dr. Wagners, der von Lydia Arzt entgegengenommen worden war. Genau um 20 Uhr hatte Wagner

Kästner über Handy angerufen und siebzehn Minuten mit ihm gesprochen.

Lydia Arzt war ihren eigenen Angaben nach um 19.30 Uhr gegangen, eine Stunde später war Horrheimer vom Areal gefahren, und Kästner war allein in der Firma zurückgeblieben.

Klara schlug den Aktenordner zu, legte ihn auf den Schreibtisch zurück und griff nach einer der Akten, die sie von Dr. Wagner erhalten hatte. Diese ominöse Firma namens Bierkönig SL aus Palma de Mallorca war der Schlüssel. Wenn sie diese Firma mit Lydia Arzt in Verbindung bringen konnte, dann wäre dies ein schlüssiger Beweis. Ein Beweis, der wohl auch die Richterin überzeugen würde. Die Anfrage nach dem Inhaber der Firma und der Konten bei der Banco Sabadell in Barcelona an die spanischen Behörden war gestellt. Der offizielle Weg führte über das Bundeskriminalamt und Europol in Den Haag und konnte erfahrungsgemäß mehrere Wochen dauern. So viel Zeit hatte Klara nicht. Sie nahm die Akte in die Hand und erhob sich. Vielleicht hatte Kollege Igerst vom Betrugsdezernat eine bessere Idee.

Rosengarten – Klinikum, Bad Kissingen, Bismarckstraße

Das Schließfach der Fuldaer Bank hatte sich als wahre Fundgrube erwiesen. Es war an der Zeit, mit Ramona Wagner zu sprechen, und Bad Kissingen lag quasi auf Danners Rückweg nach Würzburg.

Er parkte den Wagen auf dem Parkplatz einer nahegelegenen Pension und begab sich zu Fuß zur Klinik. Offiziell würde man ihn kaum zu Ramona Wagner vorlassen. Das war schon einmal schiefgegangen. Er musste sich etwas überlegen, schließlich war Improvisationstalent eine Gabe, mit der er reichlich gesegnet war. Er stand vor der Klinik und überlegte, wie er es anstellen konnte, unbemerkt ins Innere zu gelangen.

Ein Krankenwagen bog von der Schönbornstraße auf die Zufahrt ein und blieb vor dem Haupteingang stehen. Zwei Sanitäter in orangefarbenen Jacken stiegen aus, gingen zum Heck und öffneten die Tür. Kurz darauf schoben sie eine Dame im Morgenmantel in einem Rollstuhl in die Klinik. Er wartete, bis die Sanitäter verschwunden waren. Eine Frau in Begleitung eines Kindes näherte sich. Das Kind hielt einen Blumenstrauß in der Hand. Danner nutzte die Möglichkeit und schloss sich den beiden an. Es wirkte, als würde er dazugehören, als sie die Klinik betraten und vor dem Empfangspult stehen blieben, hinter dem eine junge Frau in einem beigen Kostüm saß. Während die Mutter mit der Empfangsdame sprach, stahl er sich in Richtung der Fahrstühle davon. An einem Wegweiser, der neben den Fahrstühlen an der Wand hing, orientierte er sich. Die Privatstation befand sich im vierten Stock.

An einem der drei Aufzüge glitt die Schiebetür auf. Ein Pfleger in einer hellblauen Jacke schob einen Wagen mit Handtuchrollen an ihm vorbei. Der Mann nickte ihm zu, als er an ihm vorüberging. Danner betrat den Fahrstuhl und drückte den Knopf, der in den Keller führte. Die erste Hürde hatte er geschafft, doch von seinem Ziel war er noch weit entfernt. Der Fahrstuhl hielt, und die Tür glitt auf. Vor ihm lag ein langer, von Neonlicht durchfluteter Flur. Bunte Gemälde hingen an der Wand, weit und breit war niemand zu sehen. Er verließ den Fahrstuhl und ging den Flur entlang. Als er um die Ecke bog, standen zwei Getränkeautomaten an der Wand, daneben befand sich eine Tür, die einen Spalt offen stand. Danner riskierte einen kurzen Blick. In dem

Raum standen mehrere Spinde. Offenbar war er in einem Lagerraum der Klinik gelandet. In einer Ecke hingen grüne, weiße und blaue Jacken und Hosen, fein säuberlich aufgereiht und in Folie verpackt. In der anderen Ecke des Raumes standen dieselben Rollwagen mit gestapelter Wäsche und Handtüchern, wie sie zuvor der Klinikmitarbeiter herumgeschoben hatte. Er griff nach einer Garnitur und entschied sich für blau, so wie der Pfleger, der zuvor aus dem Fahrstuhl gestiegen war. Die Jacke mit dem Emblem der Klinik auf der Brust musste reichen. Er zog sich die Jacke über, nahm einen der Wagen und schob ihn über den Flur zurück zu den Fahrstühlen. Dann fuhr er in den vierten Stock. Nachdem er den Fahrstuhl mit seinem Wagen verlassen hatte, stand er vor einer trüben Glasfront mit verschlossener Tür. Ein Klingelknopf befand sich daneben. Er klingelte. Es dauerte eine Weile, bis eine junge Krankenschwester die Tür öffnete.

»Schon wieder, der Kollege war doch erst hier?«

Danner zuckte mit den Schultern. »Der Kollege ist eben vergesslich«, sagte er. Die junge Frau trat zur Seite und gab den Weg frei. Erneut lag ein langer Flur vor ihm, doch diesmal lichtdurchflutet und in freundlicher Farbe gestrichen. Er fuhr an mehreren geschlossenen Türen vorbei, bis er die Toilette erreichte. Die junge Schwester war längst wieder verschwunden. Direkt neben der Toilettentür standen drei einfache Rollstühle. Er schob den Rollwagen in die Toilette, stellte ihn hinter der Tür ab und machte kehrt. Mit einem Rollstuhl setzte er seinen Weg fort, bis er ans Schwesternzimmer kam.

Hinter dem Schreibtisch saß eine ältere Krankenschwester, die ihre dunklen Haare zu einem langen Zopf gebunden hatte. Danner klopfte an die Scheibe und lächelte. Die Krankenschwester schaute auf.

»Ich soll eine Frau Wagner zum MRT abholen«, sagte Danner.

»MRT?«, wiederholte die Schwester. »Davon weiß ich ja gar nichts.«

Danner wies auf das Fenster am Ende des Flures. »Die vom Roten Kreuz warten schon unten.«

»Moment«, sagte die Schwester und blätterte in ihren Unterlagen, schließlich wandte sie sich um. »Weiß jemand was von einem MRT für Frau Wagner?«, rief sie durch eine geöffnete Tür in den Nebenraum.

»Dachte, das ist erst morgen«, erhielt sie von einer Kollegin zur Antwort.

»Wurde auf heute vorverlegt, weil die in der Klinik einen Termin frei bekommen haben.«

»Das hätte man uns auch sagen können«, knurrte die Schwester und griff zum Telefon.

»Hallo, Conny, machst du Frau Wagner fertig, die geht heute noch ins MRT«, sagte sie knapp, ehe sie wieder auflegte und sich Danner zuwandte. »Die muss aber unter Aufsicht bleiben.

Danner nickte. »Deswegen soll ich ja mitfahren und sie wieder mit zurückbringen«, sagte er.

Er spielte die Rolle in Perfektion. Seiner Erfahrungen nach fielen die meisten Menschen auf kleine Betrügereien herein, wenn man nur beharrlich und souverän blieb. Und so war es auch hier. Zehn Minuten später saß Ramona Wagner vor ihm im Rollstuhl, als er sie zu den Aufzügen schob.

Er hätte sie beinahe nicht erkannt. Ihre Haut war blass, die Augen gerötet, und sie wirkte apathisch, was wohl an den Medikamenten lag, die man ihr verabreichte. Er fuhr mit ihr nicht ins Erdgeschoss, sondern in den Keller, wo er ihr im Lagerraum eine passende Klinikgarnitur heraussuchte.

»Frau Wagner«, sprach er sie an. »Mein Name ist Danner, ich bin von der Polizei aus Würzburg und muss unbedingt mit Ihnen sprechen. Es geht um Hans Peter Kästner, verstehen Sie mich?«

Ramona Wagner schaute kurz auf, doch scheinbar war jegliche Lebensenergie aus ihr gewichen.

»Frau Wagner?«

Sie zeigte keine Reaktion und schaute lethargisch vor sich auf den Boden.

Danner atmete tief ein. Eine Unterhaltung unter diesen Umständen machte keinen Sinn. Erst wenn die Wirkung der starken Medikamente nachließ, würde er vielleicht Zugang zu ihr finden.

Jetzt war guter Rat teuer. Was konnte er tun?

»Ich ... ich will hier weg«, stammelte die Frau.

»Frau Wagner, verstehen Sie mich?«

»Ich muss hier ... ich muss hier weg!«

Danner kniete sich neben der Frau auf den Boden und blickte ihr ins Gesicht.

»Sie wollen hier raus?«, fragte er.

»Hier raus, ja ...«

Jetzt war er ganz schön in der Bredouille. Er musste unbedingt mit der Frau reden, doch in diesem Zustand war es zwecklos. Andererseits sah man Ramona Wagner an, dass es ihr nicht gut ging. Und ihr Flehen wirkte echt. Jetzt war er schon so weit gegangen, jetzt gab es keine Umkehr mehr.

»Ich bringe Sie hier weg!«, sagte er, wandte sich um und schob die Frau im Rollstuhl wieder aus dem Raum. Er fuhr ins Erdgeschoss und schob sie mit so viel gespielter Selbstverständlichkeit an der Dame hinter dem Empfangspult vorbei, dass diese nicht einmal den Blick von ihrem Computerbildschirm hob. Zum Glück hatte er seinen Wagen nicht weit entfernt geparkt. Er half Frau Wagner auf den Beifahrersitz und ließ den Rollstuhl einfach zurück.

33

W1 Fitnesscenter, Schweinfurter Straße,
Würzburg

Es war durch und durch ein gebrauchter Tag für Klara gewesen. Zuerst die Pleite bei der Vorführung von Lydia Arzt, und dann konnte ihr der Kollege vom Betrugsdezernat auch keine Hoffnung auf eine schnellere Bearbeitung ihrer Anfrage bei den spanischen Behörden machen. Kurz bevor sie das Büro verließ – draußen dämmerte es bereits –, kam Kollegin Nina Hochland auf sie zu und berichtete ihr von einer Fahndung nach Ramona Wagner, die gerade über das Fahndungssystem hereingekommen war. Demnach war diese seit zwei Stunden aus der geschlossenen Abteilung des Rosengarten-Sanatoriums in Bad Kissingen abgängig, in das sie nach einem Nervenzusammenbruch eingewiesen worden war.

Klara hatte nur mit den Schultern gezuckt. »Hat sich wohl bei einem Spaziergang verirrt, die taucht schon wieder auf«, bemerkte sie flapsig.

»Ich dachte nur, es wäre wichtig, weil Wagner ja irgendwie auch zu unseren Ermittlungen gehört«, hatte sich Nina entschuldigt.

»Schon gut, machen wir morgen weiter, bis dahin ist sie sicher wieder aufgetaucht«, sagte Klara, der nicht verborgen geblieben war, dass ihre Reaktion bei der jungen Kollegin auf Verwunderung stieß. Anschließend hatte sie das Büro verlassen und war auf direktem Wege in die Schweinfurter Straße gefahren. Irgendwie musste sie sich abreagieren und den Frust des Tages wegtrainieren.

Sie saß auf dem Rudergerät und holte Schwung, als wollte sie in einem Ruderboot den Atlantik überqueren. Als Bea, mit der sie sich verabredet hatte, die raumgreifenden und aggressiven Ruderschläge sah, setzte sie sich neben ihr auf den Boden und schaute ihr eine Weile zu.

»Welche Laus ist dir denn heute über die Leben gelaufen?«, bemerkte sie nach ein paar Minuten.

»Was schon, dieser Fall macht mich noch ganz kirre«, antwortete Klara, ohne ihre Ruderfrequenz zu reduzieren.

»Ärger im Büro also.«

»Ärger habe ich, seit ich diesen Fall übernommen habe«, blaffte Klara heraus. »Irgendwie habe ich das Gefühl, alle arbeiten gegen mich und ich stehe in allem vollkommen alleine da.«

»Was ist mit Fozzy Bär?«, wandte Bea ein. »Ich dachte, ihr versteht euch inzwischen.«

Klara stoppte, griff nach ihrem Handtuch und wischte sich den Schweiß von der Stirn. »Danner ist so dämlich, der hat richtig Ärger an der Backe. Und das ausgerechnet jetzt, wo ich jemand an meiner Seite brauchen könnte.«

Bea lächelte. »Der hat doch immer Ärger an der Backe, so wie ich ihn kenne.«

Klara schüttelte den Kopf. »Diesmal ist es ernst. Der Polizeipräsident hat ihn suspendiert, und ein Disziplinarverfahren wartet auch noch auf ihn. Das wird richtig eng für ihn.«

»Was hat er denn gemacht, goldene Löffel gestohlen oder die Frau des Präsidenten vernascht?«, unkte Bea.

»Er hat ohne Genehmigung gegen einen Landtagsabgeordneten ermittelt«, klärte Klara ihre Freundin auf.

»Gegen Wagner?«

Klara nickte.

»Das kann ich verstehen«, bemerkte Bea. »Mich hat es sowieso schon gewundert, dass ihr den werten Herrn Abgeordneten nicht auf dem Schirm habt.«

»Wie meinst du das denn?«

»Wagner ist wie ein Aal«, erklärte Bea. »Als junger und dynamischer Emporkömmling in der Lokalpolitik hat er damals zuerst den alten Altmann um den Finger gewickelt, bis er einen Platz in der Chefetage hatte, und dann gab's als Dreingabe noch das Töchterchen, quasi als Kirsche auf der Torte. Und das, obwohl Wagner um Einiges älter ist als die kleine Ramona.«

»Was heißt hier Dreingabe? Ich versteh nicht, was du damit meinst.«

»Die junge Frau Altmann war mal ein rechtes Früchtchen«, entgegnete Bea. »Typisch für ein junges Mädchen, für die Geld keine Rolle spielt und deren Eltern keine Zeit hatten. War auf einem teuren Schweizer Internat, das hat sie geschmissen. Partys und Lifestyle waren ihr wichtiger. Es gab Affären, Rauschgift war im Spiel, und eines Tages wurde sie auf Ibiza vollkommen zugekokst in einem Hotelzimmer gefunden. Das ging damals tagelang durch die Presse. Dann wurde es ruhig um sie. Von einer Entzugsklinik ging es in die nächste. Klar, dass sie einen psychischen Knacks abbekommen hat.«

»Das habe ich schon mal gehört, aber was hat das mit Wagner zu tun?«

»Verstehst du nicht, der alte Altmann hat sie förmlich an Wagner verschachert. Gut, mit ihrer Vita und ihren Problemen hätte sich wohl auch kein anderer für sie interessiert, obwohl die kleine Ramona eine echte Schönheit geworden ist. Aber ich glaube, Wagner sah sie gar nicht als Frau, er war eher an ihr als Erbin interessiert. Schließlich wird das Vermögen der Altmanns auf über einhundert Millionen geschätzt. Und nach dem Verkauf der Verlage dürfte es wohl mehr als das Doppelte geworden sein.«

»Ich dachte, da gibt es noch einen Bruder«, wandte Klara ein.

»Ja, den gibt es, aber bei zweihundert Millionen würde mir der Pflichtteil schon reichen«, entgegnete Bea mit einem breiten Grinsen. »Deswegen passt Wagner auch so gut auf seinen Schatz auf. Manche sagen, er hält sie auf seinem großen Anwesen wie in einem goldenen Käfig gefangen.«

»Trotzdem, Wagner selbst hat Kästner in die Firma geholt und ihn zum Geschäftsführer gemacht.«

»Richtig, und Kästner war damals wohl auch gut für die Firma, aber du weißt schon, alles hat seine Zeit.«

Klara überlegte kurz. »Außerdem frage ich mich, wie er seine Frau gefangen halten will, wenn er die meiste Zeit in München ist.«

»Sie hat eine Gouvernante, wie der Adel in der guten alten Zeit.«

»Dann ist er jetzt bestimmt sehr beunruhigt«, bemerkte Klara.

Bea runzelte die Stirn. »Wieso?«

»Weil sie ausgebüxt ist, aus einem Sanatorium in Bad Kissingen.«

»Ja, das kenne ich. Professor Brinkhoff ist ein alter Parteifreund von Wagner, sie war schon öfter bei ihm in Behandlung.«

Klara seufzte und erhob sich. »So, jetzt ist es aber genug. Eigentlich bin ich hergekommen, um einen Haken unter diesen Tag zu machen. Mir reicht es, gehen wir noch an die Bar?«

Bea erhob sich ebenfalls. »Wenn du mich einlädst.«

Nach dem Duschen trafen sie sich an der Bar. Bea hatte bereits zwei Aperol Spritz bestellt. Als sich Klara setzte, klingelte ihr Handy.

»Entschuldige, da muss ich ran«, sagte sie, als sie es aus ihrer Sporttasche kramte. Danners Nummer war auf dem Display zu sehen. Sie drückte auf grün und meldete sich.

»Was hast du ... du bist wohl verrückt geworden!«, sagte sie entrüstet, bevor sie ihre Stimme senkte. »Gut, ich komme«, beendet sie das kurze Telefonat.

Bea warf ihr einen fragenden Blick zu. »Ist was passiert?«

»Tut mir leid, ich muss los!«, entschuldigte sich Klara, steckte das Handy ein und griff nach ihrer Tasche.

Rottendorf bei Würzburg, Jahnstraße

Nachdem sie geklingelt hatte, öffnete Danner umgehend die Tür.

Klara schüttelte nur den Kopf. »Bist du jetzt vollkommen verrückt geworden?«, herrschte sie ihn an. »Du willst wohl deinen Job verlieren!«

»Ganz im Gegenteil, ich will ihn behalten«, entgegnete Danner, zog Klara an der Schulter in die Wohnung und schloss die Tür.

»Nach ihr wird gefahndet!«, fuhr Klara fort. »Wenn man sie bei dir findet, wird man denken, du hast sie entführt.«

»Sie wird dort gefangen gehalten«, entgegnete Danner.

»Sie ist dort eingewiesen ...«

»Eingewiesen von ihrem Hausarzt und betreut von einem Professor, und beide sind sehr eng mit Wagner und den Altmanns befreundet. Ich bin sicher, wenn sie von einem unabhängigen Psychiater untersucht wird, dann stellt sich heraus, dass sie eine ganz normale junge Frau ist. Einfach nur unzufrieden mit ihrer Lebenssituation, wie so viele.«

»Wo ist sie jetzt?«

Danner deutete auf das Schlafzimmer. »Sie schläft, ich hab ihr eine Schlaftablette gegeben.«

»Mensch, Danner, du bist wirklich verrückt geworden.«

Danner schüttelte den Kopf. »Ganz im Gegenteil, ich sehe endlich klar.«

Er führte Klara in das Wohnzimmer, wo auf dem Couchtisch die Unterlagen aus dem Bankschließfach lagen. Er wies auf den Sessel, und Klara setzte sich. »Du weißt, in welche Lage du mich bringst«, sagte sie.

»Ja, aber ich weiß auch, dass ich dir vertrauen kann«, sagte er und nahm ebenfalls Platz. »Ramona Wagner und Hans Peter Kästner hatten ein Verhältnis. Offenbar war es was Ernstes, denn sie hatten geplant, nach Australien zu verschwinden.«

»Woher weißt du das, hat sie es dir gesagt?«

Danner zeigte auf die Dokumente auf dem Tisch. »Sie haben gemeinsam eine Brauerei in Australien gekauft. Außerdem hat Kästner auf den Namen der verstorbenen Lebensgefährtin des inzwischen ebenfalls verstorbenen Vaters eine Firma in Spanien gegründet und heimlich Gelder aus der Klosterbräu auf das Konto seiner Firma mit dem sinnigen Namen …«

»Bierkönig«, fiel ihm Klara ins Wort.

Danner war überrascht. »Ach, das habt ihr auch schon herausgefunden.«

Klara nickte. »Nur wussten wir nicht, wer hinter der Firma steht.«

»Du hast an Lydia gedacht, stimmt's?«

Klara senkte schuldbewusst den Kopf.

»Wagner muss herausgefunden haben, dass Kästner und seine Angetraute ihren Abgang vorbereiten.«

Klara ratzte sich an der Stirn. »Ich verstehe nicht, weshalb Kästner Geld aus der Firma zog, wenn seine neue Flamme mehrere Millionen schwer war.«

»Das ist relativ einfach zu erklären«, sagte Danner. »Ihre Konten sind für sie nicht zugänglich, da hat Wagner den

Daumen drauf. Nur ein altes Sparkonto, das sie bereits als Kind hatte, wurde offenbar übersehen. Damit konnte sie die Brauerei kaufen, aber man braucht mehr als nur das Anwesen und ein paar veraltete Braukessel, also hat sich Kästner eben selbst bedient. Er hat übrigens auch ein stattliches Erbe mit in die Beziehung gebracht.«

Klara zuckte mit den Schultern. »Selbst wenn das alles stimmt, was bringt uns das? Wagner kann es nicht gewesen sein. Niemand fährt in zwei Stunden von München nach Würzburg …«

»Richtig«, bestätigte Danner.

»Du meinst, er hat einen Auftragsmörder …«

Danner schüttelte den Kopf. »Nein, er war es selbst.«

»Unmöglich!«

»Er war bereits auf dem Weg, als er anrief«, fuhr er fort. »Er hat auch Ramona angerufen, kurz vor zwanzig Uhr. Er teilte ihr mit, dass er am Wochenende nicht nach Hause kommen würde, weil er Termine in München habe. Das hat er sonst nie gemacht. Er sprach über solche Dinge immer nur mit Frau Heinemann, das ist die Haushälterin oder besser gesagt, Wagners Wachhund, damit Ramona immer schön zu Hause blieb.«

»Was soll das beweisen?«

»Ramona ist sich sicher, dass er während des Anrufs in seinem Wagen saß und fuhr. Es war Straßenlärm zu hören.«

»Ramona Wagners Aussage wird uns nicht weiterbringen, sie gilt als psychisch krank, das solltest du wissen.«

»Sie meinte, es war eine Nummer auf dem Display, mit sehr vielen Nullen«, fuhr Danner unbeirrt fort. »Nicht die normale Nummer, die zu seinem Büro gehört.«

Klara überlegte kurz. »Ja, das stimmt, das habe ich auch bemerkt, nur sind das beides Telefonnummern des Landtagsbüros in München, also dreihundert Kilometer vom Tatort entfernt. Es ist doch vollkommen unerheblich, ob er aus seinem oder irgendeinem anderen Büro telefoniert hat, er hätte es zeitlich nie geschafft.«

Danner schüttelte den Kopf. »Das stimmt so nicht ganz. Die eine Nummer gehört zu seinem Büro, die andere ist die Nummer der Telefonvermittlung. Wenn du sie anrufst, meldet sich ein Automat und fragt nach deinem Begehr.«

»Was willst du mir damit sagen?«, fragte Klara verwirrt.

»Verstehst du nicht, die haben dort eine moderne Telefonanlage mit Vermittlung und Weiterschaltung«, erklärte Danner. »Ich habe einen Freund, der nutzt dieses System ebenfalls. Er ruft mit seinem Handy die Vermittlung seiner Telefonanlage in der Firma an, und von dort aus wird das Gespräch an den eigentlichen Teilnehmer vermittelt. Ich habe dann die Nummer der Firma auf dem Display, spreche mit ihm aber von Handy zu Handy.«

Klara zuckte mit den Schultern. »Weshalb sollte man das in der heutigen Zeit tun, jeder hat doch inzwischen eine Flatrate für sein Handy.«

»Nicht jeder, oder nicht jeder eine Flatrate, die alle Gespräche ins Festnetz einschließt. Mein Freund Pelle zum Beispiel kann kostenfrei drei Nummern anrufen. Der Rest kostet neununddreißig Cent pro Minute. Und das Geld spart er sich, indem er über seine Vermittlung im Büro anruft. Ich sehe dann auf meinem Display die Firmennummer und frage mich jedes Mal, wer ruft mich denn da wieder an.«

Klara fuhr sich über die Stirn. »Klar, dein Freund hat die Weiterleitung auf dein Telefon aktiviert, das leuchtet mir ein. Aber Wagner hat ja an diesem Tag in der Firma und bei seiner Frau angerufen, da hätte er die Weiterleitung doch umstellen müssen?«

Danner winkte ab. »Er muss bei seiner Anlage nur die Raute und dann die entsprechende Nummer vorwählen, auf diese Weise kann er bis zu neun Rufumleitungen aktivieren. Das ist eine ganz normale Telefonanlage, noch nicht mal etwas Besonderes. Und stell dir vor, ich habe recherchiert, die Telefonanlage im Landtag ist von derselben Firma wie bei Pelles Versicherung.«

»Es gab aber auch einen Anruf von Wagners Handy, hat Stemmer festgestellt«, sinnierte Klara. »Etwa gegen acht. Er dauerte siebzehn Minuten.«

»Genau, und dazu müssen wir seinen Standort feststellen lassen, dann können wir beweisen, dass die Anrufe aus München nur vorgetäuscht waren.«

»Dazu müssten wir eine Freigabe der Ermittlungen und die Aufhebung der Immunität erreichen.«

Danner wies auf den Tisch. »Nimm das Material mit. Sprich mit Reichert, du musst ihn davon überzeugen, dass wir gegen Wagner ermitteln dürfen. Wir brauchen die Freigabe ...«

Klara hob die Hände. »Du hältst dich erst einmal zurück. Und bring das mit der Frau in Ordnung. Ich sehe, was ich tun kann. Haben wir uns verstanden?«

34

Staatsanwaltschaft Würzburg, Ottostraße

»Zuerst der Braumeister Horrheimer, dann die Sekretärin und jetzt der Aufsichtsratsvorsitzende. Jetzt sind wir bald die gesamte Firma durch, werte Frau Kommissarin«, sagte Oberstaatsanwalt Reichert mit gespielter Ironie. »Noch dazu ein Abgeordneter des Bayerischen Landtags, ein hochverdientes Mitglied der Regierungspartei und ein honoriger Bürger unserer Region. Wissen Sie, was Sie da von mir verlangen?«

Klara Pepperkorn wies auf die Akten. »Ich denke, diese Verträge sprechen eine eindeutige Sprache.«

Der Oberstaatsanwalt lehnte sich in seinem Stuhl zurück. »So, welche Sprache sprechen sie denn?«

Klara atmete tief ein. Sie wusste, dass es angesichts der vorausgegangenen Fehlschläge nicht leicht werden würde, den Staatsanwalt von der Dringlichkeit der Ermittlungen zu überzeugen, doch dass er so abweisend reagieren würde, damit hatte sie nicht gerechnet.

»Er hatte ein starkes Motiv«, sagte sie hilflos.

Oberstaatsanwalt Reichert richtete sich auf und griff nach einem Aktenordner. Er blätterte darin und schob sich seine Brille zurecht. »Wo habe ich … na, wo war es denn …«, stammelte er. »Ach hier, hier haben wir es.«

Er blickte auf und vergewisserte sich, dass er die volle Aufmerksamkeit seiner Besucherin hatte. »Im Rahmen der Telefonauswertung … bla … bla … bla … es wurde festgestellt, dass der Anruf um neunzehn Uhr siebzehn mit einem Hausapparat des Bayerischen Landtags geführt wurde, der spätere

Anruf erfolgte via Handy und wurde durch den Getöteten gegen zwanzig Uhr entgegengenommen. Der Anruf dauerte siebzehn Minuten, Ende des Zitats«, las er vor, legte den Ordner zurück auf den Tisch und nahm die Brille ab. »Die Uhrzeit wurde, so weit ich mich erinnere, durch die Sekretärin respektive die Auswertung des Telefonprotokolls bestätigt.«

Klara nickte. »Das ist richtig, das habe ich so in der Art in meinem Vorbericht ...«

»Was heißt hier, so in der Art, liebe Frau Pepperkorn, Ich habe aus Ihrem Bericht zitiert!«

Klara schüttelte den Kopf. »Dinge können sich im Lauf der Ermittlungen ändern ...«

Reichert lächelte. »Dinge können sich ändern, das ist korrekt, aber ein Anruf von München aus, mit einem Hausapparat des Landtags geführt, ist ein starkes Indiz, und, werte Frau Kommissarin, zwei Stunden von München nach Würzburg sind eine Illusion.«

Klara zuckte mit den Schultern und wies erneut auf den Schreibtisch, wo die Akten aus dem Schließfach lagen. Zusätzlich hatte sie sich die Kurzbedienungsanleitung der Tele Norma Telefonanlage TI 5005 besorgt, die im Landtag installiert worden war. »Ich weiß, es ist ohne weitere Untermauerung unserer These erst einmal nur eine Theorie, aber es ist technisch möglich, und das ohne größere Vorkenntnisse, eine Telefonanlage mit Weiterleitungsoption derart zu manipulieren, dass man die tatsächliche Rufnummer verschleiern kann, um den Eindruck zu erwecken, man wäre an einem bestimmten Ort.«

Oberstaatsanwalt Reichert griff nach dem bunten Bogen, der vor ihm auf dem Tisch lag. Schweigend blätterte er ihn durch.

»Eine Ortung seines Handys würde ausreichen, um zu belegen, dass er bereits nahe Würzburg war, als er Kästner anrief«, schob Klara nach. »Ich denke, das ist ein Eingriff, der weder öffentlichkeitswirksam noch allzu intim in den Lebensbereich eingreift und nachteilig für ihn wirkt. In den meisten Fällen nutzen Politiker solche Dinge gerne, um nach außen zu signalisieren, dass sie grundehrliche Menschen sind, die nichts zu verbergen haben.«

Oberstaatsanwalt Reichert legte den Bogen Papier zurück auf den Tisch. »Wissen Sie, Frau Pepperkorn«, seufzte er. »Wir sind nun zwei Mal mit unseren Anträgen bei Gericht gescheitert, und dabei ging es nur um Untersuchungshaft. Im Vergleich zur Aufhebung der Immunität eines Abgeordneten ist die Anordnung von Untersuchungshaft reine Routine in einem Tötungsdelikt. Ich habe keine Lust, mir noch einmal die Finger zu verbrennen.«

Klara nickte, erhob sich und griff nach den Akten auf dem Schreibtisch. »Dann kann es natürlich sein, dass der Mord an einem ebenfalls sehr bekannten und honorigen Bürger dieser Stadt und der Region ungesühnt bleibt, aber das ist Ihre Entscheidung, Herr Oberstaatsanwalt.«

Oberstaatsanwalt Reichert legte die Hand auf den Aktenordner, den Klara gerade mitnehmen wollte. »Lassen Sie das Material hier. Ich werde mir die Sache noch einmal durch den Kopf gehen lassen. Sie hören von mir.«

Rottendorf bei Würzburg, Jahnstraße

Ramona Wagner hatte bis nach zehn Uhr geschlafen. Als sie aufwachte und in Danners abgenutzten grauen Bademantel aus dem Schlafzimmer kam, hatte ihre blasse Haut wieder etwas Farbe angenommen. Danner saß am Küchentisch vor einer Tasse Kaffee und blickte auf. Sie taumelte leicht, Danner sprang auf, ging zu ihr und stützte sie. Er führte sie an den Tisch. »Kaffee?«, fragte er.

Sie nickte.

»Wissen Sie noch, wer ich bin?«, fragte er, als er zum Kaffeeautomaten ging.

»Ihren Namen habe ich vergessen, aber von der Polizei sind Sie, richtig?«

»Danner, Kripo Würzburg.«

»Ich wusste es sofort, dass er ihn umgebracht hat, als er am nächsten Tag nach Hause kam«, sinnierte sie. »Ich sah es in seinen Augen, als er es mir sagte.«

»Als er Ihnen sagte, dass er Kästner umgebracht hat?«

Sie schüttelte den Kopf. »Als er mir erklärte, dass Hans Peter wohl von Einbrechern erschlagen wurde.«

Danner nahm die gefüllte Tasse vom Abtropfblech. »Zucker, Milch?«

»Etwas Milch, kein Zucker«, antwortete sie. »Eine Frau spürt so etwas.«

»Ich glaube auch, dass er dahintersteckt«, bestätigte Danner, als er die Tasse vor ihr abstellte. »Er hat das Gespräch über die Weiterleitungsfunktion seines Diensttelefons geführt. Er hat Sie angerufen und die Sekretärin der Firma. Er wollte wohl sichergehen, dass sein Alibi funktioniert.«

»Wann nehmen Sie ihn fest?«

Danner setzte sich und zuckte mit den Schultern. »Das ist nicht so einfach«, seufzte er. »Ohne Zustimmung des Landtags dürfen wir nicht gegen ihn ermitteln.«

Sie schaute Danner erschrocken an. »Ich werde nicht zu ihm zurückgehen. Er und sein Drachen halten mich in diesem Haus gefangen, und seine Freunde, die werten Herren Doktoren und Professoren, stecken mit ihm unter einer Decke. Mein Bruder ebenfalls.«

»Ich schicke Sie nicht weg, Sie können erst einmal hierbleiben, bis wir was für Sie gefunden haben. Aber Sie müssen wissen, dass die Polizei nach Ihnen sucht. Es liegt eine Vermisstenmeldung vor.«

»Liefern Sie mich aus?«, fragte sie mit weinerlicher Stimme. »Sie sind doch auch Polizist.«

Danner lächelte. »Im Moment nicht wirklich. Man hat mich suspendiert, weil ich mit Ihnen sprechen wollte.«

»Das tut mir leid«, sagte sie und trank von dem dampfenden Kaffee. Schließlich stellte sie die Tasse wieder zurück auf den Tisch.

»Ich kann mich genau an den Tag erinnern, als er ankam, um mir zu sagen, dass Hans Peter tot ist«, sagte sie nachdenklich. »Er fuhr mit seinem Mercedes auf den Hof und stieg aus. Ich sah ihn durch das Fenster meines Schlafzimmers …«

»Sie schlafen getrennt?«

»Schon seit Jahren«, bestätigte sie und fuhr mit ihrer Erzählung fort. »Er kam nicht sofort ins Haus. Zuerst ging er in die Garage. Als er aus dem Auto ausstieg, trug er die braunen Lederhandschuhe, die er beim Fahren immer trägt. Er hat schwitzige Hände, deshalb trägt er diese Autofahrerhandschuhe auf längeren Strecken. Als er aus der Garage kam, hatte er die Handschuhe nicht mehr an.«

Danner kratzte sich am Kopf. »Fahrerhandschuhe«, sagte er nachdenklich und sofort schoss ihm das Foto des kleinen Metallringes durch den Kopf, den Stemmer am Tatort gefunden hatte.

»Er kam ins Haus«, fuhr sie fort. »Er spielte mir die Trauer nur vor, aber ich sah in seinen Augen, dass er innerlich triumphierte. Frau Heinemann musste mich stützen, als er es mir sagte. Sie brachte mich auf mein Zimmer und schloss mich ein. Das tat sie immer, wenn er nicht zu Hause war.«

Danner räusperte sich. »Wie ist es Ihnen dann gelungen, sich mit Kästner zu treffen?«

»Wir kamen uns bei einer Betriebsfeier näher«, erklärte Ramona Wagner. »Ich kannte den Ruf, der ihm vorauseilte, aber ehrlich gesagt, konnte ich ihm nicht widerstehen. Wir haben uns dann öfter getroffen, und ich bin sicher, mit mir meinte er es ehrlich. Er hatte auch die Nase von Phillip voll, der ihn ständig unter Druck setzte.«

»Wurde diese Frau Heinemann nicht skeptisch, ich meine, die sollte doch auf Sie aufpassen?«

»Ja, aber beim Arzt und in der Massagepraxis hatte sie nichts zu suchen. Es gab immer mal einen Termin, an dem ich sie abschütteln konnte. Aber ich bin sicher, dass sie doch etwas bemerkt hat und es meinem Mann sagte. Schließlich hat er sie von meinem Geld gut als Wachhund bezahlt.«

»Wissen Sie, was aus diesen Handschuhen wurde?«, fragte Danner interessiert.

Diesmal lächelte die Frau sogar. »Er dachte, er könnte einfach so davonkommen. Aber nicht mit mir. Ich habe nachgesehen. Sie lagen im Mülleimer. Ich habe sie an mich genommen und in meinem Zimmer versteckt.«

»Kommen wir an diese Handschuhe heran?«

»Sicher kommen wir heran. Sie liegen in einer Tüte verpackt in einem Geheimfach meiner Kommode mit der Unterwäsche, wir könnten sie zusammen …«

»Sie bleiben erst einmal hier!«, fiel ihr Danner entschlossen ins Wort. »Wenn man Sie dort draußen aufgreift, wird man Sie wieder nach Bad Kissingen bringen, und dieser Professor wird sicherlich eine hilflose Lage diagnostizieren, damit man Sie auch gegen Ihren Willen auf die Station bringen kann.«

»Wie wollen Sie dann an meine Sachen herankommen?«, fragte sie. »Mein Mann ist bestimmt in der Firma, aber sein Wachhund, die Heinemann, passt sicher wie ein Schießhund auf das Haus und das Grundstück auf.«

Danner kratzte sich am Kinn. »Das lassen Sie mal meine Sorge sein. Sie bleiben auf alle Fälle hier und erholen sich. Später sehen wir weiter.«

35

Würzburg, Mittlerer Steinbachweg

Danner war mit seinem Wagen ins Steintal gefahren. Dort, wo sich die vielen Villen befanden, lag auch das Anwesen der Wagners. Weitab von der Straße in den Hügel gebaut, thronte die mondäne Villa, im Landhausstil errichtet, über der Stadt. Ein eisernes Tor verwehrte die Zufahrt über den geteerten Weg, der bis zum Haus führte. Gesäumt von Bäumen und Büschen lugte lediglich die große Terrasse mit dem Giebel und dem großen runden Fenster in der Mitte über der üppigen Anpflanzung mit den herbstlich bunt gefärbten Blättern hervor. Das Gelände war rundherum eingezäunt, mit Sichtschutz versehen und wirkte, als wollten sich die Bewohner vor der Außenwelt abschotten. Eine weitere Festung am Rande der Stadt.

Danner parkte seinen Wagen auf der Straße und ging zu dem schmiedeeisernen Tor, das von hoch gemauerten steinernen Säulen eingefasst war. An einer der Säulen befand sich ein Klingelknopf nebst Briefkasten und integrierter Kamera.

Er hatte sich einen Plan zurechtgelegt und wusste nach Ramonas Schilderung genau, wo er die Handschuhe zu suchen hatte. Er brauchte lediglich einen kurzen und unbeobachteten Moment im Schlafzimmer der Frau. Wagner selbst müsste sich derzeit in der Brauerei aufhalten, doch Frau Heinemann, eine argwöhnische und überaus misstrauische Frau, würde hoffentlich auf seinen alten Dienstausweis hereinfallen. Angesichts der Tatsache, dass die Dame des Hauses vermisst wurde, war sein Erscheinen nicht ungewöhnlich. Er hoffte, dass sein Plan aufging, aber noch mehr hoffte er, Klara könnte beim Staatsanwalt erreichen, dass offizielle Ermittlungen gegen Dr. Wagner von Seiten des Landtags gebilligt wurden. Ansonsten hätten sie und vor allem er ein echtes Problem.

Er klingelte und wartete eine Weile, bis die schnarrende Stimme einer Frau in der Sprechanlage zu hören war. Auch die Kamera war aktiviert, das erkannte er an dem roten Licht, das neben der Linse leuchtete.

»Guten Tag, Danner, Kripo Würzburg«, stellte er sich vor und hielt seinen Dienstausweis vor die Kamera. »Ich ermittle im Vermisstenfall Wagner und benötige für eine Suchaktion Ihre Hilfe.«

Die einzige Antwort, die er erhielt, war das Schnarren des Türöffners. Das Tor glitt auf und gab den Weg frei. Vorbei an zwei großen Doppelgaragen unmittelbar neben der Zufahrt führte eine Treppe quer durch angelegte Rasen und Blumenbeete zum Hauseingang. Dort erwartete ihn Frau Heinemann persönlich. Die Frau, er schätzte sie um die Sechzig, erschien, als wäre sie aus der Zeit gefallen und aus dem 19. Jahrhundert direkt im Hier und Jetzt gelandet. Sie trug ein hochgeschlossenes dunkles Kleid und hatte ihre grauen Haare im viktorianischen Stil nach oben gesteckt.

»Guten Tag«, begrüßte Danner die Frau ein zweites Mal. »Kripo Würzburg.«

»Zeigen Sie mir bitte noch einmal Ihren Ausweis«, entgegnete die Frau.

Danner tat wie ihm geheißen, doch zeigen alleine reichte nicht. Sie nahm ihm das Dokument aus der Hand und studierte es wie ein Mathematikbuch. »Man muss vorsichtig sein, heutzutage«, bemerkte sie mit ihrer schrillen Stimme.

»Da haben Sie recht«, pflichtete Danner ihr bei.

Sie gab den Ausweis zurück und musterte Danner von unten nach oben. »Womit kann ich Ihnen dienen?«, fragte sie.

Danner lächelte verlegen. »Wir organisieren eine große Suchaktion wegen des Verschwindens von Frau Wagner«, erklärte er. »Es sollen auch Suchhundestaffeln eingesetzt werden. Allerdings war die Wäsche der Frau kurz vor Ihrem Verschwinden von der Wäscherei abgeholt worden. Jetzt benötigen wir getragene Wäsche der Frau, damit die Hunde die Spur aufnehmen können. Es hieß, sie habe einen Wäschekorb in ihrem Schlafzimmer. Wenn ich ein paar Wäscheteile mitnehmen könnte, würde das ausreichen. Wir haben Man Trailer im Einsatz, die haben ein feines Gespür.«

»Ich verstehe«, entgegnete Frau Heinemann und wandte sich um. »Folgen Sie mir!«

Sie führte ihn durch das Foyer zur Treppe und ging mit ihm nach oben. Das Schlafzimmer lag auf der rechten Seite. Sie ging voraus und öffnete die Tür. »Warten Sie einen kurzen Moment«, sagte sie und ließ ihn im Flur stehen. »Reichen drei bis vier Wäschestücke?«

Danner nickte.

Sie verschwand im angrenzenden Badezimmer. Danner wartete und griff nach seinem Handy. Er wähle seinen Hausapparat, wo Ramona auf seinen Anruf wartete. Als die Frau mit zwei Plastiktüten wieder auftauchte, nahm er den Hörer vom Ohr. »Entschuldigen Sie, meine Dienststelle«, flüsterte er ihr zu, ehe er den Apparat wieder ans Ohr nahm.

»... alles klar, frische Wäsche ebenfalls«, sagte er laut. »Ich denke, das lässt sich einrichten.«

Er beendete das Gespräch und wandte sich wieder Frau Heinemann zu. »Mein Chef meint, es wäre auch gut, wenn ich frische Wäsche mitnehme. Falls sie gefunden wird.«

Bevor Frau Heinemann antworten konnte, klingelte der Hausanschluss der Wagners. Das Telefon befand sich im

Erdgeschoss gleich neben dem Eingang. Die Frau zögerte kurz, doch das Klingeln hörte nicht auf. »Warten Sie kurz!«, sagte sie, bevor sie die Tüten abstellte und zur Treppe ging.

Danner jauchzte innerlich, der Plan schien aufzugehen. Er wartete, bis die Frau verschwunden war, ehe er das Schlafzimmer betrat und direkt auf die Kommode zuging. Er musste nicht lange suchen, bis er die Tüte mit den Handschuhen fand.

»So etwas habe ich mir beinahe gedacht«, erklang in diesem Moment die Stimme von Dr. Phillip Wagner in seinem Rücken.

Danner stockte der Atem. Langsam wandte er sich um.

»Herr Danner, richtig?«, fragte Wagner.

Danner nickte. »Ich soll Wäsche für eine Suchaktion nach Ihrer Frau organisieren«, sagte er verlegen.

»Komisch, dass die Polizei dafür ausgerechnet einen suspendierten Beamten schickt, gegen den gerade ein Disziplinarverfahren läuft.«

»Tja, auch wir haben Personalsorgen«, antwortete Danner lax, der instinktiv spürte, dass ihm Dr. Wagner diese Finte nicht abnehmen würde.

Dr. Wagner lächelte breit. »Ich habe mich über Sie erkundigt, Herr Danner. Wie hat man Sie beschrieben: Gerne etwas aufmüpfig, unkonventionell, und Regeln gibt es für Sie keine.«

Danner trat ein Schritt vor. »Und Sie, Dr. Wagner, halten Sie sich an die Regeln?«

»Was meinen Sie damit?«

»Kommen Sie, reden wir nicht um den heißen Brei«, konterte Danner. »Wir reden über Kästners Tod und Ihre Beteiligung daran.«

»Ich war in München, ich habe ein Alibi.«

»Wie war das für Sie? Zuerst protegiert man die Untergebenen, bringt sie in eine gute Stellung, und dann tanzen sie einem auf der Nase herum«, bemerkte Danner lakonisch.

»Was meinen Sie damit?«, fragte Dr. Wagner unwirsch.

»Am Ende bedienen sie sich aus der Kasse und nehmen überdies noch die Ehefrau mit, das ist doch verrückt, oder?«

»Ich weiß nicht, was Sie meinen.«

»Und Horrheimer geht einfach wie eine Schmeißfliege auf einem Scheißhaufen in die Venusfalle. Das war ein toller Plan, hat gut funktioniert. Und dann macht einem ausgerechnet derjenige einen Strich durch die Rechnung, der einem lebenslang dankbar sein sollte. Ich glaube, da wäre auch mit mir der Gaul durchgegangen.«

»Ich war in München«, wiederholte Dr. Wagner eindringlich.

»Das Telefon war in München«, widersprach Danner. »Besser gesagt, die Telefonvermittlung des Bayerischen Landtags ist in München. Sie waren hier, am Tatort, zusammen mit Kästner und diesem Spaten.«

»Dafür haben Sie keine Beweise!«

»Doch. Sie haben nämlich einen Fehler gemacht. Sie haben Kästner mit dem Handy angerufen. Meine Kollegin ist gerade beim Staatsanwalt, es ist heutzutage eine Sache von Minuten, ein Handy zu orten.«

Dr. Wagner lachte laut. »Ich bin keiner Ihrer Straßenköter, mit denen Sie es üblicherweise zu tun haben. Ich weiß, was ich tue. Auch ein Handy hat eine Rufumleitung, oder glauben Sie, ich wüsste über Ihre Methoden nicht Bescheid?«

Danner trat einen weiteren Schritt auf Dr. Wagner zu, der noch immer in der Schlafzimmertür stand und keine Anstalten machte, den Weg freizugeben. Im Gegenteil, er machte sich sogar noch ein wenig breiter.

»Wir werden sehen«, knurrte Danner und ging auf Dr. Wagner zu.

»Wo ist meine Frau?«, fragte der Abgeordnete mit kalter Stimme.

Danner machte einen weiteren Schritt, aber in diesem Moment griff Dr. Wagner in seinen Hosenbund, zog eine Waffe hervor und richtete sie auf Danners Brustkorb. Es war eine Walther PPK, Danner erkannte die Waffe sofort, war sie doch vor Jahren die offizielle Dienstwaffe der Polizei gewesen.

Danner blieb stehen und wich sogar einen Schritt zurück. »Machen Sie keinen Blödsinn!«

»Wieso? Ich habe einen Einbrecher im Zimmer meiner Frau gestellt, und als der sich wehrte, musste ich ihn erschießen.«

»Damit kommen Sie nicht durch, Wagner. Ich hörte zwar, dass Ihre Hausdame äußerst loyal ist, aber ob sie auch einen Mord decken wird, das bezweifle ich.«

»Machen Sie sich keine Sorge um Frau Heinemann«, entgegnete Dr. Wagner kaltschnäuzig. »Ich habe Sie weggeschickt. Und Ihre Kollegen werden mir schon Glauben schenken, schließlich sind Sie schon einmal illegal gegen mich vorgegangen.«

»Sie täuschen sich«, entgegnete Danner und wich einen weiteren Schritt zurück. Verstohlen schaute er sich um. Eine Balkontür in der Ecke war geöffnet, und auf der Kommode standen eine Menge Parfümflakons. Dr. Wagner schien es ernst zu meinen.

»Wo ist meine Frau?«, fragte Wagner wieder.

»Sie ist in Sicherheit«, entgegnete Danner und wich weiter zurück.

»Ich will wissen, wo meine Frau ist!«

»Damit Sie, Dr. Halmich oder Professor Brinkhoff sie wieder wegsperren können?«

»Meine Frau ist krank.«

»Sie sind es, der krank ist. Und jetzt nehmen Sie die Waffe herunter, bevor noch etwas passiert. Meine Kollegen sind bereits auf dem Weg.«

Dr. Wagner lächelte kalt, nahm die Waffe höher und zielte damit auf Danners Kopf.

»Würden Sie überhaupt treffen?«, fragte Danner, um noch ein wenig mehr Zeit zu gewinnen.

»Ich bin seit über dreißig Jahre Jäger, und ich zähle zu den besten Schützen unseres Verbandes.«

Danner hatte inzwischen die Kommode erreicht und stieß leicht dagegen. Blitzschnell griff er nach einem Flakon. Black Opium von Yves Saint Laurent, die Flasche war groß und flog direkt auf Wagner zu, während Danner in Richtung Bett hechtete. Noch bevor er auf dem Boden landete, krachte es, und er spürte die heiße Luft des Geschosses, das unmittelbar neben ihm vorbeischwirrte und in den Spiegelschrank einschlug.

Ein Schrei war zu hören. Danner richtete sich auf und sah Wagner, der sich mit einer Hand ins Gesicht fasste. Offenbar war sein Wurf ein Volltreffer gewesen. Danner erhob sich und rannte zur Terrassentür. Ein weiterer Schuss peitschte auf, diesmal spürte Danner einen Schlag an seinem Schenkel, doch der Schmerz brandete erst auf, als er auf der Terrasse landete. Er erhob sich, sein Oberschenkel schmerzte, doch dafür war keine Zeit. Er griff nach einem metallenen Terrassenstuhl und stellte sich direkt neben der Tür an die Wand, bereit, jeden zu erschlagen, der in den nächsten Minuten durch diese Tür kommen würde. Doch es kam niemand; er wartete vergeblich. Er sah Wagner nur kurz, als er unten vor dem Haus in seinen Mercedes stieg und mit quietschenden Reifen davonfuhr. Dann wurde ihm schwarz vor Augen, und er sackte zusammen.

Kriminalinspektion Würzburg,
Weißenburger Straße

»Wie lange dauert das denn noch?«, fragte Klara und starrte auf den Telefonhörer.

»Es dauert, so lange es eben dauert«, erwiderte Stemmer, der hinter dem Schreibtisch saß und eine Lichtbildmappe am Computer erstellte.

Der Landtag hatte der Überprüfung des Telefonanschlusses nebst der Handyortung für den Tattag zugestimmt. Stemmer hatte den Provider ausfindig gemacht und umgehend per Blitzmail angeschrieben. Die richterliche Genehmigung zur Durchführung der Maßnahme hatte er angehängt. Im Normalfall hatte man das Ergebnis innerhalb der nächsten ein bis zwei Stunden, wenn es lediglich um eine Einzelüberprüfung ging. Doch diesmal schien es länger zu dauern, und Klara saß wie auf heißen Kohlen auf ihrem Stuhl.

»Kannst du da mal anrufen, damit die nicht einschlafen?«

Stemmer atmete tief ein. »Geduld ist wohl nicht jedermanns Sache. Wir warten noch. Ein Anruf macht keinen Sinn, das läuft heute alles online.«

Klara schüttelte den Kopf. »Alles läuft online oder über Callcenter. Wenn man sich heute über etwas beschweren will, dann sitzt man beinahe eine Stunde vor dem Apparat, bevor man überhaupt mal ein menschliches Wesen erreicht, das einem zuhört, um danach zu antworten, dass es dafür nicht zuständig ist. Das ist diese moderne Welt. Langsam und träge ist sie geworden und zu nichts mehr fähig.«

»Ich kann so nicht arbeiten, wenn du hinter meinem Rücken sitzt«, gab Stemmer von sich.

»Ich bin ja schon still.«

»Wie wäre es, du holst für uns Kaffee und ein paar süße Stücke, und ich warte hier auf die Antwort.«

Klara erhob sich. »Kaffee mit Milch?«

»Milch und drei Stück Zucker«, entgegnete Stemmer. »Ich muss schließlich mein Gewicht halten.«

Klara verließ Stemmers Büro und ging zum Kaffeeraum. Die süßen Stücke musste sich Stemmer abschminken, der Kühlschrank war leer. Dafür gab es eine Tüte mit Prinzenkekse, die wohl schon eine ganze Weile in der Schublade lagen. Egal, dachte sie sich. Das wird Stemmer schon nicht aus der Bahn werfen. Sie nahm ein Tablett und kehrte mit der Bestellung in Stemmers Büro zurück, wo der Kollege gerade telefonierte. Sie stellte das Tablett auf Stemmers Schreibtisch. Er blickte kurz auf und nickte ihr dankbar zu.

»… verpackt es aber nicht in Plastik«, sagte er in den Hörer. »Papier ist gut, wenn es nicht feucht ist, ansonsten gibt es dafür Spezialtüten mit luftdurchlässiger Membran. Die findet ihr im Spurensicherungskoffer.«

»Ja, im Spurensicherungskoffer«, wiederholte er nach einer Weile, bevor er den Hörer zurück auf die Gabel legte.

»Da schicken sie dir feuchte Klamotten in Plastiktüten, und dann ist schon alles verschimmelt, wenn es bei uns ankommt«, beschwerte er sich. »Und wir sollen dann noch was darauf finden. Das kannst du vergessen.«

»Ist schon was gekommen?«, fragte Klara, ohne auf Stemmers Bemerkung einzugehen.

Stemmer schüttelte den Kopf. Er griff nach der Tasse und nahm einen Schluck, bevor er einen Keks in die Hand nahm und herzhaft hineinbiss. »Oh, die sind wohl schon was älter«, sagte er schmatzend.

»Aber noch immer gut genug«, bemerkte Klara lakonisch.

Ein Dreiklang ertönte und signalisierte, dass ein Mail eingegangen war.

»Mach schon auf!«, sagte Klara ungeduldig.

Stemmer stellte die Tasse zurück. »Eile mit Weile, wir sind hier auf der Arbeit und nicht auf der Flucht.«

Er öffnete die Mail und las, während sich Klara über seine Schulter beugte.

»Tja, da haben wir es«, sagte Stemmer. »Standort München-Mitte, Transmitter 53B, Maximiliansplatz.«

»Verdammt!«, fluchte Klara. Damit war die letzte Möglichkeit, Ermittlungen gegen Dr. Wagner zu führen, endgültig in Rauch aufgegangen.

»Tut mir leid«, bemerkte Stemmer, doch Klara hörte es schon nicht mehr. Sie hatte das Büro bereits verlassen.

Noch bevor sie ihr eigenes erreichte, kam Olaf Stenzel den Flur entlanggelaufen. »Hast du schon gehört? Schusswechsel im Steintal, Mittlerer Steinbachweg, etwa Höhe Hausnummer 33. Kam gerade über die Streife rein.«

Klara runzelte die Stirn. »Was hat das mit unserem Fall zu tun?«, fragte sie.

»Es ist das Anwesen von Dr. Wagner, dem Aufsichtsratsvorsitzenden der Klosterbräu.«

Klara atmete tief ein. Ihr erster Gedanke galt Danner.

»Wir fahren hin!«, sagte sie entschlossen.

36

Würzburg, Mittlerer Steinbachweg

Sieben Minuten nach dem ersten Notruf aus der Nachbarschaft war die Streife an dem Anwesen eingetroffen. Das Tor war geschlossen, also blieb den beiden Beamten der Polizeiinspektion Würzburg Stadt nichts weiter übrig, als über das Tor zu klettern, nachdem sich auch auf mehrfaches Klingeln niemand gemeldet hatte.

»Dort drinnen wurde geschossen, und dann ist ein schwarzer Mercedes ganz schnell weggefahren«, hatte der Nachbar berichtet, der die Streife im Schutz eines Gebüsches erwartet hatte.

Die Tür stand offen, das Haus war leer. Im oberen Stock auf einer Terrasse fanden sie Danner rücklings an die Wand gelehnt und ohne Bewusstsein. Sie riefen Verstärkung und die Notfallrettung, und keine zehn Minuten später flackerte überall vor dem Haus das Blaulicht.

Auch Frau Heinemann war wieder aufgetaucht. Mit einem Elektrofahrrad war sie angekommen. Doch zu dem, was im Haus geschehen war, konnte sie keine Angaben machen. Sie sagte lediglich, dass ein Polizist erschienen sei, um Wäsche der vermissten Ehefrau abzuholen, doch dann sei der Hausherr erschienen und habe sie zur Post geschickt, um einen wichtigen Brief wegzubringen.

Klara traf kurz nach dem Rettungswagen in der Straße ein und parkte den Dienstwagen in der Einfahrt eines Nachbarhauses. Sie wartete, bis der Rettungsdienst den inzwischen wieder zu sich gekommenen Danner versorgt hatte. Ein Projektil hatte ihn am rechten Oberschenkel gestreift, und er hatte eine ganze Menge Blut verloren.

»Er hat auf mich geschossen!«, sagte er, als Klara an seine Seite trat. Danner lag auf einer Trage, während die Sanitäter den Rettungswagen vorbereiteten.

»Du bist ein Idiot, was hattest du denn hier zu suchen?«, schnauzte ihn Klara an. »Du könntest tot sein!«

»Könnte ich, er bezeichnet sich selbst als besten Schützen des hiesigen Jagdverbands, aber offenbar hat sich sein Wild noch nicht richtig zur Wehr gesetzt.«

»Du hättest mir Bescheid geben müssen!«

»Damit du auch noch eins auf den Deckel bekommst, weil wir ohne Freigabe gegen ihn ermitteln?«, entgegnete Danner. »Ich war nur hier, um etwas Wäsche für Ramona Wagner zu holen, und plötzlich stand der mit der Waffe vor mir. Einer alten PPK, die hatten wir früher einmal.«

»Sie werden dich der Entführung beschuldigen, und du wirst deinen Job verlieren!«

»Steht die Fahndung?«, fragte Danner.

»Wieso Fahndung?«, entgegnete Klara. »Wir dürfen weiterhin nichts gegen ihn unternehmen. Sein Handy hatte sich in München eingeloggt, die Spur ist im Eimer …«

»Klar doch, weiß ich schon«, antwortete Danner. »Der ist ja nicht blöd. Auch Handys haben eine Weiterleitung, trotzdem müsst ihr nach ihm fahnden. Es besteht ja immerhin die Gefahr, dass er sich selbst erschießt, jetzt, wo er weiß, dass wir ihn am Wickel haben.«

»Wieso haben wir ihn am Wickel?«, fragte Klara. »Ich sagte doch, sein Handy hat sich in München eingeloggt, er war nicht hier. Zumindest können wir es ihm nicht beweisen. Und deshalb wird es auch keine Ermittlungen geben.«

Danner richtete sich auf, doch einer der Sanitäter sprang herbei und drückte ihn zurück auf die Liege. »Liegen bleiben, bevor noch mal die Lichter ausgehen, wir fahren gleich in die Uniklinik.«

Danner legte sich zurück und streckte die Hand aus. »Gib mir mal meine Jacke!«

Klara reichte ihm seine braune Lederjacke. Er fasste in die Innentasche und zog einen Plastikbeutel hervor. »Das sind seine Autofahrerhandschuhe«, erklärte er. »Er hat sie weggeworfen, als er am Tag nach dem Mord nach Hause kam. Ramona hat sie aus dem Mülleimer geholt. Sie hat geahnt, dass er Kästner umgebracht hat. Seht euch die Handschuhe an. Da fehlt die Öse, die Stemmer am Tatort gefunden hat. Würde mich auch nicht wundern, wenn es darauf DNA oder Blut von Kästner gibt. Und jetzt lasst endlich die Fahndung raus. Suizidgefahr, da brauchen wir keine Freigabe.«

»Wir brauchen keine Fahndung«, erklärte Klara. »Seine Haushälterin hat erzählt, dass er sich oft in seine Jagdhütte im Spessart zurückzieht, wenn er allein sein will und Zeit für sich braucht.«

Danner versuchte sich erneut zu erheben. »Worauf warten wir dann noch!«

Diesmal drückte ihn Klara zurück auf die Liege. »Du wartest darauf, dass du wieder gesund wirst. Ich brauch dich wieder im Büro.«

Rohrbrunner Forst, Spessart, östlich Rohrbrunn

Sie hatten die Hütte unweit des Steintor-Parkplatzes umstellt. Klara hatte das Sondereinsatzkommando dazugeholt. Schließlich war der Flüchtige bewaffnet und hatte schon einmal von der Schusswaffe Gebrauch gemacht. Dass er in der Hütte, knapp 300 Meter von dem Waldparkplatz entfernt, untergekommen war, stand außer Frage, nachdem sein Wagen auf dem Zufahrtsweg verlassen vorgefunden worden war. Inzwischen hatte Stemmer die Handschuhe untersucht. Die Öse passte genau zu einem der Handschuhe, außerdem waren tatsächlich Blutantragungen an den Handschuhen vorhanden. Ob sie von Kästner stammten, das würde die Laboruntersuchung ergeben, doch die dauerte noch an. Dennoch hatte sich Reichert überzeugen lassen, nachdem Klara mit Ramona Wagner in seinem Büro aufgetaucht war und diese vor ihm aussagte. Die Täterschaft war mehr als wahrscheinlich, das reichte für weitere Ermittlungen und die Aufhebung der Immunität aus. Außerdem bestand Fremd- und Eigengefährdung, schließlich führte er eine zwar als Jäger legale, aber dennoch geladene Schusswaffe mit sich, aus der er bereits zwei Mal auf einen Menschen geschossen hatte.

Die Einsatzbeamten des SEK hatten sich im Schutz der Büsche und Bäume zur Hütte vorgearbeitet. Zwei Beamte hatten eine Stethoskopkamera installiert und durch einen Fensterspalt ins Innere der Hütte eingeführt. Klara, deren Schutzweste unheimlich spannte, stand neben dem Einsatzleiter auf dem Parkplatz und wartete, bis sich endlich das Bild aufgebaut hatte.

»Was macht er?«, fragte sie, nachdem der Einsatzleiter des SEK den Bildschirm des Laptops aktiviert hatte.

»Der sitzt einfach nur da«, sagte er und neigte den Bildschirm. »Auf der Couch vor dem Tisch. Dort liegt auch die Waffe.«

»Wir sollten Kontakt zu ihm aufnehmen«, sagte Klara.

»Wir warten noch auf die zweite Gruppe«, entgegnete der Einsatzleiter. »Die haben ein paar Blendgranaten dabei. Ich will nicht, dass er einen von uns erschießt oder sich selbst richtet.«

Klara zuckte mit den Schultern. »Wenn er sich selbst erschießen wollte, dann hätte er es längst getan. Der ist schon seit vier Stunden hier.«

»Wir warten«, entschied der Einsatzleiter.

Klara wusste, dass sie den Mann in der schwarzen Kampfuniform nicht umstimmen konnte. Doch auf dem Bild, das die Kamera geliefert hatte, war ein Mann zu sehen, der zusammengesunken und schuldbewusst vor sich hinstarrte. Von dem kaltschnäuzigen Doktor und Abgeordneten des Landtags, der das Führen gewohnt war, schien nichts mehr übrig. Klara hatte keine Lust mehr, länger zu warten. In einer Stunde wurde es dunkel und die zweite Gruppe, wie der Einsatzleiter gesagt hatte, war von Augsburg aus in Marsch gesetzt worden. Bei dem Verkehr auf den Autobahnen konnte es noch Stunden dauern, bis hier der Zugriff erfolgte. Außerdem musste sie sich um Danner kümmern, der in der Klinik wohl jede Gelegenheit zur Flucht nutzen würde.

Sie tat so, als wollte sie nur ein klein wenig näher an die Hütte heran, und ließ den Einsatzleiter einfach stehen. Diese verdammte Schutzweste, sie musste sich umgehend eine größere besorgen! Lange würde sie es in diesem engen Korsett nicht mehr aushalten.

Vorsichtig und unbemerkt schob sie sich im Schatten eines Gebüsches an einem Kollegen des SEK vorbei, der hinter einem kleinen Erdhügel in Deckung lag und seine Maschinenpistole auf die Hütte gerichtet hatte.

Sie war kaum mehr als drei Meter von der Hütte entfernt, die an der Vorderfront eine knapp zwei Meter breite, überdachte Veranda hatte, zu der drei Treppenstufen nach oben führten.

»Warten Sie, wir ...«, flüsterte ihr der SEK-Beamte zu, doch es war schon zu spät. Sie hatte die Treppenstufen erreicht und ging nach oben.

»Herr Dr. Wagner!«, rief sie. »Hier ist Klara Pepperkorn von der Polizei. Es hat keinen Sinn mehr, die Hütte ist umstellt, und meine Kollegen machen auch von der Schusswaffe Gebrauch, wenn es sein muss.«

Der Einsatzleiter auf dem Parkplatz fluchte laut, als der Posten meldete, dass die Hauptkommissarin aus Würzburg vor dem offenen Eingang zur Hütte stand und mit dem Verdächtigen Kontakt aufgenommen hatte.

»Hören Sie, Dr. Wagner«, rief sie erneut ins Innere der Hütte. »Sie haben keine Chance mehr, geben Sie auf!«

Es dauerte eine Weile, bis Wagners brüchige Stimme aus der Hütte zu hören war. »Das hat ja ganz schön lange gedauert«, rief er.

»Ich komme jetzt rein!«

Klara wartete einen Augenblick, doch sie bekam keine Antwort. Vorsichtig schob sie sich um die Ecke, immer gefasst darauf, dass Wagner zu seiner PKK griff. Ihre eigene Waffe hielt sie in der Hand. Sie ging in einem weiten Bogen durch die Tür, sah Wagner, doch er verharrte regungslos. Die Waffe lag vor ihm auf dem Tisch. Seinen Kopf hatte er in die Hände gelegt. Stumm starrte er vor sich hin.

Schließlich richtete er sich auf, als Klara näherkam. »Ich habe es versucht«, sagte er. »Ich hatte die Waffe schon an meiner Schläfe, aber wissen Sie, wie schwer es ist, den Finger krumm zu machen?«

»Herr Dr. Wagner, ich nehme Sie wegen Mordes an Hans Peter Kästner fest!«, sagte Klara mit klarer Stimme. Noch immer zielte sie auf den Mann, der keinerlei Anstalten machte, nach seiner Waffe zu greifen.

»Ich hatte alles so gut geplant«, sagte er. »Aber meine eigene Frau ist mir in den Rücken gefallen.«

»Wir haben Ihre Handschuhe«, erklärte Klara. »Wir haben gleich zu Anfang die fehlende Öse am Tatort gefunden. Außerdem findet sich Kästners Blut an den Handschuhen. Da nutzt ihnen der Trick mit der Telefonanlage auch nichts mehr. Man wird in den Telefonprotokollen nachweisen können, wer von wo aus angerufen hat.«

Er nickte und lächelte. »Es hätte nie zu diesen Ermittlungen gegen mich kommen dürfen.«

Klara trat einen Schritt auf ihn zu. »Sie hätten Kästner nur in Ruhe lassen ...«

»...und ihn mit meiner Frau nach Australien ziehen lassen müssen«, vervollständigte er den Satz und schüttelte den Kopf. »Kästner wäre nichts ohne mich. Ich habe dafür gesorgt, dass er diesen Job bekam, dass er mit dem besten Brauer zusammenarbeiten konnte. Ich habe ihn groß gemacht, und er dankt es mir damit, dass er Geld meiner Firma unterschlägt und meine Frau vögelt.«

Klara tat einen weiteren Schritt, die Waffen hielt sie im Anschlag.

»Er hielt sich für schlau, dachte wohl, ich würde das mit seiner Scheinfirma nicht durchschauen. Bierkönig auf Mallorca, wie blöd kann man sein? Ich wusste gleich, dass er dahintersteckte. Ein einziger Anruf bei einem spanischen Bekannten hat gereicht.«

»Sie hätten ihn anzeigen können«, sagte Klara und tat einen weiteren Schritt.

»Anzeigen«, sagte er und hob den Kopf, den eine große rote Beule an der Stirn zierte. »Ich wäre doch der Depp der Nation gewesen! Der lässt sich nicht nur bescheißen, der lässt sich auch noch die Frau wegnehmen, hätten alle gesagt.«

Klara war an dem Tisch angekommen, hinter dem Wagner saß. Sie senkte ihre Pistole, beugte sich vor und nahm Wagners Waffe an sich, der sie regungslos dabei betrachtete.

»Das mit Danner tut mir leid, wie geht es ihm?«

Bevor Klara antworten konnte stürmten die Beamten des SEK in den Raum, zogen Wagner von der Couch, brachten ihn zu Boden und fesselten ihm die Hände auf den Rücken. Schließlich zogen sie ihn hoch.

»Danner geht es den Umständen entsprechend gut«, antwortete Klara.

»Sagen Sie ihm und auch meiner Frau, dass es mir leidtut«, sagte er noch, bevor ihn die Kollegen vom Einsatzkommando abführten.

Epilog

Danner wurde zwei Tage später aus der Klinik entlassen. Nicht nur Klara hatte ihn besucht, auch Krug war an sein Krankenbett gekommen und hatte ihm seinen Dienstausweis gebracht. Die Suspendierung war aufgehoben. Lediglich eine schriftliche Missbilligung würde seine Personalakte zieren. Aber das machte nichts, sie passte gut zu den drei anderen, die er im Laufe der Jahre bekommen hatte.

Ramona Wagner hatte sich nach ihrer Aussage gegen ihren Nochehemann wieder in psychiatrische Behandlung gegeben, doch außer einer depressiven Grundstimmung angesichts ihres Lebens als Gefangene der Familie und einer gewissen Neigung zur Somatisierung hatten die unabhängigen Psychologen nichts festgestellt. Seit dem Fall Mollath wusste jeder, wie schnell man zu Unrecht für verrückt erklärt werden konnte.

Der mysteriöse Todesfall, bei dem Kästners Vorgänger ums Leben gekommen war, würde wohl weiterhin für Gerüchte sorgen. Anhaltspunkte für einen Mord waren nicht ersichtlich, und Wagner äußerte sich nicht dazu. Doch immerhin: Kästners Tod war aufgeklärt.

Sieben Monate nach Wagners Festnahme folgte der medienwirksame Prozess vor dem Würzburger Landgericht. Die Beweislast war erdrückend, Wagner gestand aber ohnehin alle ihm vorgeworfenen Taten.

Wegen Mordes, gefährlicher Körperverletzung mit einer Schusswaffe, Körperverletzung und Nötigung zum Nachteil seiner Ehefrau und Erpressung zum Nachteil von Braumeister Horrheimer wurde er zu einer lebenslangen Freiheitsstrafe verurteilt. Von der Feststellung einer besonderen Schwere der Schuld nahm das Gericht Abstand. Doch selbst nach dreizehn Jahren, sollte Wagner vorzeitig entlassen werden, wäre er ein alter, mittelloser Mann, denn der alte Altmann hatte zwar zu Lebzeiten seine Tochter an ihn verschachert, aber nicht ohne vorzubeugen und einen Ehevertrag aufzusetzen. Viel würde ihm für später nicht bleiben.

Danner hatte die Schussverletzung ganz gut weggesteckt und lud Klara nach der Verhandlung zum Abendessen zu sich nach Hause ein. Es stellte sich heraus, dass er nicht nur ein durchaus brauchbarer Kollege, sondern auch ein hervorragender Koch war.

»Also dann, das Essen war ausgezeichnet«, sagte Klara, als sie sich verabschiedete. »Wir sehen uns morgen.«

Danner, der das eine oder andere Bier zu viel getrunken hatte, erhob sich ebenfalls, leicht schwankend, und salutierte. »Jawohl, Frau Haus … Haus … Hauptkommissarin, in alter Frische…«

»Alte Frische tät dir gut«, entgegnete Klara. »Außerdem waren wir schon bei den Vornamen.«

Danner lächelte und hob die Grußkarte in die Höhe, die ihm Ramona Wagner aus dem Engadin zugeschickt hatte. »Wenn ich morgen noch hier bin«, sagte er. »Romina Power hat mich in die Schweis … in die Scheis, verdammt, Schweiz meine ich, eingeladen.«

Klara hob den Zeigefinger. »Das Dienstfrei ist abgelehnt!«

»Und wenn ich trotzdem fahre…?«

»Dann gibt es eine schriftliche Missbilligung in die Personalakte«, entgegnete Klara und beide lachten …

Geli, Christiane und Benno,
vielen Dank für eure Unterstützung